# 대한민국 공무원
# 그들은 누구인가

# 대한민국 공무원 그들은 누구인가

박순애 고길곤 김봉환 김순은 김영미
김준기 박성민 박희봉 은재호 이근면
이근주 이수영 이창길 정용덕 홍준형

문우사
MoonWoo

본 저서는 서울대학교 행정대학원 공공성과관리연구센터 연구총서로 발간되었습니다.

# 머리말

왜 공무원인가?

2018년 12월, 30대 젊은 사무관이 유튜브Youtube에 올린 동영상이 대한민국을 블랙홀로 빠뜨렸다. 그리고 그는 뒤이어 청와대 홈페이지에도 글을 올린다.

> "…공무원을 그만두고 이 현실을 알리고 싶었다. 이런 업무 처리 방식은 잘못된 것이다. 바뀌어야 한다…"(2019. 1. 2., 청와대 국민청원 게시판 「왜 나는 기획재정부를 그만두었는가」)

이 사건은 몇 달간의 논란 끝에 잊혀지는 듯하였으나, 행정학자로서 맞닥트린 일련의 내부 폭로 사건들은 충격적이면서 오랜 여운으로 남았다. 평균 30 대 1 이상의 경쟁률을 뚫고, 소위 끗발 센 부처에 발령받은 사무관이 공직을 그만두고 폭로를 이어간 일련의 이 사태를 어떻게 해석하면 좋을까. 신재민 사태를 바라보며 많은 국민들이 이야기했다. 왜 그 '좋은 직업'을 그만두고 나와서 이런 문제를 만드느냐고….

공직에 대한 사회적 선망에도 불구하고, 아이러니하게도 공무원에 대한 시민들의 시선은 그리 곱지 못하다. 시민들은 개선의 여지없이 무사안일하게 대처하는 사람, 독창적이지도 적극적이지도 않은 사람, 소명 의식 없이 업무 처리하는 사람을 일컬을 때 '공무원스럽다'는 말을 쓴다고 한다. 어쩌다 우리나라 공무원의 이미지가 이렇게 되었는가.

되돌아보면 공무원은 또 다른 나의 모습일 수 있다는 마음에 애잔함과 기대가 공존한다. 여성의 사회적 진출이 제한적이던 80년대 초, 서울 유학을 고집하던 딸에게 '행정학과'라고 적힌 대입 원서를 들고 오신 아버지, 그 이후 숙명처럼 행정학도의 길에 들어섰다. 나는 비록 연구자의 길로 들어섰지만 공직에 입문하여 개인적 삶이 없다시피 살아온 선후배, 동기들이 그 직에서 물러나는 것을 보면 만감이 교차한다. 때때로 그들에게 쏟아지는 국민적 질타가 어쩌면 행정학자로서 내가 책무를 다하지 못한 것 때문은 아닐까라는 생각에 과연 공직이 무엇이고 그들은 어찌해야 하는가를 다시 한번 고민하게 된다.

『대한민국 공무원 그들은 누구인가』는 공무원에 대한 선망과 실망의 이중적 맥락에서 공무원을 둘러싼 환경과 조직의 특성 및 문제를 파악하고, 국가 운영과 공직사회의 좌표를 제시하는 단초를 마련하고자 기획되었다. 이를 위해 공무원의 생각과 행동을 관찰할 수 있는 객관적인 데이터를 일반 시민들이 이해하기 쉽도록 구성하였으며, 그를 통해 현실 사회에서 공무원과 공직사회의 문제가 무엇이고 이러한 현상이 왜, 어떻게 나타나고 있는가에 대한 행정학자들의 진지한 고민을 담아내고 있다. 이는 공무원이 시대 요구에 부응하는 역할을 다하면서도 스스로 행복해질 수 있는, 그들의 머리와 손발이 춤출 수 있게 하는 대안을 찾아가는 과정이다.

한편, 기존의 행정학이 갖는 한계를 극복하고자 하는 것이 이 책을 쓰는 또 하나의 이유이다. 최근 행정 현상은 놀라울 정도로 변모하였지만, 행정학 관련 저서들은 여전히 발전국가 시대의 틀을 고수하고 있다. 과거의 행정이 국민을 단지 행정의 순응 대상으로 여겼다면 오늘날의 행정은 국민과 교감하고 함께 사회적 문제를 해결해나가는 것으로 변화되었다. 이 책은 행정학이 국민 속으로 들어가기 위한 그 첫걸음이라고 할 수 있다.

서울대학교 행정대학원 공공성과관리연구센터는 공무원의 역량 강화와 조직의 성과 향상을 위한 기초 데이터를 축적하기 위해 다년간 공무원 인식조사를 수행해왔다. 이 책에서 언급된 대부분의 공무원 설문은 센터에서 제공한 자료를 바탕으로 작성되었으며 인식 자료의 재해석을 통해 공무원의 생각과 행동을 읽고자 하였다.

『대한민국 공무원 그들은 누구인가』는 서문과 다섯 개의 파트로 구성되었다. 첫 번째 파트에서는 관료들의 복지부동, 레드 테이프, 영혼 없는 공무원이 된 이유와 그 극복 방안 등을 다루고 있다. 두 번째 파트에서는 공직에 대한 환상에 대조되는 현실을 조명하고 있으며, 정부와 관료에 대한 신뢰 회복을 위한 방안을 제시하였다. 세 번째 파트에서는 공직사회의 변화를 성별과 세대 관점에서 검토하고, 새롭게 요구되는 공무원의 역할 변화와 업무 공간 디자인에 대한 제언을 담고 있다. 네 번째 파트에서는 공무원의 부패 인식과 김영란법에 대한 생각, 예산 운용 현황, 지방분권개혁 현황 등 사회현상에 대한 공무원 인식을 분석하였다. 마지막 파트는 행정학계의 원로 교수가 다양한 이론적 시각을 적용하여 한국 공무원에 대한 각 장에서의 묘사를 재해석하고 있다.

이 책이 나오기까지 빠듯한 일정에도 불구하고 옥고를 작성해주신

열다섯 분의 필진과, 기획 단계에서부터 마무리까지 공직 현장에 대한 생생한 조언으로 이 책에 생기를 불어넣어 주신 김동극 전 인사혁신처장님, 서문부터 마지막 장까지 꼼꼼하게 검토하고 감수를 맡아준 나혜영 박사께도 깊은 감사를 표한다.

이 책의 출간은 집필진 외에도 많은 분들의 노고가 있었기에 가능했다. 책의 기획 의도를 듣고 흔쾌히 출간을 맡아주신 문우사 김영훈 사장님을 비롯해 전영완 과장님, 그리고 편집진들께 감사를 올린다. 마지막으로 도서 전반의 세세한 부분까지 세심하게 검토하고 헌신한 서울대학교 행정대학원 공공성과관리연구센터 최경희 박사, 이혜연, 박지선 연구원 그리고 김찬우 박사께도 심심한 고마움을 전한다.

2019년 10월

관악캠퍼스에서

박순애

# 차례

# PART I

# 그들을 다시 본다: 복지부동의 진실

# 제1장
# 멋진 신세계, 표류하는 공무원

**박순애** 서울대학교 행정대학원 교수

적폐 청산의 기치 아래 "과정은 공정하고 결과는 정의로울 것"이라는 문재인 대통령의 의지 천명에도 불구하고 국민들의 눈에 비친 현 정부의 모습은 여전히 그 기대에 미치지 못하고 있는 듯하다. 청와대 행정관의 군 인사 개입 의혹과 문서 분실 사건, 그리고 여전히 수사선상에 올라 있는 버닝썬 사건 등 정부와 공직자에 대한 불신을 가중시키는 다양한 사건들이 작금까지 계속되면서 이제는 불신을 넘어 염려와 분노마저 불러일으키고 있다.

특히 지난 4월 이른 새벽에 발생한 진주 방화 사건은 사회문제에 대한 공무원의 역할과 책임의 범위가 어디까지인지에 대한 깊은 고민과 반성을 남겼다. 5명이 숨지고 10여 명이 부상을 입은, 이른바 '진주 묻지 마 사건'의 범인은 조현병 환자로 밝혀졌다. 범인의 전력과 주민들의 신고로 경찰, 진주시, 정신병원은 사건 전부터 이미 그의 병력을 알고 있었지만 어느 기관도 지역사회에서 중증 정신질환자를 적극 관리할 수 있는 정신건강복지센터에 알리지 않았다.

이를 비롯해 5월 말에 발생한 인천 지역의 '붉은 수돗물' 사태, 그리고 최근 문제가 되고 있는 일본의 수출 규제 조치까지, 정부의 대응이나 공무원의 전문성에 대한 실망과 우려는 아직도 끊임없이 이어지고 있다. 어느 시대나 사회에서건 다양한 사건 사고들이 발생했다고는 하지만, 최근 들어 발생한 이와 같은 일련의 사건들에 대한 세간의 평가에서 유독 자유로울 수 없는 이들이 있으니 바로 현 정부의 공무원들이다. 이는 시민들의 촛불 의지로 수립된 정부를 표방하는 문재인 정부에 대한 기대가 과거와는 완연히 달라졌기 때문이다.

# 공무원이 움직이지 않는다

## 1. 내 일이 아닌 것처럼 – 무사안일, 복지부동

2018년 11월 발생한 한강 투신자 신고 사건(2018년 11월 27일, 119 대원이 마포대교에서 투신한 여학생의 구조 요청 전화에 "수영하며 전화 잘한다."고 대응하는 과정에서 구출이 지연돼 여학생이 사망에 이른 사건)은 공직자의 무사안일이 원인이 되어 발생한 사건이다. 이 사건은 2014년 우리에게 큰 아픔을 안겼던 세월호 사건에도 불구하고 여전히 국민 안전에 대한 무사안일이 개선되지 않고 있다는 점에서 가히 충격적이다.

무사안일無事安逸은 "공직자에게 요구되는 법적·도덕적 책임과 의무를 적정하게 이행하지 않아 국민 생활과 기업 활동에 불편을 주거나 권익을 침해하는 경우 또는 예산상 손실을 초래한 경우"를 의미한다.[1] 소관 업무를 게을리하거나 일을 적당히 처리하는 보신주의, 변화에 저항하여 현상을 유지하고자 하는 행태뿐 아니라 무책임성, 고압적 업무 처리 및 비협조 또한 무사안일에 포함되는데, 이는 사회를 유지·발전시키려는 행정의 목적에 어긋날 뿐만 아니라 정부의 존재 이유를 부정하는 것이라 할 수 있다.[2]

우리나라에서 공무원에 대한 부정적 인식을 이야기할 때 항상 빠지

그림 1.1 공무원은 어느 정도 무사안일한가? (n=1,000, 단위: %)

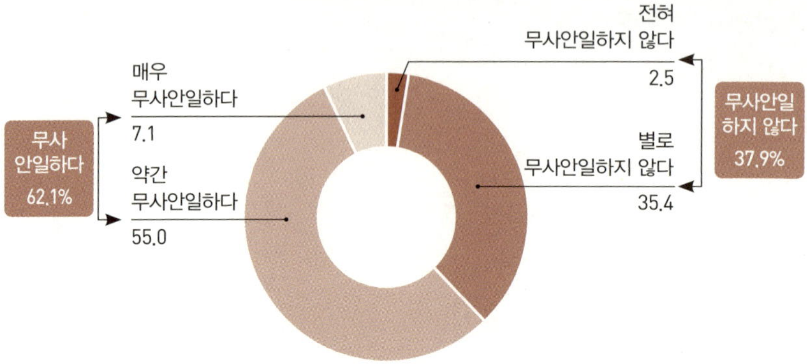


자료: 한국행정연구원. (2016: 12).

지 않고 등장하는 내용 역시 공무원의 무사안일이다. 국민들의 눈에 비친 관료 집단의 이미지는 무능이나 비효율, 경직성과 부패 등으로 대표되며, 공무원의 무사안일은 오래전부터 늘 존재해온 관습처럼 받아들여지고 있다. 이러한 인식은 우리나라 국민의 약 60% 이상이 공무원을 무사안일하다고 평가한 국책연구기관의 보고서에서도 확인할 수 있다.[3] 그리고 국민들의 이와 같은 인식이 잘못되지 않았음은 아래와 같이 우리 주변에서 흔히 접할 수 있는 사례들이 증명하고 있다.

> ○○○○ 검역본부 소속 공무원 A씨는 2014년 9월 동물용 의약외품 제조업 신고 서류를 제출받고, 두 달 후인 11월에서야 공식 접수를 했다. 그동안 A씨는 업체 직원 B씨에게 "밀린 민원이 100건인데 해당 업체로부터 본 건을 먼저 진행해도 된다는 동의를 받아 오라."는 등 필수가 아닌 다른 서류들까지 요구하면서 신고 서류를 세 차례나 반려했다. 업체 직원 B씨가 "신고 처리가 지연되면 파산한다."고 항의하자 A씨는 "그쪽 사정"이라고 막말을 하기도 했다. 결국 A씨는 감사원 조사

가 시작되자, 두 달이 지난 11월에야 제조업 신고증을 발급하였다.[4]

국민들이 공무원에 대해 인식하는 또 다른 이미지인 복지부동 공무원에 대한 한탄은 비단 어제오늘의 일이 아니다. 지금으로부터 25년 전의 신문을 살펴보더라도 '伏地不動(복지부동)의 공직사회'라는 제목의 칼럼을 연재하고 있다거나,[5] 서울시 공무원 201명에 대한 징계 중 절반이 근무 태만, 무사안일 때문이었다는 사실을 이야기하고 있으니 말이다.[6]

무사안일과 복지부동으로 인해 행정 서비스의 질이 낮아지면, 궁극적으로는 국민들의 삶의 질 또한 낮아질 수밖에 없다.

## 2. 형식과 절차만이 중요하다 – 레드 테이프

공무원의 업무 처리 태도를 질타할 때 나오는 가장 일반적인 그들의 변명은 '매뉴얼(업무 지침)대로 처리했기에 문제될 것이 없다'는 것이다. 하지만 그들이 비록 매뉴얼대로 처리했다(위법 사항이 없다)고 하더라도 국민 입장에서는 여전히 뭔가 일 처리가 더딘 느낌이나 불편함이 가시지 않는다.

레드 테이프red tape는 흔히 '번문욕례繁文縟禮'라고도 하는데, 규칙과 절차 따위가 번거롭고 까다로운 비능률적인 현상을 비판할 때 사용된다.[7] 이는 오늘날 관료 사회의 형식주의 또는 서면주의를 비판하는 개념으로 사용되었으며,[8] 최근에는 미국의 트럼프Donald Trump 대통령이 규제 철폐의 필요성을 강조하는 의미로 백악관에서 연출한 레드 테이프 커팅 이벤트를 통해 또 한 번 유명해졌다.[9]

사회적 약자에 대한 제도 운영 그리고 인간 존엄성의 문제를 다룬 영화 「나, 다니엘 블레이크」는 형식과 절차를 앞세운 레드 테이프로 인해 정부가 구성원의 실질적 안전망 역할을 하지 못하는 현상을 잘 보여주고 있다. 주인공인 목수 블레이크는 심장병이 생겨 실업급여를 받아야만 하는 상황이 되었지만 담당 공무원은 컴퓨터를 다루지 못하는 그에게 온라인 신청이 규정이라는 말만 반복한다. 심장병 환자에게 구직 활동 자료를 요구한 이 영화는 관료제의 형식주의와 행정편의주의를 통렬하게 비판함으로써 2016년 칸 영화제에서 황금종려상을 수상하였다.

우리의 경우 서울대학교 행정대학원 공공성과관리연구센터가 실시한 2018년 공무원 인식조사 결과를 통해서도 공직자들의 레드 테이프 수준을 가늠해볼 수 있는데 공무원 1,205명 중 약 57%가 우리나라의 레드 테이프 수준이 높은 상태(6~10점)라고 응답하였다.[10] 공무원 스스로가 느끼는 레드 테이프에 관한 인식이 이러하다면, 국민들이 느끼는 불편은 어느 정도이겠는가.

실제 국민들의 불편을 야기하는 형식주의에 관한 우리의 사례들은 어디서든 찾아볼 수 있다. 그 대표적인 예로, 식품의약품안전처가 소아당뇨병이 있는 자녀를 위해 해외로부터 혈당측정기를 구매한 뒤 인터넷에 관련 정보를 공유한 누리꾼을 '불법 의료기기 광고' 혐의로 고발하는가 하면, 일회용 케첩에서 나온 구더기 신고 건에 대해서는 "뱃속에 들어가면 거의 사멸한다."며 살아 있는 이물질은 관할이 아니라는 이유로 조사에 나서지 않은 경우를 들 수 있다. 이 사례에 관한 담당 부처의 입장은 모두 "규정대로 했다."는 것이었다.[11]

매뉴얼 같은 규정들을 만드는 것은 공무원 업무의 효율성과 안정성을 높이고, 비공식적인 횡포를 방지하는 효과를 기대하기 때문이다. 그러

그림 1.2 공무원은 형식주의를 어떻게 인식하고 있나?

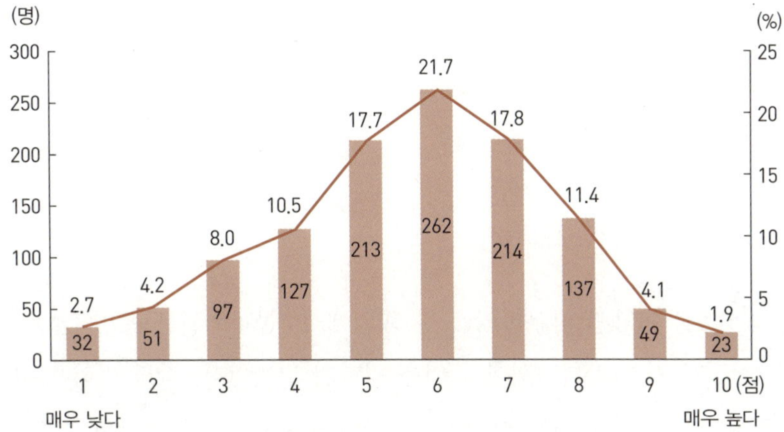


자료: 서울대학교 행정대학원 공공성과관리연구센터. (2019: 169).

나 시간이 지나면서 오히려 그것만 지키면 결과에 대해 책임질 필요가 없다는 면피용 도구로 변질됨으로써, 공무원의 책임성을 저하시키는 동시에 사업을 지연시키거나 비용을 증가시키는 부작용을 낳고 있다.

# 그들은 왜 '영혼 없는 공무원'이 되었는가

지난 3월 이낙연 국무총리는 한 회의에서 "공무원들은 준비 DNA가 없다. 식사 시간이 다가와야 무엇을 먹을지 고민한다. 장도 미리 보고, 조리법도 고민해야 하는 것 아닌가."라며 공무원들을 질타했다.[12] 작금의 여러 위기를 돌파하기 위해 발 벗고 뛰어야 할 때에, 신발 끈만 고쳐 묶고 뒤처져 있는 영혼 없는 공무원에 대한 비판 역시 하루 이틀의 일은 아니다. 혹자의 말대로 그 무엇도 하지 않으려는 공무원의 영혼은 따로 있는가?

그렇지는 않을 것이다. 공무원들은 합격이 보장되지 않은 자리에 도전하여 40 대 1(2018년 기준 5급 공무원, 인사혁신처)이라는 높은 경쟁률을 뚫고 공직에 진입한, 소위 '인재들'이다. 그렇게 꿈과 희망을 가지고 입직한 그들이 공직에 적응하면 할수록 생기발랄함과 패기를 잃고 무사안일과 보신주의로 표류하게 되는 이유는 무엇일까?

### 1. 책임과 권한의 괴리: 국민의 기대는 5G, 공무원의 책무는 아날로그

정부는 국민의 공공선을 실현하기 위해 존재한다. 경제발전과 더불어 국민들은 보다 적극적으로 행복을 추구하는데, 만약 정부가 이러한 기대를 충족시키지 못한다면 그때는 강한 비판을 피할 수 없다. 공무원의 무사안일에 대한 비판, 소극 행정에 대한 비판은 실제 정부 역할에 대한 국민적 눈높이가 높아진 데 비해 공무원의 대응이 뒤따르지 못하기 때문에 발생한다.

한국전쟁 이후, 대다수의 국민들에게는 의식주 해결이 가장 시급한 문제였고 그들이 국가에 가장 바랐던 것은 경제성장이었다. 정부는 경제개발이라는 단 하나의 목표 아래 관 주도의 막강한 권한을 바탕으로 경제정책을 추진하였다. 경제개발 외의 다른 가치는 후선으로 밀려났던 당시 상황이나 막강한 권한을 가진 공무원의 독단적인 행태가 옳았는가에 대한 논의는 차치하더라도, 그 시절의 공무원은 적어도 자신이 어떤 일을 해야 하는지를 명확히 알고 있었고, 직무에 대한 동기 부여

그림 1.3 기대와 책임의 불일치

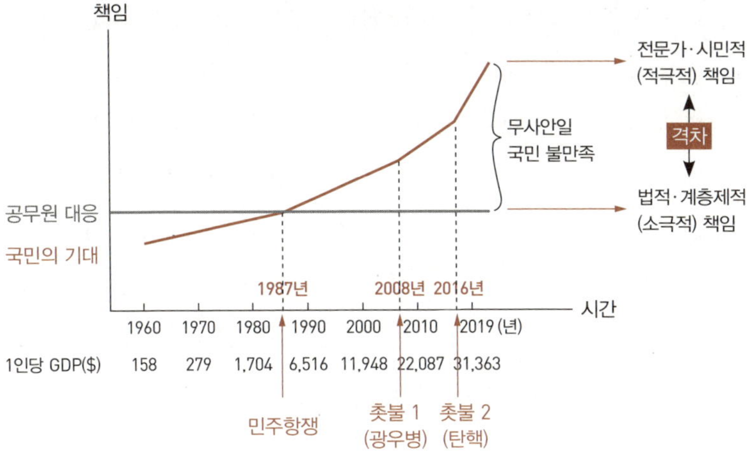


1인당GDP 자료: WORLD BANK(https://data.worldbank.org/indicator/NY.GDP.PCAP.CD?locations)

가 확실했기 때문에 업무에 몰입할 수 있었다. 대부분의 공직자들에게는 가족보다 일이 우선이었으며 아내의 출산조차 휴가나 반차의 사유가 되지 못했다는 일화도 전해진다. 이른바 '워라밸work-life balance'의 가치가 보편화된 현세대로서는 선뜻 받아들이기 힘든 직무 환경이었겠지만 자신들의 아이디어가 실제 정책으로 집행되고 눈앞의 성과로 나타나는 과정에서 그들은 공직의 보람을 느낄 수 있었다고 한다.

하지만 1987년 6월 민주항쟁을 계기로 정부의 단일 목표와 막강한 권력, 그에 대한 국민적 순응이라는 행정 환경은 변하기 시작하였다. 국민들은 주인 의식을 갖기 시작했고, 국민을 섬기는 공복公僕, public servant으로서 공무원의 역할이 강조되었다.[13] 국민들은 민주주의의 중요성을 깨닫고 정부 역할과 권한 남용 방지를 위한 통제에 관심을 갖기 시작했다. 이후 2008년 미국산 쇠고기 수입 반대를 위한 촛불집회를 시작으로 가습기 살균제 사건, 세월호 사건, 메르스 사태를 겪으면서, 사회적 문제에 대한 정부의 책임을 보다 강하게 요청하고 있다. 그러나 정부에 대한 국민적 요구가 증가하는 것에 비해 관료들의 처신은 크게 달라진 게 없다. 4차 산업혁명 시대, 국민소득 3만 달러 시대를 맞이한 지금, 국민은 5G의 속도로 정부의 역할이 변화될 것을 요구하는데 정작 관료는 2G 시대의 무거운 갑옷을 입고 이러한 변화에 따라가기도 버거워 보인다.

그럼에도 불구하고 서울대학교 공공성과관리연구센터의 2015년 설문조사 결과를 보면, 조사 대상 공무원의 절반 이상이 스스로의 위기관리 및 대응 능력을 높이 평가하면서 국민들의 일반적인 인식과는 상당한 대조를 보이고 있음을 알 수 있다.[14]

요컨대 지난 20여 년간 사회적 환경 변화에 따라 국민의 주인 의식은 점점 높아졌지만 정부의 시스템과 공무원의 역할은 그 시대적 요구에

그림 1.4 조직의 위기관리, 공무원은 어떻게 생각하나? (n=1,350, 단위: 점)

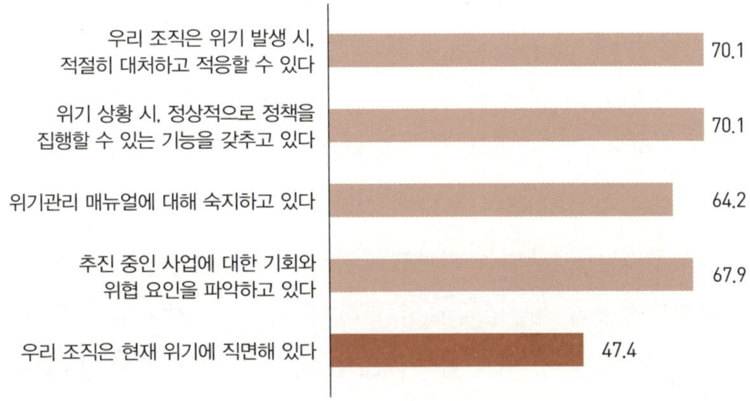


주: 100점 만점 환산

자료: 서울대학교 행정대학원 공공성과관리연구센터. (2016: 18).

적응하는 데 한계를 보이고 있다. 공무원들은 공복으로서의 책임과 권한이 무엇인지, 무엇을 어떻게 해야 하는지에 대해 고민하기보다는 우왕좌왕하며 책임과 권한의 괴리만 키우고 있다.

## 2. 우리의 소관이 아닙니다: 책임 회피의 구조

민원인들이 토로하는 불만을 자세히 들어보면 그 내용은 주로 사안의 책임이 누구에게 있는지 알 수 없다는 것이다. 몇 번의 전화 연결 끝에 공무원에게 듣게 되는 이야기는 결국 "우리 소관이 아닙니다."라는 말뿐이다. 그 가장 대표적인 사례가 아마도 가습기 살균제 사건일 것이다. 2011년, 서울의 한 병원에서 원인 미상의 급성 폐질환으로 사망하는 환자들이 연이어 발생하였고, 안타깝게도 그 이전에도 같은 원인으로 영유아 및 산모가 사망했다는 사실이 밝혀졌다. 질병관리본부는 대대적 조사를 통해 '가습기 살균제'가 사건의 원인이라고 밝혔으나, 이미 드러난 피해자만 500여 명이 넘은 시점이었다. 사건이 발생한 지도 벌써 9년이 되어가지만 책임자 규명과 처벌은 여전히 진행 중이다. 더욱 놀라웠던 것은 사건의 책임 소재를 밝히는 과정에서 노동부, 질병관리본부, 환경부가 서로 책임을 회피했을 뿐만 아니라 가습기 살균제와 같은 생활 화학제품의 안전성에 대한 관리 부서, 제도, 매뉴얼 등도 마련되어 있지 않았다는 것이다. 유족들은 정부의 무능력과 안이한 대처로 인해 많은 인명 피해가 발생하였음에도 사건 발생 9년이 지난 지금까지 책임을 물을 곳도, 책임질 사람도 없다고 울분을 토한다. 어떻게 이런 일이 가능할까.

톰슨Dennis Thompson은 현대사회에서 공무원들의 책임성이 약화되는 구조적 요인으로 위계적 책임과 집단적 책임의 문제를 지적한다.[15] 관료제는 많은 구성원들이 부분적으로 업무에 참여하는 구조를 지니고 있는데, 이 과정에서 업무에 대한 책임 역시 구성원들이 나누어 가지게 됨으로써 업무 경계나 책임 소재가 불명확해진다는 것이다. 책임이 분산될수록 공무원들은 문제의 원인을 제도나 시스템의 탓으로 돌리며 수동적인 자세를 고수할 가능성이 높다. 그렇다면 이러한 상황에서 공무원의 책임성을 어떻게 확보할 수 있을까? 톰슨은 이에 대해 개인의 자발적 통제에 의한 주관적 책임을 강조한다. 만약 조직의 대표나 최상급자에게 책임을 지운다면 대부분의 조직 구성원들이 면죄부를 받게 되는 반면, 조직 전체에 책임을 돌릴 경우 그것은 집단의 이름으로 부여된 책임이기에 실제로는 어느 누구도 책임을 지지 않게 되기 때문이다. 따라서 상황을 최대한 구체적으로 파악하여 그에 맞게 업무와 권한을 분담하고 이에 대한 개인적 책임을 부여함으로써[16] 국민들의 기대에 대한 정부의 대응성을 제고할 수 있을 것이다.

### 3. 내가 살려면: 줄서기와 몸 사리기

혁신에 관해 이야기할 때 규제와 함께 가장 대표적인 걸림돌로 지적되는 것이 바로 공무원의 몸 사리기일 것이다. 이는 공무원들이 새로운 정부의 개혁 의지를 업무에 반영하는 것에 주저하며 움직이지 않는 모습을 지적하는 것이다. 반면에 시키면 시키는 대로만 일하는 공무원을 '영혼 없는 공무원'이라 비판하면서도 한편으로 공무원의 '정치적 중립'을 제시한다. 그런데 여기에서 독자들은 아마도 고개를 갸우뚱하게 될 것이다. 공무원들이 정치적 중립을 지키면서도 그들의 업무에 정부의 개혁 의지를 담는 것이 가능한가? 과연 그들은 정치적 중립을 위해 공무원 자신의 신념을 갖기보다 정권이 시키는 대로 행동해야만 하는가? 아니면 정권의 영향을 받기보다 자기 신념과 전문성에 기반하여 판단하고 행동해야 하는가?

전통적 관료제 이론과 행정학의 창시자인 베버Max Weber와 윌슨Woodrow Wilson에 따르면, 관료는 태생적으로 정치적 중립을 유지해야 한다. 베버는 공무원이 상급자의 명령을 충실하게 이행하는 것으로서의 정치적 중립성과 전문성을 강조했다. 윌슨은 정치와 행정이 별개라는 이론에 입각하여 정권에서의 결정을 효율적이고 효과적으로 집행하는 것이 공무원의 의무라고 보았다. 하지만 다른 한편에는 관료제하에서 전문성을 쌓아온 공무원들이 전문성과 신념에 따라 자신들이 옳다고 판단하는 정책을 집행하는 것을 그들의 의무라 보는 시각도 존재한다.[17]

실제 우리의 경우는 어떨까. 2003년 외환은행의 최대 주주로 론스타가 선정된 사건과 관련하여 은행의 헐값 매각 의혹으로 당시 재정경제부 국장이 검찰에 고발되는 사건(2006년)이 발생한 이후 미국산 쇠고기 수입, 4대강 사업, 블랙리스트 사건에 연루된 공무원들이 줄줄이 적폐로 몰리며 사법적 판단의 대상이 되었다. 이러한 일련의 사건을 겪으면서 공무원 사회 내에서는 조직의 의사결정자들이 결재를 회피한다는 우스갯소리가 나돌기도 했다. 국장이 과장에게, 과장이 팀장에게 전결로 위임하고, 팀장은 과장의, 과장은 국장의 얼굴만 바라보며 말이 떨어지기 무섭게 메모에 적는다니 슬프고도 웃음이 나오는 상황이다.

1960년대와 1970년대를 겪어온 선배 공무원들은 그들 스스로가 이른바 '경제 살리기'의 중추적 역할을 담당해왔다고 자부하였으나, 1987년 민주화 이후 적지 않은 기간을 거치는 동안 관료들이나 관료제 그 자체는 무능과 비효율, 개혁의 대상자 또는 적폐 세력으로 전락해버렸다. 무엇을 어떻게 해야 할지에 대한 진지한 논의 없는 관료 때리기bureaucrat bashing는 공무원의 사기 저하뿐만 아니라 '골치 아픈 일에는 손대지 않는' 소극적 태도를 유도함으로써 결국 행정 서비스의 질을 낮출 것이다.

특히 어제의 유능한 관료가 오늘의 적폐로 전락하는 상황에서는 어쩔 수 없이 엎드려 윗선의 눈치만 살피는 복지안동伏地眼動의 공무원, 영혼 없는 공무원이 될 수밖에 없을 것이다.

# 공공혁신가로의 변화를 기대한다

독일의 사회학자 벡Ulrich Beck은 1986년 체르노빌 원전 사고를 보면서 근대화와 산업화가 '위험 사회'를 양산한다고 경고하였다. 30년이 지난 지금, 과학기술과 경제는 더욱 발전했지만 기후 변화, 안전, 금융 위기 등의 문제는 보다 복잡해졌으며 우리의 실생활과도 밀접해졌다. 국민들은 미세먼지 측정기나 라돈 측정기를 구입하여 실시간으로 그 수치를 공유하고, 자발적으로 모임을 만들어 학교의 석면 제거 현황을 모니터링하기도 한다. 또한 경제학자가 아님에도 글로벌 경제위기에 촉각을 세우고 난민과 이민자 문제에 관심을 갖기도 한다. 이 같은 국민들의 다양한 관심은 이제 단순 호기심의 차원을 넘어 우리 실생활에 중대한 영향을 미치는 문제에 대해 강력한 대책을 요구하는 실정이다.

국가가 국민적 요구에 부응하지 못할 때, 정부에 대한 국민들의 불신이 높아지고 곧 집단적 행동이 뒤따름을 우리는 보아왔다. 국민들은 정부 그리고 공무원들을 탓하면서 "누구 하나 책임지는 사람이 없다."며 공분한다. 국민의 슬픔을 자신의 일로 받아들이며 문제를 적극적으로 개선하려는 공직자가 그 어느 때보다 절실하게 필요하다.

현대사회 공무원의 병폐를 해결하기 위한 방안들을 이 짧은 지면에서 모두 논할 수는 없을 것이다. 따라서 여기서는 조직 실패와 사회문

그림 1.5 권한과 책임의 퍼즐

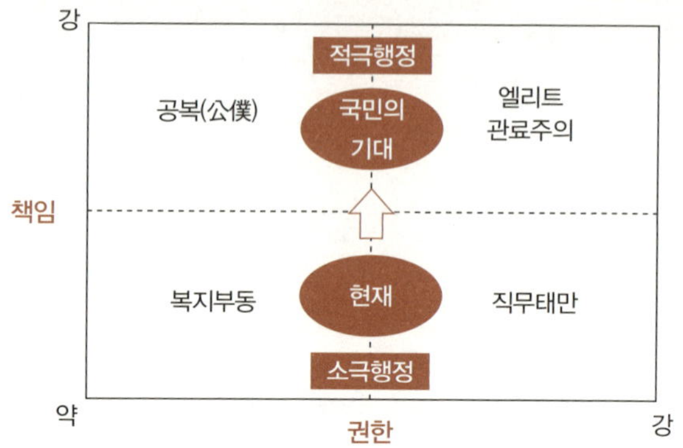


제에 책임을 느끼고 문제 해결의 의지를 갖는 적극 행정의 주요 가치로서, 공무원의 책임성 향상을 위한 방안을 살펴본다.

## 1. 사회가 요구하는 책임성을 기르자

책임성accountability은 행정이 왜 존재해야 하는지를 설명하는 중요한 개념 중의 하나로, 행정 기관 또는 관료들이 주권자인 국민의 기대와 요망에 부응하여 법령, 윤리 등 일정한 기준에 따라 기능하거나 행동해야 할 의무를 말한다.[18]

다음의 한 설문조사를 통해 우리는 과연 공무원이 어떠한 책임성을 가지고 공직에 임해야 하는가에 대한 국민의 생각을 엿볼 수 있다. 한국행정연구원은 시민을 대상으로 공무원이 갖춰야 할 자질을 조사하였는데, 조사 결과를 살펴보면 책임성(1위)과 전문성(2위), 청렴성과 봉사

그림 1.6 국민은 공무원에게 무엇을 바라는가 (n=1,000, 단위: %)

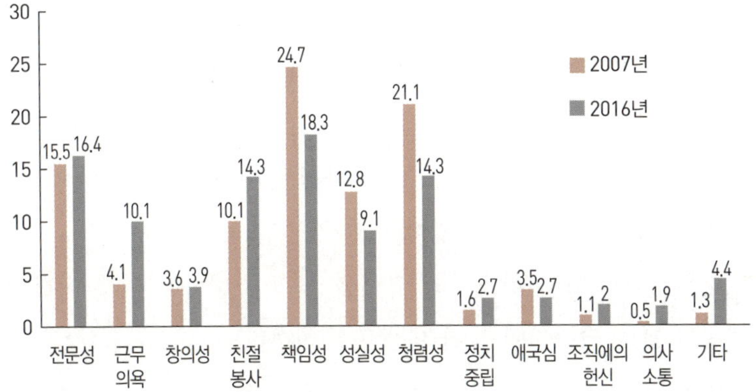


자료: 한국행정연구원. (2007: 88); 한국행정연구원. (2016: 354).

심(3위)에 대한 요구가 높은 것을 알 수 있다.

이러한 결과는 공무원이 보다 적극적인 정책 설계자로서의 전문성을 구비해야 함을 말해준다. 과거의 국가 관료가 시스템을 구축하는 역할을 하였다면, 현재의 공무원은 그렇게 구축된 시스템을 점검함으로써 미래를 예견하고 정책 위험을 줄여가는 전문적이고 적극적인 역할을 담당해야 한다. 또한 과거의 공무원이 일반 관리자로서의 역할을 담당하였다면, 미래의 공무원은 현장 능력을 기반으로 기획과 융합의 스페셜리스트로서의 역량을 함양해야 할 것이다.

## 2. 존경받는 행정인으로서의 소명 의식 정립

우리는 앞에서 일반 시민들이 공무원에게 요구하는 자질이 책임성과 전문성이라는 것을 확인하였다. 내가 어떤 역할을 해야 하는가에 대한 외부의 역할 기대를 충족시킬 때 필요한 것이 책임성이라면 그 역할을 진심으로 수행하도록 만드는 내적 자원은 아마 윤리일 것이다. 직업에 대한 윤리는 자기가 맡은 일에 대한 사명감과 행동 규범으로 설명할 수 있는데, 이는 단순히 조직의 규범을 지켜야 한다는 의무 이상의 소명 의식과 보다 적극적인 윤리 의식을 의미한다.

하지만 우리 사회가 공무원에게 단순 행정인으로서의 역할만을 강조하는 기능적 합리성에 매몰되어 온 것은 아닌지 한번 곱씹어볼 일이다. 공무원이 헌법의 수호자로서 그리고 공복으로서의 적극적 역할을 하지 못하고 단순히 수단적·기계적 역할에 머문다면, 조직의 목표 달성에만 집착하는 단순 행정인에 불과할 것이다. 그 대표적인 예가 얼마 전 의약계에서 발생한 소위 '인보사 사태'이다. 이는 세포 유전자 치료제를 개발하여 판매한 회사가 성분을 속여 영리를 취했다는 의혹이 제기된 사건으로, 초기 신약 허가 심사에서는 과반수 이상의 심사위원이 허가 반대 의견을 제출하였으나, 이후 부처가 심사위원을 변경하여 신약 판매를 허가하였다. 관련 부처는 심사 대상 성분 모두를 검증하는 것이 해당 부서의 역할은 아니기에 신약 허가가 위법은 아니라고 해명했지만, 그 과정에는 신약 개발 등 바이오 부문에 막대한 예산이 투입된 만큼 성과를 내야 한다는 강박관념이 작용했을 것이라고 추측한다.[19] 이 같은 결정을 내린 공무원들은 '단순 행정인으로서'의 관점에 매몰되어 가치판단의 우선순위를 조직의 성과 창출에 두었을 것이다. 그럼에도 불구하고 위법 여부를 떠나, 허가 과정에서 과연 국민을 위해 적극적 행정을 펼쳤다고 볼 수 있을지는 의문이다. 오히려 많은 국민들에게 윤리적 지탄을 받을 것임이 분명해 보인다.

서울대학교 공공성과관리연구센터의 2015년도 공무원 인식조사 결과를 보아도 공무원들 스스로조차 자신들에게 가장 중요한 역량으로 윤리 의식과 전문성을 꼽고 있다.[20] 그렇다면 과연 윤리적 행정인, 국민들에게 존경받는 공무원이 되기 위해서는 어떻게 해야 할까? 이에 대

그림 1.7 공무원, 당신에게 필요한 역량은? (n=1,350, 단위: %)

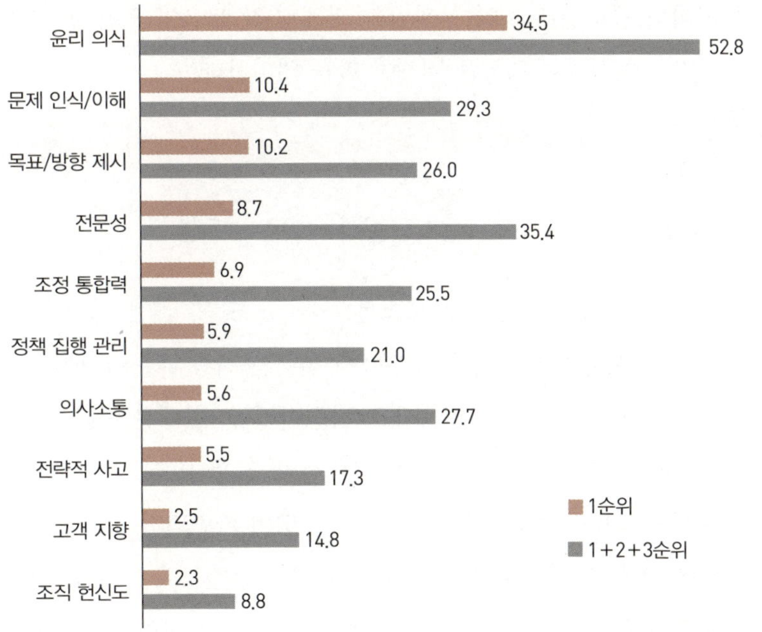


주: 공무원 1,350명을 대상으로 조사한 '공무원에게 필요한 역량' 문항은 19개로, 이 중 1순위 응답 비율 상위 10위까지 항목만 나타냄

자료: 서울대학교 행정대학원 공공성과관리연구센터. (2016: 186).

해 쿠퍼Terry L. Cooper는 근대사회에서 분리되었던 시민과 행정인으로서의 역할을 연계하는 것이 중요하다고 지적한다.[21] 윤리적 행정인은 정부 조직에 대한 단순한 충성이나 조직의 목표 달성을 최우선으로 할 것이 아니라, 공복으로서의 역할에 대한 더 넓은 시각을 가져야 한다. 현대사회에서 시민들은 점점 더 많은 그리고 복잡한 요구를 하게 될 것인데, 과거의 권위적 직업으로서의 단순 행정인은 이러한 시민들의 요구를 반영하는 데 한계가 있다는 것이다. 한편 애플비Paul H. Appleby는 시민으로서 그리고 행정인으로서의 이중 역할을 담당하는 공직자를 "공무원 신분을 유지하면서 특별한 책임이 있는 시민"이라 하였는데,[22] 이러한 의미의 공무원은 조직이 시민을 위해 가장 도움이 되는 방식으로 동료 시민을 대신하여 행동을 취해야 함을 의미한다.[23]

### 3. 공무원을 춤추게 하라 – 휴머니즘적 성과관리 운영

미국의 정부 혁신 전문가인 오스본David Osborne과 개블러Ted Gaebler는 "정부의 비효율성과 무능은 정부에서 일하는 사람 때문이 아니라 공무원을 일하게 하는 시스템이 제대로 작동하지 않기 때문"이라고 하였다.[24] 아무리 사회적으로 공무원의 적극적인 역할이 요구된다고 하더라도 실제 공무원들이 움직일 수 있는 시스템이 마련되지 않는다면, 이는 구호에 그칠 수밖에 없다. 그렇다면 과연 공무원들로 하여금 책임감을 느끼고 능동성을 발휘하려는 의욕이 생기게끔 하려면 어떻게 해야 할까?

그 대표적인 방법으로 능력주의 인사제도의 확립을 들 수 있다. 기원

전, 중국 한나라 무제漢武帝가 즉위하여 인재를 구하는 과정에서 동중서董仲舒에게 자문을 구했는데, 그는 유능하고 책임 있는 관리를 양성하는 방안으로 능력주의 인사제도를 주문하였다.

> "능력을 헤아려서 관직을 주고 현명하고 어리석은 차이에 차등을 두어야 한다. (…) 연공서열에 따라 승진하는 것이 아니라 현능을 시험하여 승진시키고, 재능에 따라 관직을 수여하여, 덕을 살펴서 직위를 정하면 청렴한 자와 그렇지 않은 자의 관로가 다를 것이며, 현자와 불초한 자의 처지가 달라진다."(『춘추번로』 제17권)[25]

우리나라에서 능력 중심의 인사제도가 강조된 것은 IMF 외환위기 이후로, 공직 사회의 경쟁력을 높이자는 취지에서 중앙 부처를 대상으로 성과상여금제를 도입한 것이 대표적이다. 성과 평가와 보상 제도는 지난 20여 년간 공공 부문에서 동기 부여의 가장 강력한 기제로 활용되어 왔지만 이러한 제도가 과연 효과적이었는가, 민간의 성과관리 기법의 효용성이 공공 부문에서도 검증되었는가에 대해서는 회의적 시각이 존재한다. 그 이유는 아마도 목표와 성과 측정이 모호한 공공 부문의 특징,[26] 성과평가의 왜곡 현상과 성과관리제도의 공정성 시비,[27] 연공서열의 조직문화, 정실주의 등으로 표현되는 불공정한 인사 관행[28] 등이 복합적으로 작용했기 때문일 것이다. 이와 같은 이유를 들어 혹자는 공정하지 못한 성과관리보다는 연공서열의 인사관리가 효과적이라고 주장하기도 한다. 하지만 그와 같은 자조와 회의는 궁극적으로 조직원들의 역량을 계발하고 함양하는 휴머니즘적 성과관리제도를 발전시키고 정착시키지 못한 데서 기인하는 것이 아닐까.

'일하고 싶게 만든다'는 것은 동기를 부여한다는 것으로, 여기에서의 동기는 목표 달성을 위한 노력과 행동을 추동함으로써 조직의 성과를 높일 수 있는 중요한 요소이다. 민간과 달리 금전적 보상의 정도가 크지 않은 공공 부문 종사자들에게는 공직봉사동기나 사기士氣 같은 내재적 요인, 교육훈련이나 승진과 같은 비금전적 요인이 더 중요한 동인이 될 수도 있다.[29] 그 때문에 '공정한 인사제도'는 공무원의 사기와 책임감을 확보하는 가장 기본적인 요소일 것이며, 공무원을 믿고 지지하는 국민적 관심과 성원은 공무원에게 '일할 맛' 나는 동기를 부여하고 동시에 그들을 춤추게 만들 수 있을 것이다.[30]

'랭크 앤 양크rank and yank'[31] 성과제도 도입과 냉혹한 구조조정으로 "20세기 최고의 경영자"라는 평가를 받았던 잭 웰치Jack Welch 또한 이제 더 이상 경쟁주의적 성과관리 제도가 적합하지 않음을 인정한다.[32] 마이크로소프트Microsoft와 같은 창의적 기업들은 동료·부서 간 협업을 지향하는 성과관리 모델을 도입하고 있다.[33] 세계는 이전과 다르게 행동하고 창의적으로 생각하는 호모데우스의 시대,[34] AI를 동반한 4차 산업혁명 시대에 생존하기 위해 새로운 문제의식과 솔루션들을 개발하고 있다. 이러한 세계적 흐름에 대응하기 위한 공무원 사회의 변화는 이미 시작되었으리라. 공무원 스스로가 더 나은 사회를 '상상'하며 무사안일의 '알을 깨뜨리고' 적극적으로 실천할 때이다. 다시 한번, 공무원들이 주인 의식을 갖고 사회적 변화와 새로운 시대적·국민적 요구에 적극적으로 부응하는 그날을 기대한다.

# 제2장
# 애국심과 정무적 판단, 한국 행정 현장의 키워드

**은재호** 한국행정연구원 부원장 · 선임연구위원

1948년 8월 15일은 대한민국 정부가 수립된 날이다. 그리고 그로부터 70여 년이 지난 지금, 대한민국은 후발 근대화 국가 가운데 산업화와 민주화를 동시에 이룬, 세계사에서 유례를 찾기 힘든 선진 국가로 도약했다. 1950년대에 국민총생산GNP, Gross National Product의 약 12%, 정부 재정수입의 약 73%가 미국의 원조 자금이었던 나라가 한국이었음을 상기한다면, 경제 규모 세계 11위에 일곱 번째 '30-50 클럽' 회원이 된 작금의 위상은 눈부시다 못해 경이롭기까지 하다.[1]

영국 시사 주간지 『이코노미스트*The Economist*』 부설 EIUEconomist Intelligence Unit가 조사한 민주주의 지수는 또 어떤가. 조사 대상 167개국 가운데 한국은 2008년 이후 8.0점을 넘게 받으며 '완전한 민주주의' 국가로 평가되었다. 박근혜 정부 말기인 2016년 7.92점으로 24위에 그치며 '결함 있는 민주주의' 국가로 떨어졌다가 2017년 촛불집회로 권력 교체를 앞당기면서 8.0점을 기록, 20위 안에 들며 다시 '완전한 민주주의' 국가로 복귀했다.[2] 당시 도널드 트럼프Donald Trump 대통령의 미국이 21위(7.98점)였음을 참고하면 한국의 민주주의가 결코 후진적이지 않음을 알 수 있다.

과연 무엇이 '은자의 왕국'이자 '조용한 아침의 나라'였던 조선을 산업화와 민주화를 동시에 성공시킨 '다이내믹dynamic 코리아'로 거듭나게 했을까? 봉건적 약탈국가의 유제遺制를 벗어버리기 무섭게 고도성장을 이루며 세계사적 의미를 획득한 한국의 국가 발전은 어떻게 가능했을까?

논자에 따라 다양한 요인과 이유를 가지고 설명하겠지만, 한국의 근대화가 세계사적 의미를 획득할 만큼 성공적이었던 것은 효과적인 국가 개입 덕분이었다는 데에 큰 이견이 없다. 특히 동아시아 국가군群의 국가 발전 기제를 연구하는 발전국가론developmental state theory은 국가의 개입을 최소화하는 것이 경제발전에 유리하다는 신자유주의적 관점과 달리 경제성장에 있어 국가의 개입이 중요함을 강조하며, 그 전형적인 예 가운데 하나로 한국을 조명한다. 발전국가론은 또한 국가 개입이 이루어지는 통로 가운데 하나로 관료 집단을 지목하는데, 한국의 경우에도 '유능한' 관료 집단과 이들로 구성된 선도 기관pilot agency이 있었기에 오늘의 발전이 가능했다고 진단한다.[3]

그렇다고 발전국가론이 모든 형태의 국가 개입을 옹호하는 것은 아니다. 발전국가론은 국가 개입의 성패를 좌우하는 요인이 무엇인지를 추적하며 국가가 특정 집단에 의해 포획되어 있을 경우 국가의 개입이 오히려 발전을 저해할 수 있다는 점에도 주목한다. 여기에서 특정 집단이란 재벌 등과 같이 사적 이익을 추구하는 이익집단은 물론 상대적 자율성을 누리는 관료 집단이 될 수도 있다. 관료들은 상대적 자율성의 공간에서 획득한 사회적 자본을 토대로 국가 제도를 전유하며 시장을 매개로 국가와 국민에 대한 지배를 강화하는데, 이때 시장의 이해관계로부터 독립성을 상실한 관료들의 무능과 부패가 국가 발전을 저해할 수 있다는 것이다.[4]

이처럼 발전국가론은 한국을 포함해 동아시아 발전사에서 차지하는 관료 집단의 위상을 이중적이고 양가兩價적으로 분석하고 묘사한다. 공무원들은 과거에 그랬던 것처럼 지금도 국가 발전의 주역이면서 동시에 국가 제도를 활용하여 자신의 이익을 확대 재생산하는 이익집단의 도구가 될 수 있다는 것이다.

이 글의 목적은 이렇게 상반된 평가를 받는 관료 집단의 이중적 위상을 성찰해보는 데 있다. 그것도 필자 개인의 경험치[5]와 상상력[6]을 바탕으로 공무원들의 '마음'을 헤아리며 행정의 역할과 본연이 무엇인지 숙고해보고자 한다. 이를 위해 '필자가 생각하기에' 한국 행정 현장을 가로지르는 두 가지 키워드를 중심으로 한국 관료들의 '현실적인 고민'을 추론하기로 한다.[7] 이 글이 주목하는 한국 행정 현장의 키워드는 '애국심'과 '정무적 판단'이다.

## 애국심

일반의 예상과 달리 공직사회에서 널리 쓰이는 단어 가운데 하나가 '애국심'이다. 2016년도에 개정된 「국가공무원법」도 국가관 항목의 맨 처음 가치로 애국심을 규정하고 있다([그림 2.1] 참조). 2016년도에 정부가 「국가공무원법」 개정을 추진하면서 공무원 선발 기준에 애국심을 포함하자 공무원 선발 과정에서 사상 검증이 이뤄질 수 있다는 우려가 제기되기도 했지만, 그것은 아마 애국심이라는 단어가 그 시대의 특정 집단에게 더욱 호소력 있는 표현이어서 그랬을 것이다. 김기춘 전 대통령 비서실장은 퇴임사에서 "박근혜 대통령은 애국심 그 자체다. 나라 생각밖에 없는 분이다."라고 말했다.

그렇다고 애국심이라는 단어가 「국가공무원법」 개정 이후에야 자주 쓰이기 시작했다고 생각하는 것은 명백한 오해다. 애국심이라는 단어는 이미 그 이전부터 공직사회에서 두루 쓰이던 단어라는 것이 필자의 경험이고 관찰이다. 그것도 국방부, 법무부, 경찰청, 소방청 등 군대식 상명하복의 전통이 강한 특수직군에서만 사용되는 것이 아니라 주민센터를 비롯해 일반행정 직군에서도 광범위하게 사용된다.

"정말 밤낮없이 일했지요. 새벽부터 보고 자료를 챙겨 장관님 댁 앞에서 기다리는 일이 비일비재했어요." 험난한 1960년대와 1970년대를

그림 2.1 대한민국 공무원 공직 가치 체계도

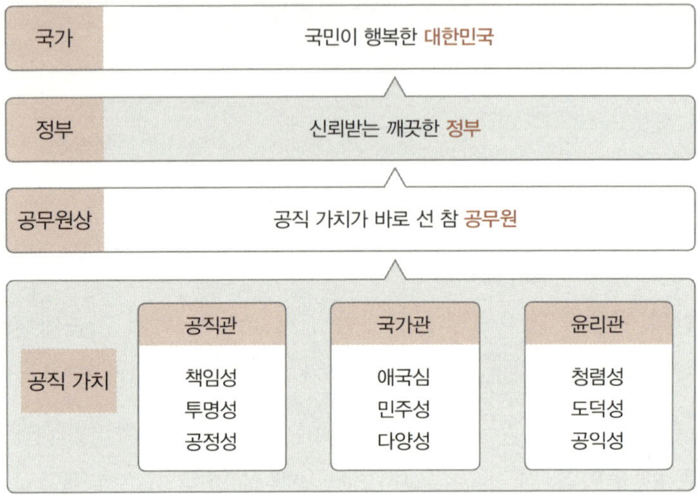


자료: 인사혁신처. (2015. 8.).

보낸 전직 차관의 회고는 "애국심 하나로 버텨낸 세월"을 이야기한다. 요즘의 공무원도 다르지 않다. "애국심을 가지고 일합시다. 우리는 공무원입니다." 국무조정실 어느 과장은 예산과 인력 부족을 이유로 국조실의 정책 조정안을 회피하는 관계 부처 실무자 회의에서 말했다. "그러고도 당신이 공무원이야? 그렇게 애국심이 없어서 무슨 나랏일을 해!" 어느 고참 부이사관은 평소에도 밉상이던 부하 직원의 보고서를 내던지며 일갈했다. 이처럼 애국심이라는 단어는 행정 현장 도처에서 쉽게, 자주 관찰되는 단어로서 공무원 사회의 집단적 정체성을 드러내는 변말jargon이기도 하다.

「2016년도 공공성과 관련 중앙 및 지방공무원 인식조사」에서는 공직자의 개인 견해를 묻는 항목에서 사회에 대한 개인적 책임감을 물었는

그림 2.2 나는 사회에 대한 책임을 상당히 느낀다 (n=1,669, 단위: %)

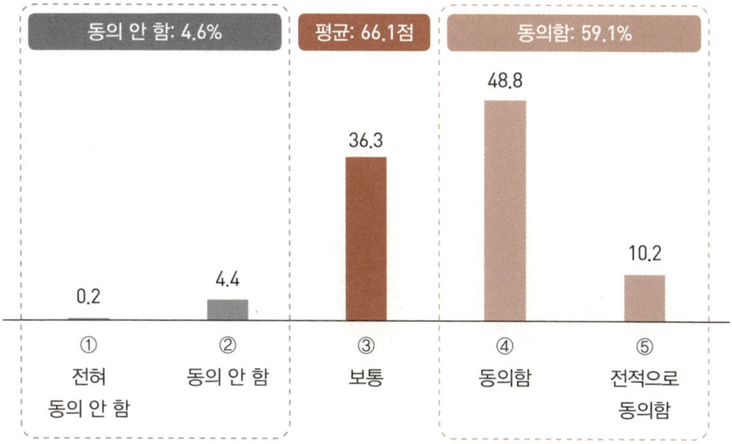


주: 100점 만점 기준(0점: 전혀 동의 안 함~100점: 전적으로 동의)
자료: 서울대학교 행정대학원 공공성과관리연구센터. (2017: 166).

데 이에 대한 공무원들의 반응은 매우 고무적이다.[8] '나는 사회에 대한 책임을 상당히 느낀다' 항목에 대한 의견이 동의 59.1%('동의함' 48.8%+'전적으로 동의' 10.2%), 보통 36.3%, 동의 안 함 4.6%('동의 안 함' 4.4%+'전혀 동의 안 함' 0.2%)로 나타나 이를 100점 만점으로 환산 적용할 때 평균 66.1점을 기록했다.

그렇다면 애국심이란 과연 무엇일까? 애국은 어떻게 하는 것일까? 국가 공무원이 취임할 때 「국가공무원법」 제55조에 따라 소속 기관의 장 앞에서 선서하는 문장을 음미해보면 한국 관료 집단의 공직 가치로 자리 잡은 애국심의 개념을 조금이나마 훔쳐볼 수 있다. "나는 대한민국 공무원으로서 헌법과 법령을 준수하고, 국가를 수호하며, 국민에 대한 봉사자로서의 임무를 성실히 수행할 것을 엄숙히 선서합니다."

이 선서문에 나타나는 임무는 헌법과 법령 준수, 국가 수호, 그리고 국민에 대한 봉사, 세 가지다. 이 세 가지 임무는 공무원으로서 수행해야 할 본업本業의 요체이기도 하지만 공직 가치의 핵심 원리를 요약하기도 한다. 그 핵심 원리란 공공성이다. 즉, 공무원들을 동질적인 집단으로 묶어주는 자부심의 원천이자 이 세 가지 임무의 기저를 가로지르는 공직 가치의 핵심은 공공성公共性, *res publica*이라는 것이다.

## 애국심과 공공성

공공성이 중요한 이유는 그것이 국가와 정부에 대한 신뢰를 담보하는 긴요한 실체이기 때문이다. 한완상은 국가에 대한 신뢰가 높은 나라에서는 어떤 사건이 발생했을 때 공권력에 의지하지만, 국가가 권력 집단의 사익을 위해 봉사하는 것으로 인식되는 나라에서는 공권력에 의지하려 하지 않는다는 사실에 주목하며 에델만Edelman의 국가별 신뢰도 조사[9] 결과를 다음과 같이 소개했다([그림 2.3] 참조).[10]

> "에델만 조사에 따르면 2017년도의 한국은 신뢰도 38%로 '불신 국가'에 속했다. 특히 정부에 대한 일반 국민의 신뢰도는 28%(여론 주도층은 35%)로, 4대 기관(정부· 기업·미디어·NGO) 중 가장 낮았다. 그러나 촛불 시민 혁명 이후에는 달라졌다. 촛불 시민 혁명과 조기 대선이 치러진 이후인 2017년 10월 28일부터 11월 20일까지 진행된 조사에서는 정부에 대한 신뢰도가 45%(여론 주도층은 54%)로, 기업과 미디어에 대한 신뢰도를 넘어 급등했다. 이 수치는 2018년 10월 19일부터 11월 16일까지 진행된 조사에서는 48%(여론 주도층은 60%)로 조금 더 높아졌다. 물론 아직 부족함이 있긴 하지만, 이런 결과는 자신의 책임을 방기한 공무직에 대해 국민이 직접 행동으로 저항함으로써, 국가에 대한 신뢰를 되찾고 공공성을 회복하고 있다는 것을 말해준다.
>
> 그렇다면 과거 정권에 대해서는 왜 국민이 신뢰하지 않았을까? 공무

그림 2.3 에델만 신뢰도 조사 추이(2016~2019년) (단위: %)

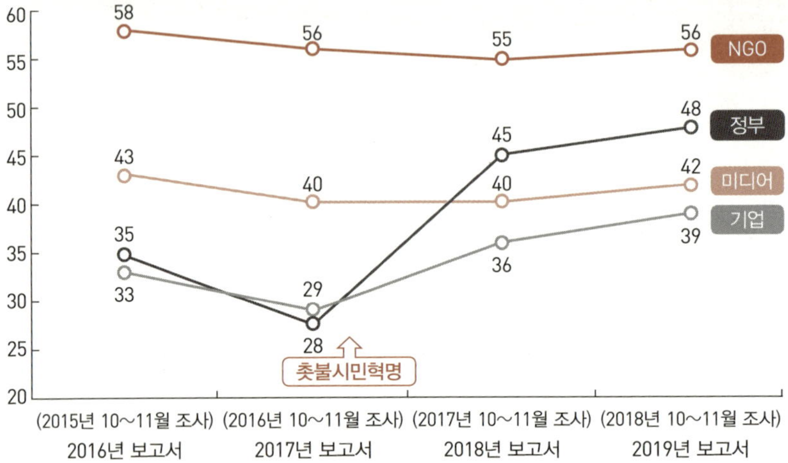


자료: 한완상. (2019).

직들이 공공성을 버리고 사익을 탐하는 시장과 결탁했기 때문이다. 이는 세월호 사건에서 명백하게 드러났다. (…) 사익을 추구한 국가와 시장 권력은 한 몸이 되어 사건의 발생 이전, 사건 당시, 사건 발생 후 전 과정에 걸쳐 국가의 공공성을 파괴했다. 이처럼 공무를 방기한 국가에 대해 국민의 신뢰가 바닥으로 떨어진 것은 너무도 당연한 결과다."

공무원들의 애국심은 공공성의 추구로 완성된다. 「2015년도 중앙공무원 인식조사」 결과도 이 같은 관찰을 지지한다([그림 2.4] 참조).[11] '정부는 개인의 경제적 이익 추구보다는 사회 전반의 공공성 증진에 노력해야 한다'는 항목에 대한 의견으로는 동의 77.0%('동의함' 43.2%, '전적으로 동의함' 33.8%), 보통 21.5%, 동의 안 함 1.5%('동의 안 함' 1.3%, '전혀 동의 안 함' 0.2%)를 기록했다.

그림 2.4 정부는 개인의 경제적 이익 추구보다는 사회 전반의 공공성 증진에 노력해야 한다 (n=1,350, 단위: %)

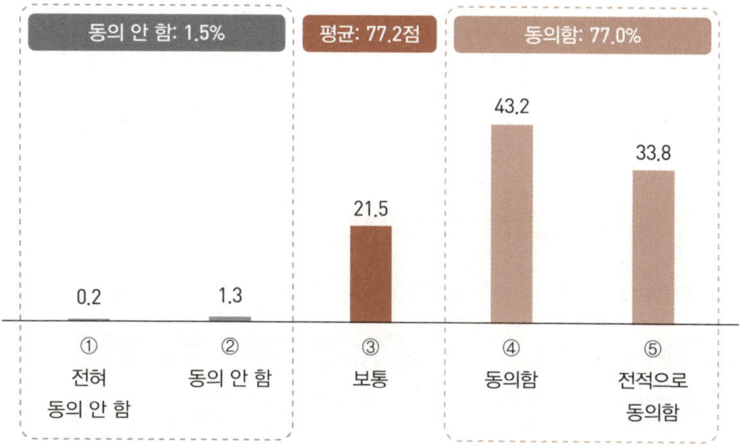


주: 100점 만점 기준(0점: 전혀 동의 안 함~100점: 전적으로 동의)
자료: 서울대학교 행정대학원 공공성과관리연구센터. (2016: 142).

공공성은 예나 지금이나 우리 공무원들의 공직 가치로, 당위적 가치로 확고하게 자리 잡고 있다고 해도 과언이 아니다. 여기에서 우리는 공공성을 추구하는 공직자의 마음이 종종 애국심이라는 단어로 형상화되고, 애국심을 강조하는 공무원 집단의 의식 속에는 공공성이라는 최고의 가치가 잠복해 있다고 유추할 수 있다.

종종 공공성의 동의어처럼 이해되는 공공 서비스에 대한 공무원들의 견해 역시 위와 다르지 않다([그림 2.5] 참조). '공공 서비스는 국민의 편의를 위해 시장 가격보다 낮게 책정될 수 있다'(71.1점), '국민에게 필요한 서비스를 제공하기 위해서라면 적자재정도 감수해야 한다'(58.3점)는 두 항목의 수치가 높다는 것은 공공 서비스를 통한 공공성 증진에 대한 우리 공무원들의 관심이 높다고 해석할 수 있는 근거가 된다. 특히 '공공 서비스는 정당한 대가를 지불할 수 있는 소비자에게만 제공돼야 한다'(38.6점)라든가 '다수를 위해 소수의 희생은 감수될 수 있다'(45.5점)라는 항목에 대해 대다수가 동의하지 않는 것으로 나타남에 따라 공공성이 우리 공무원들에게 중요한 가치임을 짐작할 수 있다.

그림 2.5 공공 서비스에 대한 개인적 견해 (n=1,350, 단위: %(무응답 제외))

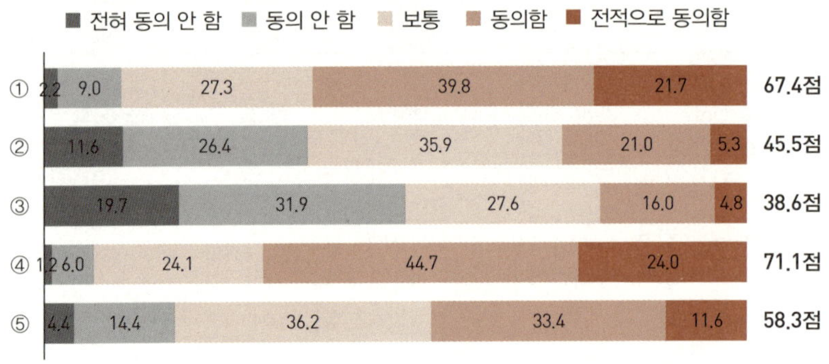


① 공익이란 최대 다수의 최대 행복이다.
② 다수를 위해 소수의 희생은 감수될 수 있다.
③ 공공 서비스는 정당한 대가를 지불할 수 있는 소비자에게만 제공돼야 한다.
④ 공공 서비스는 국민의 편의를 위해 시장 가격보다 낮게 책정될 수 있다.
⑤ 국민에게 필요한 서비스를 제공하기 위해서라면 적자재정도 감수해야 한다.

주: 100점 만점 기준(0점: 전혀 동의 안 함~100점: 전적으로 동의)
자료: 서울대학교 행정대학원 공공성과관리연구센터. (2016: 143).

## 공공성과 정무적 판단

그런데 왜, 무엇 때문에 공공성을 존중하고 공공성 증진을 위해 노력하는 공무원 집단이 사적 이익의 '하수인'으로 전락했다는 평가를 받게 되는 것일까? 공무원 사회의 복지부동을 한탄하는 정치권과 언론의 비판, "세금이 아깝다."는 민원인들의 원성, 재벌과 유력 정치인 앞에서 무력하기만 한 법원, 정권이 바뀔 때마다 되풀이되는 사정 기관의 '납작 엎드리기'와 정권 말기에 어김없이 나타나는 '살아 있는 권력 죽이기', 관료 집단의 공공성 추구는 누가 봐도 한결같지 않고 일관되지 않다. 왜일까?

공무원 사회에서 흔히 쓰이지만 외부인에게는 낯설기만 한 두 번째 키워드는 '정무적 판단'이다. "이렇게 눈치 없는 사람 봤나! 정무적 판단을 좀 하라고! 당신이 지금 신임 사무관이야?" 어느 정부 부처 실장은 '곧이곧대로 쓰인' 보고서를 내동댕이치며 고참 과장에게 이렇게 소리쳤다. "나라를 위해 일하는 건 좋은데요… 정권을 위해서도 좀 일하시라고요!" 대통령 비서실의 어느 비서관은 나라의 먼 미래를 위해 꼭 필요한 일이라며 새로운 정책을 제안하는 국장급 공무원에게 이렇게 말했다. 그리고 그로부터 3년 후, 여당에서 야당으로 정권이 바뀌고 국장은 실장이 되었지만 이름과 얼굴이 달라진 비서관으로부터 동일한 핀잔을 들었다. "우리는 바빠서 그렇게 멀리 못 봐요! 그래서… 내년 총선 때까지 우리가 해야 할 일이 뭡니까?"

정무적 판단은 공무원 개인에게 '생존의 기술'이자 행정이라는 기계가 돌아가게 하는 '윤활유'이며, 고위 직급으로 올라갈수록 조직의 생존을 위해서라도 긴요한 리더의 덕목이다. 정무적 판단은 안 되는 일도 되게 하고, 되는 일도 안 되게 할 수 있는 정책 중개policy brokerage, policy mediation의 기본이기 때문이다.

정책 중개엔 두 가지 의미가 있다. 먼저 다원주의 사회에서 특정 정책의 형성이나 변화에 개입하는 집단들(옹호 연합, advocacy coalitions) 사이의 갈등을 중재하고 타협안을 제시해 비로소 정책이 만들어질 수 있도록 하는 제3자의 활동이다.[12] 여기에서 제3자는 비단 공무원만이 아니다. 기자, 시민사회 활동가, 전문가 등이기도 한데 이들의 관심은 정책문제에 조응하는 정책목표 설정이나 정책수단의 선택 즉, '합리적' 정책 형성에만 한정되는 것이 아니라 정책문제를 둘러싼 다양한 집단들 사이의 합의를 창출할 수 있는 방안까지 확장된다. 그 결과 정책 중개자policy broker, 특히 그중에서도 풍부한 현장 정보와 행정수단을 가진 관료 집단은 주어진 정책과 이해관계가 없는 제3자임과 동시에 특정 정책에 대한 강력한 옹호자도 될 수 있다.

두 번째 의미는 정치·행정 이원론에서 파생한 공무원들의 존재론적 속성에서 기인한다.[13] 정치·행정 이원론에서 공무원의 임무는 정치 엘리트들이 선택한 정책 패러다임을 해석하고 이에 부응하여 행정의 자원과 수단을 조직화하는 것이다. 이를 위해서는 두 가지 개입이 필요하다. 한편으로는 구체적인 행정 자원을 고도로 일반화된 정책 패러다임에 맞게 조직화하는 상향적 개입이 필요하고, 다른 한편으로는 고도로 일반화된 정책 패러다임으로부터 행정 자원을 구체적으로 동원하는 하향적 개입이 필요하다. 그것이 어느 방향이든, 상향이든 하향이든 바로 이 지점에서 공무원 집단은 양자를 매개하는 중개자mediator의 역할을 수행한다. 그것은 곧 가장 정치적인 판단과 선택을 기술적인 문제로 번역하고, 기술적인 문제를 정치적 선택으로 번역하는, 이념을 디코딩decoding해 현실화하고 현실을 인코딩encoding해 이념화하는 해석의 임무다.[14]

직급이 올라갈수록 정책 중개 기능이 중요해진다는 것을 한국 공무원 역시 인식하고 있으며 이와 같은 사실은 「2016년도 공공성과 관련 중앙 및 지방공무원 인식조사 결과보고서」를 통해 가늠할 수 있다([그림 2.6] 참조).[15] 이 보고서는 부처 장관의 리더십 측정 지표로 국회, 대통

그림 2.6 부처 외부의 국회, 대통령, 여당, 언론과의 의견 조정 (n=1,014, 단위: %)

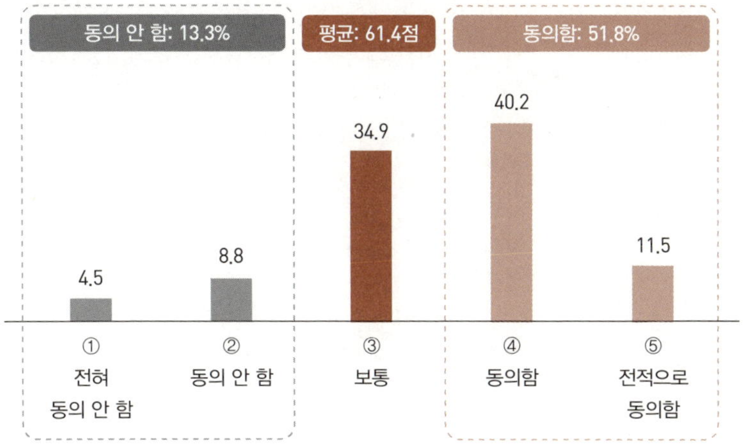


주: 100점 만점 기준(0점: 전혀 동의 안 함~100점: 전적으로 동의)
자료: 서울대학교 행정대학원 공공성과관리연구센터. (2017: 97).

령, 여당, 언론 등과의 의견 조정 역량이 얼마나 중요한지를 물었는데 이에 대한 공무원들의 의견은 동의함이 51.8%('동의함' 40.2%+'전적으로 동의함' 11.5%), 보통 34.9%, 동의 안 함 13.3%('동의 안 함' 8.8%+'전혀 동의 안 함' 4.5%)로 나타나 이를 100점 만점으로 환산 적용할 때 평균 61.4점을 기록했다. 이는 평균 58점을 기록한 부처 내부의 인사 조직에 대한 관리·감독이나 평균 60.3점을 기록한 정책 형성·집행 과정에서 보여주는 정책 전문성 또는 행정 전문성보다 높은 수치다.

## 정무적 판단과 행정의 정치화[16]

공무원들이 수행하는 역할과 기능을 중개로 간주한다는 것은 이들의 행태가 일정하게 정치화politization되었음을 인정하는 것이다. 여기에서의 정치화는 정치적 후견을 통한 신분 상승을 위해 정파적 충성을 맹세하는 정치화가 아니라 일종의 자기 통제를 통해 정책의 실현 가능성을 높이고자 노력하는 '기능적 정치화'를 말하며, 그것이 이들의 일상적인 활동이 되었다는 것이다. 독일의 정치학자 마인츠Renate Mayntz와 델리안Hans-Ulrich Derlien은 이 같은 관점에서 고위 공무원들이 보다 높은 직위에 오르기 위해 필요한 능력으로 정치적 능력을 꼽고 있는데, 이는 비단 독일만의 경우는 아닐 것이다.[17]

공무원들의 정치화 경향이 1980년대와 1990년대 들어 더욱 강화된 형태로 나타난 것은 우연이 아니다. 신자유주의의 구체적인 실행 프로그램으로 정립된 신공공관리론은 행정개혁을 통해 정책집행이 분권화될 필요성을 지적하고 있거니와 한 걸음 더 나아가 책임운영기관 제도의 도입을 통해 행정 관료의 역할을 전략적 방향 설정strategic steering과 정치 엘리트에 대한 자문으로 규정하고 있다. 더욱이 신공공관리론은 공무원들에게 법률 합치성을 토대로 '국가의 종복'일 것을 주문하는 고전적 관료제 모델을 포기하고 성과를 위해 '선제적으로 개입하며 책임지는 공공 매니저proactive and accountable public manager'가 될 것을 요구하고 있다. 이처럼 고위공무원들로 하여금 정책 효과성을 높일 수 있는 정책 방향을 설계하고 이의 실현을 위해 더욱 노력할 것을 주문한다면, 이것은 행정행위가 더욱 기능적으로 정치화될 수밖에 없음을 의미한다.

이 같은 관찰은 정치 엘리트와 공무원의 기능과 역할을 분리한 베버Weber적 관료주의가 현실에서는 더 이상 작동되지 않음을 의미한다. 이미 현실에서는 관료의 정치화와 정치의 관료화가 함께 진행되고 있기 때문이다. 고위 행정 관료들은 정책수단의 개발은 물론 정책목표의 설계에 참여하고 있기 때문에 베버와 같이 정치 엘리트들이 선택하고 규정하는 목표와 공무원들이 선택하고 규정하는 수단을 구분하는 것은 더 이상 유효하지 않다. 이러한 현상은 프랑스에서도 노골적으로 나타나 고위공무원들이 활발하게 정계에 진출하는 한편, 고위 공직의 수행 자체가 정치화되어 정치와 행정의 자원이 동일 집단의 엘리트에게 귀속되는 현상이 종종 관찰되는데, 슈발리에Jacques Chevallier는 이를 일컬어 '정치 – 행정 공무원politico-administrative elite'의 출현이라고 경고한 바 있다.[18]

한국이라고 다를까? 한국 공무원 사회에서 사용되는 '정무적 판단'이라는 표현은 바로 이러한 현상과 과정을 일컫는 술어이며 이 '판단'을 통해 정책 중개자로서의 위상을 확립하는 것이라고 해도 과언이 아니다. 그리고 물론 이 자율적 공간에서 절대적인 힘의 우위에 있거나 자신의 신념과 이익에 부합하는 집단의 이익을 위해 공무원들이 더 열심히 복무할 가능성은 언제나 존재하는 상수다.

## 행정의 정치화와 공공성

공공성을 존중하고 공공성 증진을 위해 노력하는 공무원 집단이 사적 이익의 '하수인'으로 전락했다는 평가는 행정의 정치화 현상을 이해하지 못할 때 쉽게 들이댈 수 있는 가혹한 잣대다. 단기적인 합리성과 장기적인 합리성이 언제나 일치하는 것은 아니며, 부문별 합리성이 전체의 합리성에 언제나 조응하는 것은 아니기 때문이다. 정무적 판단을 통해 그때그때 주어진 맥락과 현장에서 최선을 다해 정책 합리성을 제고하기 위해 노력하더라도 그것이 과연 합리적 선택이었는가에 대한 논란은 집단적 상호작용 과정에서 결코 끊이지 않는다.

그렇다고 공공성 추구에 실패하는 행정의 일탈을 행정의 정치화라는 이름으로 마냥 두둔할 수만도 없다. 삼성바이오 분식회계 사건, 버닝썬 클럽 스캔들, 경찰의 정치 개입과 국군 기무사령부 그리고 국정원의 선거 개입, 사법 농단으로 총칭되는 대법원의 재판 거래… 등에서 드러난 공권력과 사적 이익의 유착 관계는 행정의 정치화라는 관점에서도 용납할 수 없는 명백한 일탈행위다.

그러나 이보다 더 심각한 것은 이처럼 명백한 일탈행위, 부패에 대해서는 사후에라도 엄정한 대처가 가능하지만 정무적 판단이라는 이름 아래 공익과 사익 사이를 줄타기하며 이루어진 '합리적' 행정행위의 애매한 일탈에 대해서는 대응하기가 쉽지 않다는 것이다. 그것은 종종 '제한된 합리성bounded rationality'[19]의 관점에서 '최선의 합리적 행정행위'로 치장되기 일쑤다. 공공성 추구와 정무적 판단 사이에 흐르는 깊고 푸른 강을 건너는 방법은 없을까?

있다. 공공성의 개념을 바로 세우는 것이 그 첫걸음이다. 공공성의 함의를 무엇으로 규정하느냐에 따라 공공 조직의 구성은 물론 공공정책의 방향과 내용 역시 달라지기 때문에 공공성의 개념을 바로 세우고, 바르게 이해하고 이를 넓게 공유하는 것이 중요하다. 행정의 정치화에도 불구하고 행정의 목표가 공공성 추구에 있음을 명심한다면 신자유주의를 비롯해 새로운 사조들이 해일처럼 밀려올 때조차도 공공성이 닻이 되어 공공 행정이라는 큰 배의 중심을 잡아줄 것이기 때문이다.

공공성의 개념은 논자에 따라 다양하게 설명되지만[20] 정태인은 사적인 것the private에 대립하는 것, 사적인 것을 넘어서 하나의 총체로 집계하거나 대표할 수 있는 것을 공적인 것the public으로 정의한다.[21] 공公과 사私를 구별하는 기준은 간명하다. 공적인 것은 모든 사람과 관계있는 공통의 것common, 누구에게나 열려 있는 것open을 의미한다. 반면, 사적인 것은 은폐된 영역이며 전체가 아니라 특정 집단이나 개인에 관계되는 것을 의미한다. 그런데 문제는 이렇게 간명한 개념적 차이가 현실에서는 매우 혼란스럽다는 사실이다.

예를 들어 공중 화장실은 사적 공간인가, 공적 공간인가? 이윤추구를 목적으로 하는 기업가의 활동은 사적 활동인가, 공적 활동인가? BTS와 같은 인기 연예인은 공인인가, 사인인가? 일견 단순해 보이지만 조금만 깊이 생각해보면 사적 공간과 공적 공간은 많은 부분 서로 겹친다는 것을 알 수 있다. 게다가 관점에 따라, 맥락에 따라 그리고 시대와 문화권에 따라 다양한 방식으로 다르게 사용되어 누구도 선뜻 공공성이 무엇인지 정의하지 못하는 개념적 혼란을 야기한다.

단적인 예로 중세에는 큰길가에 위치하는 여인숙이 손님을 거부할 수 없었다. 개인 소유물이지만 손님을 거부할 경우 여행자의 안전이 보장되지 않기에 여인숙도 공공성을 가진다는 논리였다. 또 중세에는 교육, 복지, 노동, 젠더 등 사회 활동의 많은 분야가 개인과 가족이 감당해야 할 사적 영역의 문제로 여겨졌고, 점차 공적 영역으로 편입된 건 근대에 들어서다. 그뿐만이랴. 동일한 문제라도 문화권이 달라지면 그에 부여하는 공공성의 정도 역시 함께 달라진다. 간통죄가 폐지된 21세기 한국에서는 공직자의 불륜이 아직도 품위 유지 위반에 해당하지만 동시대 프랑스에서는 현직 대통령조차 불륜에 '용감'할 정도로 그것이 철저하게 사적 영역의 문제로 간주된다.

이러한 관찰이 함축하는 의미는 자명하다. 무엇이 사적 영역이고, 무엇이 공적 영역인지는 선험적이지도 절대적이지도 않은 개념으로서 사회적 상호작용의 산물일 뿐이며, 주어진 특정 상황과 맥락에서 이루어지는 정치적 투쟁의 공간이고, 공동체의 집단적 합의를 채워 넣는 용기容器에 불과하다는 것이다.[22] 정태인의 표현을 빌려 롤스John Rawls와 센Amartya Sen의 정의론을 여기에 더한다면 공공성이란 공공 이성public reason에 기초하는 숙의적 절차에 따라 사회적(집단적) 합의에 도달한 공공의 가치일 뿐이다.[23]

공무원은 다른 무엇보다도 이 합의된 공공의 가치를 구체적인 삶의 현장에서 정책과 사업의 형태로 실천하는 일을 업業으로 삼는 사람들이다. 공무원들에게 중요한 것은 자신의 가치가 아니라 사회적 합의에 따라 형성된 집단의 가치이며, 정무적 판단이 작동될 수 있는 한계는 이 합의의 범위 안에서이다.

## 공공성과 애국심

공공성의 개념이 이러함에 애국심의 함의는 오죽하랴. 애국심을 가지고 있다고 해서 그것이 반드시 공공성의 추구나 증진으로 이어지지 않는다. 공공성의 개념이 역사적으로 구조화되고 사회적으로 조건 지어진 타협과 합의의 산물이듯, 애국심 역시 주체에 따라 가변적이며 개인의 비전과 철학에 따라 얼마든지 달라질 수 있다는 것은 명백한 함정이다.

공공성 역시 애국심처럼 표방한다고 되는 것도 아니고 선언한다고 되는 것도 아니다. 정부는 시민이 행정권을 위임한 국가기구이고, 공무원은 주인 된 시민의 대리인에 불과해 시민의 위임에 따라 시민의 합의를 실천하는 존재임을 잊지 말아야 한다. 그래서 더더욱 권력을 행사하는 과정에 대한 주인의 동의가 필요하며 사적 이익에 휘둘리지 않고 누구나 공평하게 응대할 책임이 있다.

대한민국 공무원의 가치 체계도를 빌리자면 책임성, 투명성, 공정성 등의 공직관과 청렴성, 도덕성, 공익성 등의 윤리관, 그리고 민주성과 다원성을 기반으로 하는 국가관 등이 모두 함께 어우러졌을 때 공공성이 구현될 수 있다. 이 사실을 잊었을 때 치른 대가가 2016년 겨울의 '촛불 시민혁명'이었다.

전투기 조종사들이 흔히 겪는 방향감각 상실spatial disorientation을 한때 현기증을 의미하는 버티고vertigo 현상이라고 불렀다. 비행 중 주변에 기준이 될 만한 것이 없거나 빠른 속도로 인해 균형감각을 잃어 바다를 하늘로 착각하거나, 하강하고 있는데도 상승하고 있다고 착각하는 현상이다. 그래서 조종사들에게 전해오는 최고의 격언이 있다. “내 느낌을 믿지 말고 계기판을 믿어라!”

나는 과연 애국자인가? 나는 과연 공공성을 추구하며 공공성 증진을 위해 노력하고 있는가? 자신의 정체성이 보수든 진보든 공무를 담당하는 자로서 이러한 의문이 떠오를 때마다 돌이켜봐야 할 것은 나의 모호한 ‘양심’과 ‘신념’이 아니라 사회적 합의를 바탕으로 형성된 현대 행정의 핵심 원리들이다. 공공성과 정무적 판단 사이에 흐르는 깊고 푸른 강을 건널 때, 우리가 의지해야 할 것은 공정한 절차에 따라 도달한 사회적 합의뿐이라는 이야기다.

# 제3장
# 철창(iron cage)에 갇힌 관료들 : 그 혁신의 불씨를 찾아서

**이창길** 세종대학교 행정학과 교수

## 관료 사회의 '보이지 않는 손'

관료들은 혁신적인가? 우리 사회에서 이 질문에 대한 대답은 대체로 "아니요No."다. 관료들이 혁신적이거나 창의적이지 않다는 것이다. 이처럼 관료 집단은 변화와 혁신을 싫어하는 집단으로 여겨진다. 우선 정부 밖에서 관료 사회를 보는 시각이 부정적이다. 국회는 관료들의 안이함과 답답함을 질타하는 사례가 많고 수시로 그들의 보신주의적 행태를 비판한다. 전문가들 역시 부정적이기는 마찬가지이다. 그들의 혁신적이고 창의적인 정책 아이디어들이 관료들에 의해 쉽게 경시되고 무시되기 때문이다. 일반 시민들 역시 대체로 관료들을 무사안일과 복지부동의 대명사로 인식한다.

정부 내의 관료들 역시 스스로 변화와 혁신을 싫어한다고 말한다. 새로운 일을 하기보다는 수동적이고 방어적으로 업무를 수행할 수밖에 없다고도 한다. 일이 안 되게 하려고 법령 속의 미세한 규제들을 찾아내기도 한다. 이런 업무 행태에서 보듯이, 관료들은 현재의 상태를 안정적으로 유지하기 위해 힘을 쏟고, 변화와 혁신을 거부하는 그럴싸한 명분과 논리를 제시하기도 한다.

역대 정부는 관료들의 이러한 행태와 문화의 변화를 위해 적극적인 정부혁신을 추진했다. 명칭과 내용은 조금씩 달라도 정부혁신은 핵심적인 국정 과제 중의 하나였고, 항상 관료 행태의 근본적이고 혁신적인 변화를 요구했다. 대대적으로 조직구조를 개편하기도 했고, 인력 감축을 단행하기도 했다. 총체적인 시스템을 변화시키기 위해 정부 기능과 직무를 분석하여 재배분하는 작업도 수없이 해왔다.

이러한 결과, 관료들의 생각이나 행동은 변했을까? 그 대답 역시 긍정적이지 못하다. 외부 환경이 바뀌고, 직무가 바뀌고, 구조가 바뀌어도 관료들의 행태나 문화는 거의 변화가 없다는 것이 일반적인 시각이다. 그렇다면 왜 관료들의 행태가 변하지 않는 것일까? 그동안 정부의 다양한 노력에도 불구하고 관료들이 변하지 않았다면, 관료들의 사고와 행태를 제약하는 '보이지 않는 손'이 존재하고 있는 것은 아닌가?

관료 사회의 혁신을 강하게 원하면서도 창의적이고 혁신적인 관료들을 외면하거나 그들의 혁신 노력을 오히려 억제하고 방해했던 요인들은 없었는지 살펴봐야 한다.[1] 이는 관료 사회 내부에 잠재되어 있는 자발적인 혁신의 불씨를 찾는 일이다. 관료와 관료 사회의 근본적인 변화만이 성공하는 정부를 만들 수 있기 때문이다.

# 관료들은 원래 혁신적이다

관료들은 혁신적인 사람들일까? 혁신이란 위험을 감수하며 새로운 일을 추구하는 것이다. 관료 집단에 대한 정부 외부의 부정적 시각과는 달리, 관료 개인들은 의외로 혁신적인 경우가 많다. 채용 선발 과정에서부터 관료들은 혁신적이다. 수십 대 일 또는 수백 대 일의 치열한 공개경쟁시험을 뚫고 합격하는 것은 혁신적이고 도전적인 마음이 없이는 불가능한 일이기 때문이다. 안정적인 직업을 갖는 것이 목표일지 몰라도 그 목표를 달성하는 과정은 혁신적이고 모험적인 일이다. 새로운 일에 대한 도전과 열정 없이는 합격이라는 열매를 수확하기는 불가능하다. 이런 점에서 보면 모든 고시 합격생들은 고도의 불확실한 미래에 상당한 위험을 감수하고 수년간을 투자하는 혁신가라고 해도 과언이 아니다.

공직에 들어와서도 마찬가지이다. 적극적이고 혁신적인 마인드 없이 고위직에 임명되기는 어렵다. 고위직 공무원들이 자기 소관 정책에 대한 역할과 책임을 완수하기 위해서는 적극적이고 혁신적인 마인드를 갖지 않을 수 없다. 예전부터 중앙 부처의 관료들은 혁신적인 업무 태도를 가지고 있었다. 1989년 당시 건설부 이규황 토지국장은 토지공개념을 추진하면서 변화와 혁신에 당당했다. 그는 당시 한 신문과의 인터뷰에서 “전경련이 토지초과이득세의 입법 유보를 건의했는데, 입법 유보는 불로소득을 계속 누리겠다는 것입니다. 절대 양보 못 하는 부분입니다.”라고 적극적인 개혁 의지를 밝혔다. 토지공개념 정책이 좌파적 성격의 정책이라는 비판에 대해서도 “토지 문제는 정권적 차원이 아닌 국가적 차원의 문제입니다. 토지 문제가 해결되지 않으면 우파다 좌파다 가르기 전에 사회를 유지하고 있는 그릇이 깨집니다.”라고 단호하게 대응했다.[2]

2017년 5월 21일 문재인 정부의 초대 경제부총리로 김동연 전 국무조정실장이 지명되었다. 대통령이 직접 지명 발표하면서 그의 “종합적인 위기 관리 능력과 과감한 추진력”을 인정했고, 한 언론에서는 “뛰어난 혁신 마인드와 온건한 성품을 가진 유능한 관료”라고 설명했다.[3] 본인도 인사청문회에서 정년 연장, 임금피크제, 연금 개편, 학제 개편 등 제도 혁신의 중요성을 강조했다. 2018년 12월 4일 문재인 정부는 또다시 관료 출신인 홍남기 전 국무조정실장을 경제 사령탑으로 발탁했다. 청와대는 지명 발표에서 “혁신적이고 과감한 정책 추진을 통해 경제 전반에 속도감 있게 활력을 불어넣어야 하는 현 상황에서 경제 사령탑을 맡을 최고의 책임자”라고 극찬했다. 직업관료들이 가지고 있는 혁신적인 정책 추진 역량을 강조한 셈이다. 경제 성과는 쉽게 예견할 수 없을지라도 관료 출신 두 부총리의 혁신적인 마인드를 높이 산 것만은 틀림없다.

개인적 차원뿐만 아니라 집단적 차원에서도 비슷하다. 즉 공무원들은 대부분 혁신적인 태도를 보인다. 지금까지 진행된 학술 연구들을 보면, 공무원들의 혁신 행동은 5점 척도에 3.7점 내외, 즉 100점 만점에 약 75점 정도로 분석된다.[4] 연구 대상과 범위에 따라 차이가 있긴 하지만 대체로 공무원들은 스스로에게 혁신 마인드가 있다고 인식한다. 실제로도 혁신적인 아이디어가 풍부하며 유능한 공무원들을 주위에서 얼마든지 만나볼 수 있다. 그뿐만 아니라 우리의 경우 경제 발전과 사회 변화를 선도하는 과정에서 관료들의 혁신적인 역할을 부인하기 어렵다.

최근에도 관료 집단의 혁신성을 인정할 수 있는 사례들이 많다. 공무원들은 소위 '김영란법'(정식 명칭은 「부정청탁 및 금품등 수수의 금지에 관한 법률」)의 시행에도 긍정적이었다. 그들은 부패 문제나 사회 변화의 필요성을 인정하고 혁신적인 변화를 수용했다. 2016년도 서울대학교 행정대학원 공공성과관리연구센터에서 실시한 「중앙공무원 공공성과 인식조사」 결과에 따르면, 청탁금지법이 행정의 투명성, 신뢰도, 경쟁력 향상에도 긍정적인 효과를 미칠 것으로 인식하고 있다.[5] 청탁금지법 시행 1년을 맞아 2017년 9월 한국행정연구원에서 실시한 조사의 결과에 따르면, 식사비 상한이 3만 원이라는 데 대해 공무원의 79.8%가 찬성하였다. 이러한 응답률은 일반 국민보다 높은 수준이며, 언론인보다는 훨씬 더 높은 수준이다. 공무원의 90% 이상은 오히려 더 엄격하게 적용해야 한다고 생각했다. 이와 같이 대부분의 공무원들은 혁신적으로 사고하며 변화와 개혁을 바라고 있는 것으로 판단된다.

다만 이러한 관료들의 혁신성은 혁신적 사고와 혁신적 행동으로 구분할 필요가 있다. 전자는 창조적 측면이고 후자는 실천적 측면이다. 얀센Onne Janssen 등은 혁신 행동을 아이디어 창출, 아이디어 홍보, 그리고 아이디어 실현의 3가지로 구분하고 있다.[6] 아이디어 창출은 혁신적 사고를 의미하며, 아이디어 홍보와 실현은 혁신적 행동을 의미한다. 즉 혁신 사고는 새로운 것을 헤아리고 판단하는 작용이며, 혁신 행동은 새로운 것을 수용하고 결정하는 행위이다. 혁신적 행동 없이 혁신적 사고만 있을 경우 혁신은 성공하기 어렵다. 또한 혁신적 사고 없이 혁신적 행동만 있을 수는 없다. 결국 혁신적 사고가 혁신적 행동의 선행 요인이며, 혁신적 행동은 혁신적 사고의 결과 요인이다.

혁신적 사고와 행동을 모두 갖춘 관료들이 많지만, 반드시 모두가 그 둘을 갖추고 있는 것은 아니다. 앞서 살펴본 두 부총리 사례의 경우, 그들에게 혁신적인 마인드가 있다고 하더라도 혁신적인 행동은 부족하다는 지적이다. 즉 그들이 가진 혁신적인 생각과 판단이 혁신적인 정책 선택과 결정으로 이어졌는지는 의문이라는 것이다. 진보 경제학자인 김태동 명예교수는 경제부총리를 개혁적 인물로 임명하지 않은 잘못을 경제개혁 실패의 시작으로 꼽았다. 김동연 부총리에게 '흙수저' 출신의 개혁 마인드를 기대했지만, "재벌에 포획된, 영혼이 없는 예산 관료일 뿐"이었다는 것이다.[7] 경제정의실천시민연합(경실련)은 홍남기 경제부총리가 지명되자 그를 두고 "전형적인 관리형 관료 출신으로 '국민들이 명령했던 경제구조 개혁을 포기한 인사'"라고 비판했다. 이와 같은 비판에도 불구하고 앞서 지적했던 관료들이 가지는 혁신적인 사고와 욕구 자체를 부인할 수는 없다.

## 무엇이 혁신을 가로막는가?

두 번째 질문은 '관료 개인들의 혁신적인 사고에도 불구하고 관료 사회가 혁신행동을 보이지 않는 이유는 무엇인가'이다. 관료들이 새로운 혁신을 행동으로 보이지 않고 오히려 그것에 저항하고 있다면 이는 과연 어떤 요인 때문인가? 그들이 혁신 마인드를 가지고 있음에도 혁신적으로 행동하지 못하거나 결정하지 못하는 데에는 분명 조직 내부로부터 어떠한 제약요인이 영향을 주고 있음에 틀림없다.

최근에도 정부는 강력한 혁신을 추진하고 있다. 부처마다 적극적인 혁신 활동을 이어가고 있다. 관료 개인들의 변화를 유도하기 위하여 정부 내부에서 혁신을 장려하는 다양한 보상 체계도 구비되어 있다. 이러한 적극적인 혁신 활동 및 지원에도 불구하고 좀처럼 관료 행동의 실질적인 변화는 보이지 않고 있다. 변화와 혁신을 원하는 관료들의 혁신적인 행동을 가로막는 요인이 작용하고 있음에 틀림없다. 혁신적인 생각을 가진 관료들이 행동으로 실천하지 못하게 하는 내부 환경상의 제약요인들을 진지하게 살펴볼 필요가 있다.

# 윗사람들은 혁신을 좋아할까

관료들의 혁신 행동을 억제하는 첫 번째 장애는 사람, 특히 그중에서도 공무원들이 직접적으로 대면하는 상사들이다. 관료제 내에서 장관을 비롯한 상사들이 혁신적인 부하 직원을 좋아할까? 일반적인 응답은 "그렇지 않다."이다. 심지어 직접 혁신 업무를 담당하는 상사라 할지라도 혁신적 변화를 원하지 않는다. 오히려 적절한 수준에서 무난하게 업무를 처리하는 사람을 선호한다.[8] 왜 그럴까?

우선 상관들은 혁신에 관심이 없다. 장관들은 물론 대부분의 고위공무원들은, 정치적으로 민감한 사안, 언론에 보도되는 사안, 대통령이 지시한 사안에 대한 관심만 클 뿐 그 외의 일에는 관심이 없다. 다른 이슈들을 논의할 시간도 없고 논의할 필요도 없다는 인식이 많다. 자신의 업무를 개선하고 국민들을 만족시키기 위한 특별한 소명 의식도 대체로 약한 모습이다. 장관도 고위공무원도 새로운 일을 적극적으로 하더라도 자신의 경력 관리상 승진이나 영전榮轉에 큰 도움이 되지 않기 때문이다.

둘째, 새로운 업무를 추진하거나 새로운 방법으로 추진하는 것은 상사를 불편하게 만들기 때문이다. 새로운 업무를 추진하는 과정에서 상사들은 그동안 자신들이 경험하지 않았던 내용을 학습할 역량이 부족하거나 업무 추진 과정에서는 그들이 주도권을 갖기 어렵다. 파격적인 아이디어나 전면적인 변화는 상사의 신분이나 업무 추진에 위험 부담으로 작용할 수도 있다. 근무 연한이 길고 경험이 많을수록 자기만의 방식이 고착화되어 새로운 업무는 힘들고 불편할 뿐이다. 그래서 상사들은 대체로 모험적이고 활동적인 외향적인 사람보다는 조용하고 성실하게 일하는 내성적인 사람을 선호하는 경향을 보이기도 한다.[9]

셋째, 보다 크고 중요한 이유는 상관의 상관이 새로운 것을 좋아하지 않기 때문이다. 보통 상관의 상관은 항상 상관보다 더욱 보수적이고 안정적인 결정에 익숙한 사람들이다. 소위 '쓸데없는 일'을 만들어 보고하고 부담을 주면 대부분의 상관들은 그 직원을 싫어한다. 그 부하 직원은 너무 튄다는 말도 듣기도 한다. 따라서 상관은 그들의 상관의 눈치를 보면서 부하 직원의 업무를 지도한다. 부하 직원의 창의성을 수용하는 위험 부담을 가질 이유가 없다.

관료조직에서 상관들이 혁신적인 사고와 행동을 좋아하지 않는 것은 교사들이 창의적인 아동을 좋아하지 않는 경우와 비슷하다. 웨스트비Erik L. Westby와 도손Valina L. Dawson의 연구에 의하면, 교사는 창의성을 중요한 교육적 목표의 하나로 인식하지만 실제로는 호기심과 창의적인 생각을 드러내는 학생을 싫어한다고 주장한다.[10] 특히 교사가 창의적인 학생이나 그들의 창의적인 아이디어를 그다지 선호하지 않는다는 메시지 혹은 인식 자체는 학생들의 창의적인 아이디어나 수행을 직간접적으로 저해 혹은 멸종시킬 수 있다고 경고하고 있다. 모든 교사가 그렇다는 것은 아니지만 그럴 가능성이 높다는 것이다. 관료 사회도 마찬가지이다. 상관들은 창의성을 진정으로 열망하는 것처럼 보이지만 실제로는 창의적인 사람이나 창의적인 아이디어를 거부하거나 적극 수용하지 않는 경향이 강하다.

2017년 서울대학교 행정대학원 공공성과관리연구센터에서 실시한 「중앙공무원 공공성과 인식조사」 결과를 보면, '상관들이 문제를 창조적으로 해결하도록 격려하느냐'는 질문에 불과 30~40%의 공무원들만이 그렇다고 답하여, 대부분의 공무원들이 부정적인 답변을 보였다.[11] 하지만, 이러한 평균치를 실제 부처별로 들여다보면 더욱 흥미롭다. 우리나라 경제의 종합적인 기획 업무를 담당하는 기획재정부는 다른 어느 부처보다 창조적이어야 할 듯하지만, 다른 부처와 비교하여 긍정적 답변이 30% 이하로 매우 낮은 수준이다. 그리고 외교부, 문화체육관광부, 국민안전처 등도 현저하게 낮은 수준이다. 일부 부처의 경우 업무 특성상 창조적인 해결에 한계가 있을 수 있음을 인정하더라도, 기획 업무나 문화 업무를 담당하는 부처들의 긍정 답변 비율이 상대적으로 낮은 것은 놀라운 일이 아닐 수 없다.

또한 '상관이 권한을 위임하느냐'는 질문에 대해서는 긍정적인 답변이 30% 미만으로 대부분 부정적이었다. 특히 40, 50대 공무원들의 경우에는 긍정적 답변이 부정적 답변보다 많은 반면, 20, 30대 공무원들의 경우에는 부정적 답변이 긍정적 답변보다 더 많게 나타나, 젊은 세대 공무원일수록 상관이 권한을 잘 위임하지 않는 것으로 인식하고 있다. 또한 다른 항목의 조사 결과를 보더라도, 관료 사회에서는 문제 해결이 권위적이고 계층적으로 이루어지며, 부하 직원들의 자율성은 상대적으로 약한 것으로 나타났다.

## 관료제의 이중성, 그리고 형식주의

관료들의 혁신적 사고와 행동을 방해하는 두 번째 요인은 업무적·제도적 환경이다. 혁신적인 사고와 행동을 위해서는 보다 유연하고 탄력적인 업무 활동이 보장되어야 하지만, 실제 공직사회에서는 일반 국민을 대상으로 엄격한 규정과 절차를 집행할 뿐만 아니라 스스로에 대한 규정과 절차 역시 촘촘하고 엄격하게 구성되어 있다. 엄격한 규정의 적용은 국민에 대한 실제적 봉사의 행태보다는 규정에 대한 과잉 동조로 책임을 회피하려는 행태가 나타나게 된다는 분석이 있다.[12] 관료 사회의 경우, 법령과 규범의 준수가 관료조직의 불가피한 특성이라 하더라도 규정들에 대한 과잉 동조는 혁신성이나 창의성을 억제하는 중요한 요인임에 틀림없다. 따라서 대국민 규정과 절차를 변화시키는 새로운 일을 추진하기도 어렵고, 다양한 내부 규정으로 인해 혁신적인 사고도 제약받는 것이 현실이다.

미국 샌프란시스코 시장을 두 번이나 지낸 개빈 뉴섬Gavin Newsom은 최근 그의 저서 『시티즌빌Citizenville』에서 "우리가 일반적으로 공무원들을 '정부의 질병government ill'이라고 비난하지만 그들의 입장에서 보면 그렇지 않다."고 주장한다. 즉 "현재의 공직 시스템에서 성과는 결과를 성취하는 것으로 규정되지 않는다. 대신에 성과는 자신의 머리를 최대한 낮추고, 보다 많은 시간을 사무실에서 보내고, 현재의 규제정책들을 깨지 않는 것이다. 슬프게도, 실패하지 않는 것이 성공하는 것보다 중요하다. 과정과 의전이 지배하고, 결과는 그 다음이다(p.206)."라고 말하고 있다.[13] 미국의 관료 시스템에 대한 설명이지만, 우리와 상황 역시 이보다 덜하지 않다.

특히 우리의 경우 공무원들이 업무 과정에서 따라야 하는 행정 내부의 규제는 더욱 심한 상황이다. 새롭고 혁신적인 최종 성과물보다는 기존의 규칙과 절차를 매우 중요시하는 경향이 강하다. 2016년 서울대학교 행정대학원 공공성과관리연구센터 조사 결과에 따르면, 약 70%의 공무원들이 업무 과정에서 규칙과 절차를 지키는 것이 매우 중요하다고 인식하고 있다.[14] 아울러 업무를 완수하기 위해 공식적인 절차와 규정을 지키지 못할 수도 있다는 의견은 12%에 불과하다. 혁신은 곧 규칙과 절차를 뛰어넘는 새로운 일이지만, 대부분의 공무원들은 새로운 방식이나 접근이 사실상 어려운 일이라고 인식하고 있는 것이다. 또한 조사 결과에 따르면, 대다수 공무원들은 그들이 규정을 준수하고 있는지 정기적으로 감독을 받는다고 응답했다. 대부분의 일선 기관은 어느 기관이든 세 가지 유형의 감사가 존재한다. 첫째는 감사원 감사, 둘째는 부처 감사, 셋째는 자체 감사이다. 각 단계별로 감사관실이 존재하고 사업 전 또는 후에 반드시 감사 부서의 통제를 받는다. 이러한 통제는 공무원들의 창의적이고 적극적인 업무를 방해하는 핵심적인 요인 중의 하나이다.

특히 '조직의 일 처리가 규정보다는 담당자의 성향에 따라 달라질 수 있느냐'는 질문에는 '그렇지 않다'는 응답이 약 50%에 상당했다. 이는 담당자가 설사 혁신적인 성향과 태도를 가지고 있다 하더라도 그것이 혁신 행동으로 이전되기가 어려운 환경임을 말해준다. 조사 결과에 의하면, '상관이 지시한다면 약간의 규정과 절차가 무시될 수 있느냐'는 응답에도 대부분 부정적이었다. 상관의 지시보다 규정과 절차가 무섭고, 규정과 절차가 무서운 것은 감사와 징계 때문이다. 즉 인사상 또는 신분상 영향을 받게 될 경우 공무원들에게 새로운 생각이나 행동을 기대하기는 어려운 상황이다.

임도빈 등의 한 연구에 의하면, 규정의 엄격성에서 벗어나기 위해 관료들이 규정을 탄력적으로 변용하는 현상을 긍정적으로 해석한다.[15] 즉 규정의 변용을 '관료제 조직에서 흔히 나타나는 규정에 대한 집착으로부터 벗어나려는 노력의 한 방식'으로 본다. 그리고 이것을 업무 성과의 장애물이라고 인식되는 절차나 규제를 극복하려는 의식적인 행태라고 규정한다. 업무 규정이나 지침, 지시가 명문화되고 이를 준수하는지 여부에 대한 감시·감독이 강할 경우 탄력적인 규정 변용은 어렵다는 분석이다. 따라서 창의적이고 융통성 있는 업무 수행을 위해서는 탈관료적 규정 변용 행태를 장려하고, 이를 위한 다양한 인센티브의 제공이 필요하다는 주장이다.

우리의 경우, 앞서 지적한 바와 같이, 이러한 인센티브 시스템은 잘 구비되어 있다. 즉 대부분의 공무원들은 창의적이고 혁신적인 업무에 보상받는다고 인식한다. 조직 내 개선 활동과 혁신 활동도 지속적으로 행해지고 있는 것으로 나타났다. 하지만, 임도빈 등의 연구 결과, 예상과는 달리 고객 만족 및 혁신적 업무에 대해 보상하거나 평가하는 체계는, 창의적이고 탄력적인 업무 수행이나 규정 변용을 유발시키지 못하고 오히려 그것을 제한하는 것으로 나타났다.[16] 새로운 보상과 평가제도 도입 자체가 새로운 규제와 지침을 양산하기 때문이라는 설명이다.

이는 혁신 활동이나 성과와 관련하여 선불리 경쟁과 성과 중심의 제도를 도입하는 것이 또 다른 형식적인 규정에 얽매이는 결과를 초래할 수 있음을 말해준다.

공무원들의 가장 민감한 문제인 인사 시스템도 혁신적인 생각과 행동을 가로막는 요소 중의 하나이다. 미국의 행정학자 마누엘 테오도로 Manuel Teodoro 교수는 공무원의 경력 구조를 사다리ladder형과 경사로 ramp형으로 구분하고, 전자보다는 후자가 혁신 동기와 행동을 유발한다고 주장한다.[17] 사다리형 조직 구조는 위험을 감수하지 않고 적극적인 성격을 보이지 않으면서 권력 지향적 성격의 소유자들이 성공하는 시스템이라고 규정한다. 반면, 경사로형 조직 구조는 보다 위험을 감수하는 성취 지향적 성격의 소유자들이 성공할 가능성이 높은 시스템이라는 것이다. 사다리형 구조는 내부 승진 중심의 인사 시스템이고 경사로형 구조는 외부 임용 중심의 인사 시스템이라는 것이다. 우리의 경우 전형적인 사다리형 인사 시스템을 채택하고 있다. 최근에는 개방형 인사 등이 많이 활성화되어 있음에도 불구하고 여전히 부처 내부의 승진 시스템으로 운영되고 있고, 부처 간의 이동도 많지 않다. 결국 관료 개인들의 입장에서는 혁신적으로 생각하거나 행동하기보다는 직속 상관이나 인사권자의 의도에 따라 주어진 업무를 철저하게 처리하는 일이 가장 중요한 일이 되게 마련이다.

## 혁신의 오래된 숙제, 관료문화

관료 사회의 문화적 환경은 인간관계적 환경과, 제도적 환경과 더불어 관료들의 혁신적인 생각과 행동을 가로막는 가장 근본적인 요인이다. 문화는 조직 속에 배어 있는 기본 전제나 가치로서, 눈에 보이지 않지만 조직 내 체화된embedded 환경이다. 혁신적이고 창의적인 문화 속에서는 혁신 활동은 장려될 수 있지만, 계층과 지시, 그리고 규정과 절차를 중시하는 문화 안에서는 혁신적인 아이디어를 기대하기가 어렵다. 위계적이고 집단적인 문화에서는 관료들이 아무리 혁신적인 내용을 제안하더라도 혁신적인 정책이 개발되기 어렵고 혁신적인 행동은 엄격히 통제받게 된다.

하지만 유감스럽게도, 지금까지의 다양한 연구를 보면, 우리 관료문화는 명령, 규칙, 규제 등 통제와 능률을 강조하며 안정을 지향하는 '위계 문화'로 규정된다.[18] 그리고 관료문화는 '여전히 강하게 작동되고 있는 개발 연대開發年代(경제개발을 우선시하던 1960~1970년대) 행정의 유산'으로 지금까지도 뚜렷하게 남아 있다.[19] 이러한 문화에서 조직 구성원들은 소극적이며 모험을 기피하여 창의성이 현저히 떨어질 수밖에 없다. 다양한 내부 통제로 인하여 구성원들의 창의적 동기 부여와 적극적 열정도 약해지고, 처벌과 책임을 회피하고자 무사안일의 행태가 만연된다.

혁신은 자발적 의지에 의해 이루어지는데 자발적인 노력이나 의지가 부족한 문화에서는 혁신을 기대하기가 어렵다.

특히 최근에는 집단 문화는 줄어들고 시장 문화가 증가하는 양상이다. 즉 조직 내부의 인간적 유대나 신뢰가 낮아지고, 오히려 성과 중심의 경쟁적 관계가 강화되고 있는 상황이다. 이러한 변화는 기존 규정에 대한 탄력적 적용을 어렵게 하고, 새로운 방안에 대한 유연한 대처도 낮아지게 만들기 마련이다. 아울러 지나치게 성과를 강조하는 조직문화는 구성원들로 하여금 방어적 태도와 개인적 행동을 취하게 한다.[20] 방어적인 태도를 취한다는 것은 자발적이고 창의적으로 아이디어를 발굴하기보다는 타산적이고 거래적인 차원에서 형식적인 성과에 매몰될 가능성이 높다는 의미가 된다.

이러한 창의성을 대하는 이중성과 편향적인 반창의성은 전통적인 관료문화의 한 형태로 자리 잡고 있다. 앞에서 지적했듯이 상관들이 부하 직원들의 혁신적인 아이디어나 활동을 싫어하는 것과 마찬가지로 조직은 구성원의 창의성을 수용할 준비가 되어 있지 않다. 사람들이 학교나 사회에서 창의성을 진정으로 열망하는 것처럼 보이지만 실제로는 창의적인 사람이나 창의적인 아이디어를 거부하는 경향이 있다는 연구 결과가 그대로 나타나고 있다.[21] 우리 사회는 물론 관료 사회 역시 창의 문화와 풍토가 여전히 내재화되어 있지 못하다는 지적이다.

스토Barry M. Staw가 지적한 바와 같이, 조직이나 기관은 창의적인 사고와 활동을 장려한다고 말하지만 그들이 혁신적이고 획기적인 기획을 하는 창의적인 조직은 아니기 때문에 실제로는 창의적인 사람을 원하지 않는다고 주장한다.[22] 뮬러Jennifer S. Mueller 등도 사람들은 창의성을 진정으로 열망하는 것처럼 보이지만 실제로는 창의적인 사람이나 창의적인 아이디어를 거부하고 있다고 주장한다.[23] 그들은 이를 조직의 '반창의성 편향bias against creativity'이라고 규정한다.

관료 사회도 이와 다름이 없다. 새롭고 창의적인 정책은 불안하고 불확실한 상황을 만들고, 고위 정책결정자들은 이를 불편해하고 거부하면서 기존 정책을 약간 수정·변경하는 수준에서 안정적인 선택을 하게 된다. 2016년 서울대학교 행정대학원 공공성과관리연구센터 조사 결과를 보더라도 '조직은 열려 있고 변화에 잘 적응하는 편인가'라는 질문에 긍정적으로 대답한 응답자가 100명 중 35명에 불과하다.[24] 부정적인 답변이 많았던 것은 아니지만, 대체로 보통이라고 응답하였다.

## 혁신의 불씨는 어디서 찾아야 하나

이상에서 알 수 있듯이 관료조직은 관료들의 창의와 혁신을 원하지 않는다. 따라서 관료들이 혁신적이고 창의적인 태도와 행동을 보이더라도 이를 인정하지 않는다. 관료들이 스스로 변하고 싶어도 변할 수 없는 현실이다. 이제 정부혁신의 전략과 방법을 바꾸어야 한다. 관료사회 내부에서 혁신의 불씨를 살려야 한다. 관료들의 자발적인 변화와 혁신을 이끌어낼 수 있는 불씨가 무엇인지 찾아야 한다. 정부의 변화와 혁신 작업에 적극적으로 나설 수 있는 핵심적인 그룹을 구성해야 한다. 현재 혁신을 제약하고 있는 사람과 제도, 문화에서 벗어나 새로운 것을 자유롭게 사고하고 행동할 수 있는 주체를 형성해야 한다.

지금까지는 정부혁신의 성과가 실질적으로 크게 나타나지 못했다. 관료들의 행태가 크게 변하기 않았기 때문이다. 과거의 혁신 경험은 소위 지시적이고 하향적이었다. 지금까지 정부혁신의 실패는 혁신 주도 세력이 없었거나 혁신 세력의 잘못된 선정 때문이었다고 할 수 있다. 시대와 정권에 따라서는 집권적이고 하향적인 정부혁신의 추진이 효과적이었던 경우도 있었다. 1990년대 문민정부의 정부혁신은 대통령을 중심으로 하는 신속한 결정과 강력한 집행이 성공의 무기였다. 완벽한 성공이 아니었더라도 정부 조직의 대대적인 개편, 공무원 재산 등록과 공개, 금융

실명제의 전격 도입 등 굵직한 혁신 조치는 성공적이었다고 할 수 있다. 하지만 그 이후의 정부혁신은 효과적으로 추진되지 못했다.

김대중, 노무현 정부는 전문가들을 중심으로 혁신 주도 그룹을 형성했다. 중앙인사위원회와 정부혁신위원회가 구성되고, 중요한 혁신 과제는 전문가들의 논의를 통해 결정되었다. 그리고 전문가들에 의해 만들어진 수많은 혁신 과제는 청와대에 혁신수석이 설치되어 그 총괄을 담당하였고 정부 조직을 관장하는 행정자치부가 핵심 추진 세력이 되었다. 하지만 이 같은 혁신도 과도한 수사修辭와 무리한 실험으로 인해 공무원들의 자발적 변화 노력을 이끌어내는 데는 한계가 있었다.

이명박, 박근혜 정부의 경우에는 단기간에 매우 즉흥적인 혁신 작업이 있었다. 대규모의 정부 조직 개편도 타성적 개편으로 작위적이었다. 중앙 부처 상호 간의 단편적인 통합은 그 통합의 목적과 의미가 무엇인지 이해하기 어려웠다. 이러한 원인은 혁신 주도 세력이 없었기 때문이라고 진단할 수 있다. 정부혁신을 추진하는 전문가 중심의 위원회도 없었다. 혁신이 누구에 의해서 이루어지는지 명확히 규명하기 어려웠다. 대통령의 사적 인맥과 개인적 지시에 의존하는 경향이 강했고 실제 혁신 핵심 그룹은 보이지 않았다. '정부 3.0' 역시 공유와 소통, 협력을 강조했지만, 실천이 따르지 않는 기술적인 접근이 많았고 관료 행태의 실질적인 변화를 이끌어내지 못했다는 진단이다.[25]

지금까지 정부혁신이 성공하지 못했던 이유는 행정 내부 혁신 주도 세력의 구축 실패에서 찾아야 한다. 정부 내부의 혁신 추진 세력이 존재하지 않거나 그들을 잘못 선정한 경우 혁신은 실패할 수밖에 없다. 특히 혁신을 좋아하지 않는 사람들에게 혁신을 맡기면 더욱 그렇다. 관료 조직에서 혁신을 좋아하는 사람이 있겠느냐고 반문할 수 있겠지만,

관료 집단 모두가 현상 유지와 안정만을 추구하는 것은 아니다. 관료들의 혁신적인 사고와 행동을 사람과 제도, 그리고 문화가 제약하는 시스템에서 벗어나야 한다. 정부 내부 혁신의 불씨를 찾아야 한다. 혁신 의지와 행동 역량을 가진 관료들을 발굴하고, 이들이 주도적으로 참여하는 혁신이 필요한 시점이다.

# 어항 속의 물고기에서 벗어나야

혁신 추진 그룹을 형성하기 위해서는 혁신 선호 그룹이 누구인지 찾아야 한다. 혁신 선호 그룹은 정부 내부에서 변화와 혁신에 가장 긍정적인 그룹이다. 이들은 변화와 혁신에 대한 보다 적극적인 신념과 가치를 가진 선도적인 혁신 주체들이다. 즉 혁신 선호 그룹이 혁신 선도 그룹이 되어야 한다. 지금까지의 연구 결과를 보면 관료 집단 중에 누가 혁신 선호 그룹인지 명확하게 밝혀질 수 있다. 2017년 서울대학교 행정대학원 공공성과관리연구센터 조사 결과에 따르면, 자신이 소속하는 조직의 개방과 혁신, 변화 상황에 대해 부정적인 응답이 많다.[26] 재직 연수가 20년 이상 된 50대 공무원들보다는 재직 연수 10년 미만의 20~30대 젊은 공무원들이 부정적인 응답이 상당히 많았다. 즉 재직 기간이 짧고 연령이 낮은 관료들이 혁신 선호 그룹이라는 의미다. 아울러 직급이 낮을수록, 그리고 남성보다는 여성일수록 보다 변화와 혁신에 긍정적이라는 응답이다. 즉 대부분의 공무원들이 정부혁신에 적극적으로 대응하지 않는 것으로 인식하고 있었다. 가장 부정적으로 응답한 젊은 세대 공무원들이 바로 변화와 혁신을 적극 선호하는 그룹으로 해석된다. 단순히 인구통계학적인 구성만으로 개인들의 혁신 지향을 모두 판단할 수 없지만, 핵심적인 혁신 그룹 형성의 유용한 방법이 될 수 있을 것이다.

이들이 정부 내부에서 혁신의 불씨를 살려야 한다. 이들 불씨들은 모닥불에 쌓여 있는 커다란 장작들이 활활 타오르게 하는 역할을 하도록 하는 것이다. 공직의 철창iron cage을 녹여낼 수 있는 불씨가 되어야 한다. 이들이 집중적으로 혁신과제를 도출하고 머리를 맞대어 실행 전략을 짜내는 역할을 해야 한다. 혁신을 실천하는 구체적인 조직운영 모델이나 행동 실천 모델도 제시해야 한다. 변화와 혁신을 선도하는 미래형 공직사회 모형을 만들어야 한다. 인사혁신처에서 발간한 『인사비전 2045』에 의하면, 우리 공직사회의 미래 비전을 "관료제의 창조적 해체를 통한 새로운 인사 시스템 구축"으로 정하고 있다.[27] 인공지능이 보편화된 사회에서는 '근대 관료제'는 해체되고 '인공지능 관료제'로 대체될 것이라는 예측이다. 이처럼 20세기의 관료제를 버리고 21세기 정부의 미래 모형을 구축해야 한다.

관료의 혁신은 어려운 일이다. 그들의 자발적인 변화와 노력이 없으면 혁신은 성공하기 어렵다는 점이 지금까지의 혁신 경험을 통해 분명해졌다. 실질적인 변화를 위해서는 자발적인 통제와 자율적인 책임을 강화하는 혁신이 필요하다. 과거의 근대 관료제 모형에 집착하지 말고 새로운 공직사회 모형을 만들어야 한다. 이제 관료제의 철창은 어항으로 바뀌었다. 그동안의 혁신으로 개방성이 높아졌다. 하지만, 관료들은 여전히 철창 같은 어항 속의 물고기처럼 가두어져 있는 상황이다. 개방성과 투명성이 높은 어항을 만들면 혁신은 성공할 것이라 믿었지만, 어항 내부의 실질적인 변화는 크게 가져오진 못했다.

이제 어항 자체의 근본적인 변화가 필요한 시점이다. 어항 속의 공무원들도 가두어 통제하기보다는 어항 밖의 새로운 변화와 혁신에 더 많이 노출시켜야 한다. 특히 혁신을 원하는 관료들에게 현재의 어항은 너무 좁다. 어항 자체의 교체나 근본적인 변화 없이는 혁신도 성공하기 어렵다. 더 큰 어항으로 바꿔주거나 어항 자체를 부수고 그물로 대체하는 방법도 생각해야 한다. 백만 명이 넘는 공무원들을 두꺼운 철창이나 투명한 어항 속에 가두어 둘 수는 없다. 관료들이 철창을 벗어나 훨훨 날아가 버릴까, 어항을 벗어나 냇가를 거치고 강물을 건너 넓은 바다로 나갈까 두려워할 필요도 없다. 아직도 우리 관료들은 산란기가 되면 돌아오는 연어처럼 강한 공직 가치와 윤리 의식을 충분히 갖추고 있기 때문이다.

# PART Ⅱ

# 신격화된 그들의 현실 : 상상이 깨져 버린 '신의 직장'

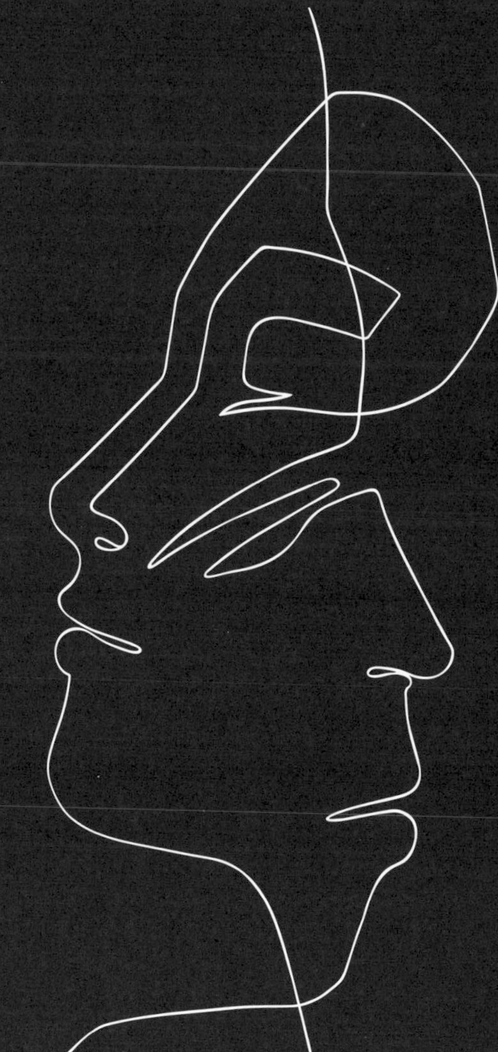

# 제4장
# 공무원의 민낯: 과연 신(神)의 직업인가?

**김준기** 서울대학교 행정대학원 교수

# 오늘날 청년들의 꿈의 직업, 공무원의 민낯

대한민국 청년들의 취업난은 어제오늘만의 일이 아니다. 현 기성세대들의 캠퍼스 생활은 지금 청년들의 그것과는 사뭇 달랐다. 고등학교 생활 내내 받아온 입시 스트레스에 대한 보상이라도 받으려는 듯 미팅, MT, 동아리 활동, 술자리 등을 통해 마음껏 자신들의 청춘을 즐기는 데 시간을 보냈다. 그러나 그로부터 한참의 시간이 흐른 지금의 캠퍼스는 그때와는 너무나 달라졌다. 2010년 발발한 세계 금융 위기 이후로 이렇다 할 경기 반등이 없자 취업의 문은 점점 좁아져 갔다. 입학하자마자 학점을 철저히 관리하고 어학 점수를 챙기는 등 취업 준비에 여념이 없는 신입생들의 모습은 너무나 당연한 풍경이 되어버렸다. 대학 생활의 꽃이라 불렸던 축제 기간의 열기는 온데간데없다.

이렇게 치열하게 경쟁하는 취업 준비생, 소위 '취준생'이라 불리는 청년들이 가장 원하는 직업은 무엇일까? 이미 예상했겠지만 그것은 직업적 안정성이 높은 공무원이다. 2017년 조사된 국가통계포털에 따르면 취업 적령기에 있는 25~29세 청년들이 가장 선호하는 직장 1위로 국가기관(26.3%)이 뽑혔다.[1] 같은 조사에서 2위로 꼽힌 직장이 공기업(23.5%)인 것을 볼 때 공공 부문 일자리에 대한 선호도가 민간 부문에 비해 확연히 높다는 것을 알 수 있다. 높은 연봉을 받을 수 있는 대기업

그림 4.1 2017년 25~29세 취업 선호도 현황 (단위: %)

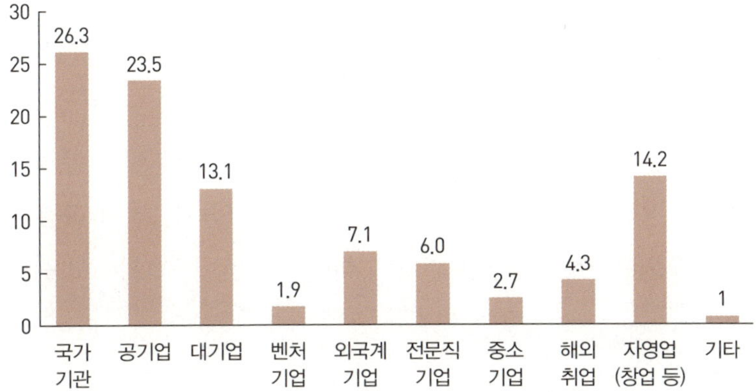


자료: 국가통계포털 자료 재구성

(13.1%)보다도 국가기관, 공기업에 대한 선호도가 두 배가량 높은 수치를 보였다. 이는 대한민국 경제의 침체기가 지속되면서 민간 부문 회사들의 고용 안정성이 불안해짐에 따라 오랫동안 일할 수 있는 국가기관, 공기업 등의 공공 부문 일자리가 각광받고 있는 것으로 보인다.

이 같은 공공 부문 일자리 선호 열풍은 비단 20대 중반 청년들만의 이야기가 아니다. 어느 고시학원 관계자의 말에 따르면 20대 초중반의 학생들이 가장 많이 학원을 찾고 있으며, 심지어 고등학생 때부터 9급 공무원을 준비하는 학생들도 상당수 존재한다고 밝혔다.[2] 취업난이 장기화됨에 따라 청춘의 낭만을 과감히 포기하고 직업적 안정성을 위해 투자하는 젊은이들이 점점 늘고 있음을 보여주는 현상이다.

명문대 출신 학생들이 공무원 중 제일 말단 직급인 9급에 지원하는 사례도 이제는 생소한 일이 아니다. 소위 'SKY(서울대, 고려대, 연세대)'로 불리는 명문대학교 출신 학생들 대부분은 5급 사무관이 되기 위해 고시를 응시하거나, 삼성전자 등 국내 굴지의 대기업 취업을 준비하는 경우가 대부분이었다. 그러나 요새는 눈을 낮춰 대기업 신입 사원이 받을 수 있는 평균 연봉 4,000만 원의 절반에도 못 미치는 연봉을 감수하며 9급 공채 시험에 뛰어드는 경우가 점점 늘어나고 있다.[3] 9급 시험에 응시하는 명문대 출신 학생들의 주된 응시 이유로는 저녁이 있는 삶이 가능하다는 점과 휴직 등 복지를 확실히 누릴 수 있다는 점이 꼽혔다. 그만큼 공무원이 갖는 직업적 환경에 대한 기대감이 크다는 것을 알 수 있다.

## 공무원, 그들의 삶은 과연 행복할까?

이처럼 취업 준비생들의 선망의 대상인 공무원들은 과연 자신들의 삶에 대해 만족하며 살고 있을까? 서울대학교 행정대학원 공공성과 관리연구센터 주관하에 전국 중앙·지방 공무원들을 대상으로 실시된 「2016년도 공공성과 관련 중앙 및 지방공무원 인식조사 결과보고서」(이하 '2016년 공무원 인식조사')에 따르면 공무원들이 자신들의 삶에 전반적으로 만족하는 정도는 100점 만점 중 60.9점이었다.[4] 오늘날 누구나 되고 싶어 하는 공무원이라는 신분을 획득했음에도 불구하고 정작 그들의 삶의 만족도는 기대했던 것만큼 높지 않았다. 공무원들의 삶의 질에 가장 큰 영향을 주는 요인은 담당 업무, 보수 등 매일 일터에서 직면하는 직업생활 영역에서의 만족도라는 연구 결과가 있다.[5] 이를 통해 볼 때 공무원들의 직업생활에 무언가 삶의 질을 저하시키는 애로 사항이 존재함을 짐작할 수 있다. 뜨거운 직업적 인기 뒤에 숨어 있는 공무원들의 애달픔은 무엇일까? 공무원들의 실제 직업 환경에 대한 민낯을 짚어보고자 한다.

## 공무원의 민낯 1 — 허락된 적 없는 저녁이 있는 삶

앞에서 언급한 바와 같이 오늘날 청년들은 공무원을 선호하는 대표적인 이유로 저녁이 있는 삶이 가능하다는 점을 꼽고 있다. 그렇다면 그토록 다수의 청년들이 원하는 공무원들의 실제 근무 환경은 어떨까? 과연 그들이 막연히 생각한 대로 정말 좋은 근무 여건 속에서 소위 워라밸[6]을 지키며 살고 있을까?

안타깝게도 그들의 삶이 녹록지만은 않아 보인다. 2017년 1월 충격적인 소식이 정부세종청사에서 들려왔다. 보건복지부에서 근무하는 30대 여성 사무관이 일요일 이른 아침에 출근했다가 과로사한 것이다.[7] 문제는 이러한 과도한 업무량의 문제가 비단 사무관들에게만 국한된 것이 아니라는 점이다. 정부세종청사에서 근무하는 어느 공무원에 따르면 6급 이하 하위직으로 갈수록 비정상적인 근무가 많은 데다 초과 근무에 대한 보상도 금전적 보상 외에는 별다른 보상 대책이 없다며 고충을 토로했다.[8] 실제로 2016년 실시된 공무원 인식조사에 따르면 업무량에 대한 공무원들의 인식은 평균 48점(100점 만점)이었으며, 만족한다는 의견(26.6%)보다 불만족스럽다는 의견(30.2%)이 더 높았다.[9] 그리고 주당 평균 야근 횟수는 2.7회였으며, 주당 3일 야근하는 공무원들의 비율이 30.3%로 제일 높았고, 두 번째로 높은 주당 2회 야근(24.9%)을 경험한 공무원들의 비율까지 합치면 50%가 넘었다. 야근을 1회 이하로 경험한, 소위 워라밸을 충실히 달성한 공무원의 비율은 겨우 20.6%밖에 되지 않았다.[10] 특히, 2016년 중앙 부처 공무원의 월평균 초과 근무 시간은 현업직[11]의 경우 70.4시간, 비현업직의 경우 31.5시간으로 나타났다.[12] 이를 1인당 평균 연간 근무 시간으로 환산했을 경우 현업직은 2,738시간, 비현업직은 2,271시간으로 이는 OECD 평균인 1,763시간에 비해 월등히 많은 것이다.[13] 신문 기사 인터뷰에 담긴 공무원들의 볼멘소리가 단지 소수의 목소리만은 아닌 것이다. 많은 취준생들이 공무원에게 기대하는 '나인 투 식스(9 to 6)'의 완벽한 워라밸을 실현하는 것은 현실과는 거리가 먼 이야기임을 알 수 있다.

공무원들의 이 같은 업무 강도에 대해 정부도 칼을 빼 들었다. 문재인 정부는 2017년 취임 이래로 휴식이 있는 삶을 강조하며 근로시간 단

그림 4.2 2016년 공무원들의 업무량에 대한 만족도 현황 (n=1,669, 단위: %)

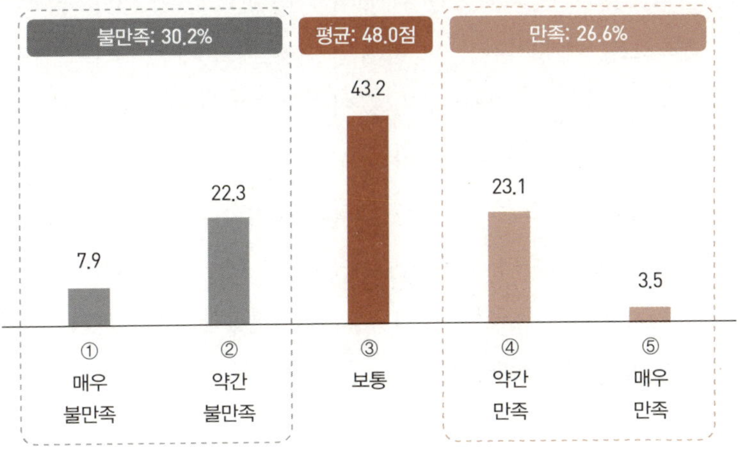


자료: 서울대학교 행정대학원 공공성과관리연구센터. (2017: 139).

그림 4.3 2016년 공무원들의 주당 평균 야근 횟수 (n=1,669, 단위: %)

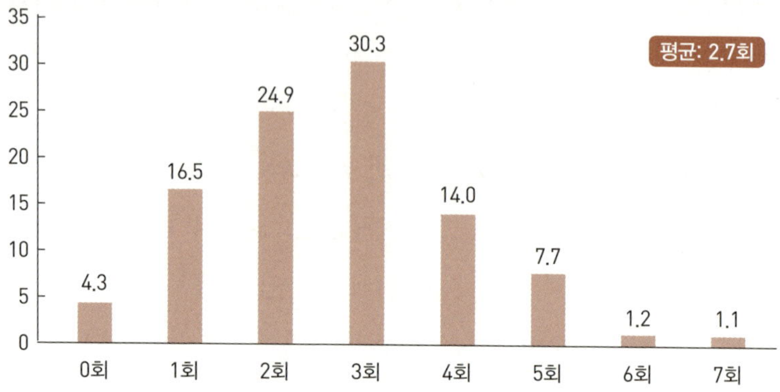


자료: 서울대학교 행정대학원 공공성과관리연구센터. (2017: 124).

축을 주요 국정 사안으로 지정하여 추진 중이다. 고용노동부 주관으로 추진 중인 「휴식 있는 삶을 위한 일·생활의 균형 실현」은 법정 근로시간 준수, 근로시간 단축 추진, 근로자의 휴식권 보장, 육아휴직 확대 등을 통한 일과 가정의 양립 확산을 과제 목표로 삼고 있다. 이에 대한 세부 실천 과제로는 주 52시간 근로 확립을 위한 제도 개선, 포괄임금제 규제, 근로시간 외 업무 지시 금지, 육아휴직급여 개편 등을 포함한다.[14] 저녁이 있는 삶을 통하여 인간다운 삶을 영위할 수 있도록 유도하고, 이로 인해 삶의 만족도를 증진시키겠다는 것이다.

공무원은 「근로기준법」 기준으로 주 52시간 근무제의 적용 대상이 아니다. 그러나 정부는 공공 부문이 선도적인 역할을 해야 한다는 명분으로 연가 사용 확대, 초과근무 축소 등 공무원들 또한 근로시간 단축에 적극적으로 참여할 것을 권장하고 있다. 인사혁신처, 행정안전부 등 관계 부처는 공무원들의 주 52시간 근무제 도입을 위해 합동 회의를 진행하였다.[15] 특히 청와대는 솔선수범을 위해 연차휴가 70% 이상 사용 독려, 매주 수요일 정시 퇴근하는 '가정의 날' 운영 등 근로시간 단축을 실천하기 위한 내부 지침을 수립하였다.[16] 정부는 이로 인해 아껴진 연가 보상비 등의 재원을 전문임기제 신규채용 등 공공 부문 일자리 창출에 투자하겠다는 의지를 내비쳤다.[17]

하지만 이렇게 강력한 대통령의 의지에도 불구하고 공무원들의 근로시간을 줄이는 일은 쉽지 않아 보인다. 실제로 임기 첫해 문 대통령은 청와대 참모들이 제대로 휴가를 쓰지 않는 것에 대해 그들을 매섭게 질책하기도 했다. 과도한 업무량에 허덕이던 일부 참모들이 형식적으로 연가를 올리고 실제로는 근무를 하다가 적발되었기 때문이다.[18] 이를 두고 일각에서는 현실을 고려하지 않은 이상적인 정책이 낳은 폐해라고 지적하고 있기도 하지만 결국 모든 직장인들의 로망인 워라밸 실현은 공무원들에게도 아직은 멀리 있는 듯하다.

## 공무원의 민낯 2 — 금이 가버린 철 밥통

공무원 입직 동기로 가장 먼저 손꼽히는 것은 바로 직업적 안정성이다. 2016년 공무원 인식조사에 따르면 공무원 입직 동기를 묻는 질문에 '공무원이 갖는 직업적 안정성'이 70.7점으로 다른 동기에 비해 가장 높게 나타났다.[19] 공무원이 소위 '철 밥통'이라 불리는 이유도 여기에 있다. 계속되는 불경기 속에 철 밥통 직업을 갖기란 하늘의 별 따기임을 감안한다면 공무원이 젊은이들의 워너비[20]인 것은 당연한 결과라 할 수 있다. 국가에 대한 충성심이나 사회에 봉사하겠다는 공익적인 동기보다 직업적 안정성, 연금 등의 경제적 보상 등 실질적 이익에 더 큰 입직 동기를 가졌다는 것은 오늘날 대한민국 민간 부문 일자리의 질이 공공 부문의 그것에 비해 큰 우위를 갖지 못함을 암시한다. 이것은 오랜 시간 경제성장 정체로 인해 얼어붙은 대한민국 취업 시장 상황의 현주소다.

그렇다면 과연 공무원들은 대부분 정년을 끝까지 채운 뒤 퇴직하고 있는가? 결론부터 말하면 아니다. 놀랍게도 매해 공무원 퇴직자 중 정년 퇴직자의 비율은 10명 중 4명도 채 되지 않는다. 인사혁신처에 따르면 2013년부터 2017년까지 행정부 국가공무원 퇴직자 중 정년퇴직이 차지하는 비율의 평균은 32.7%였다. 5개년 중 유일하게 2017년만 정년퇴직 비율이 40%를 넘겼고, 그 이전까지는 20~30%밖에 되지 않았다.[21]

그림 4.4 2016년 공무원 인식조사 입직 동기 현황 (단위: 점)

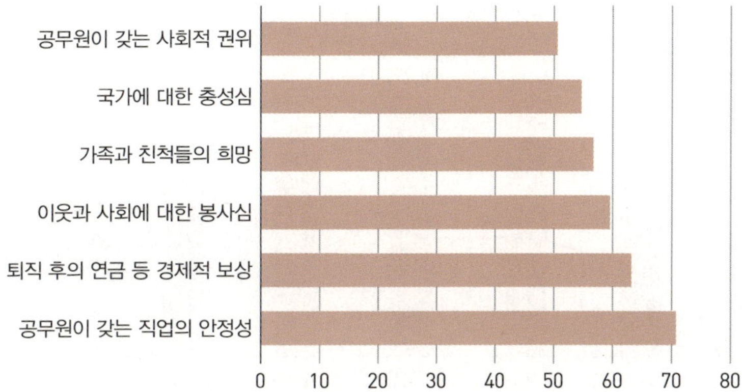


주: 100점 만점 환산

자료: 서울대학교 행정대학원 공공성과관리연구센터. (2017: 167).

2017년 기준 총공무원 퇴직자 1만 9,016명 중 자발적 사직 의사를 표한 경우에 해당하는 의원면직 퇴직자는 9,225명(48.5%)에 달했다.[22] 의원면직은 형식적으로는 자발적으로 사직 의사를 밝힌 경우에 해당하지만, 주변 상황 내지는 압박에 의해 어쩔 수 없이 사표를 내는 경우가 존재한다. 특히 실장·국장급의 고위공무원단의 경우 후배 공무원들의 퇴직 압박 속에 옷을 벗어야만 하는 경우가 만연하다. 2015년 국감 당시 더불어민주당 진선미 의원은 고위공무원단 자리가 한정되어 있어 후배들을 위해 옷을 벗어야 한다는 압박감 속에서 명예퇴직을 선택하는 경우가 대부분임을 지적했다.[23] 실제로 2006년 고위공무원단이 출범한 이후 2014년까지 정년퇴직한 고위공무원단은 8.8%에 지나지 않았으며, 78.1%가 의원면직 퇴직이었다.[24] 결국 공무원도 고위직으로 진출할수록 퇴직에 대한 압박에서 자유로울 수 없다는 것을 의미한다.

그림 4.5 2013~2017년 행정부 국가공무원 퇴직 규모 및 정년퇴직 비율 현황

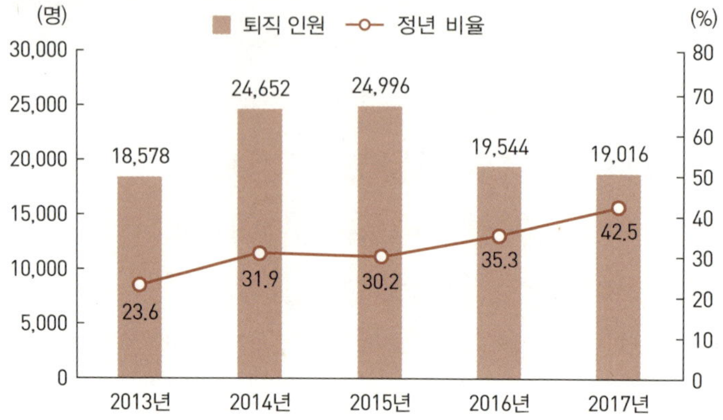


자료: 인사혁신처. (2018: 9).

공무원의 철 밥통을 깨기 위한 시도는 세계적인 추세가 되고 있다. 2018년 도널드 트럼프 미국 대통령은 저성과 공무원 성과 개선 기간을 120일에서 30일로 단축시키고, 중대 과실을 범하면 징계 절차를 거치지 않고도 바로 퇴출시킬 수 있는 행정명령에 서명했다.[25] 또한 트럼프 정부는 성과 위주의 평가 시스템을 마련하여 공무원들에게 확실한 인센티브를 제공할 것을 천명했다.

프랑스에서도 이와 같은 공공 부문 개혁이 단행되고 있는 중이다. 마크롱Emmanuel Macron 대통령은 이미 취임 전부터 대선 공약으로 5년에 걸쳐 공무원 12만 명을 감축할 것을 천명했다. 프랑스의 공공 부문 종사자는 중앙·지방 정부에 공기업까지 포함하면 550만 명에 이르고 있으며, 공무원 월급과 공공 부문 근로자의 임금 보조액이 전체 프랑스 정부 재정 지출액의 1/3에 달하고 있을 만큼 비대해질 대로 비대해져 있다.[26]

우리 정부도 이 같은 공공 부문 개혁의 흐름을 피할 수 없는 듯하다.

인사혁신처는 2016년부터 능력과 성과 중심의 인사관리 추진 방안을 시행 중이다. 이에 따르면 저성과자 퇴출 적용 대상은 우선적으로 실·국장급이 포함된 고위공무원단에 우선적으로 적용되며, ① 성과 평가에서 두 차례 최하위 등급을 받았거나, ② 한 차례 최하위 등급을 받고 무보직 상태가 6개월 이상인 경우, ③ 무보직 기간이 1년 이상인 자들 중 적격 심사에서 부적격 판정을 받으면 직권면직을 당하게 되는 반면, 성과 우수자에 대해서는 9급에서 5급까지 10년 안에 승진할 수 있도록 하는 '9·5·10 프로젝트'를 실시하기로 했다.[27] 실제로 이 같은 조치로 인하여 2016년에 업무평가에서 '미흡' 판정을 받아 저성과자로 분류된 2명의 고위공무원들이 자진하여 사표를 제출한 뒤 의원면직 처리되었다.[28]

존재 가치를 드러내기 위해 일을 계속 만들어내는 공공 부처의 특성상 인사혁신처의 공무원 철 밥통 깨기 시도는 계속될 것으로 보인다. 정권이 바뀐 뒤에도 인사혁신처는 2018년 연두 업무보고에서 실적과 능력 중심으로 인사관리를 운영해나갈 것을 천명했으며, 이를 위해 기존의 연공서열 중심의 승진 관행을 타파하고 직무 역량 중심으로 승진을 결정하는 속진임용제fast-track를 도입하겠다고 밝혔다.[29] 이 같은 방침이 장기적으로 정착되면 고위공무원단이 느끼는 승진 압박은 더욱 가중될 것이며 이로 인한 의원면직 비율도 높아질 것으로 보인다.

## 공직도 결국 신의 직장이 아닌 인간의 직장이다

많은 취업 준비생들이 흔히들 공직을 신의 직장이라 부르곤 한다. 비록 월급은 적더라도 정년까지 절대 잘리지 않는 철 밥통이라는 이미지가 있는 데다, 야근하지 않고 정시에 퇴근할 수 있는 직장이라는 기대 때문이다. 불경기 속에 놓여 있는 민간 부문 회사들과 비교하면 고용 안정성이 높을 뿐만 아니라 연금을 비롯하여 각종 수당을 안정적으로 받을 수 있는 것이 공무원의 크나큰 장점임은 부인할 수 없는 사실이다.

하지만 취업 준비생들이 막연히 기대하는 것만큼 모든 공무원이 완벽한 근무 환경 속에서 혜택을 누리고 있는 것은 아니다. 앞서 언급한 바와 같이 공무원 10명 중 8명은 매주 야근을 경험하고 있다고 답했으며,[30] 매해 퇴직하는 공무원 10명 중 3~4명만이 정년퇴직을 하는 것이 현실이다.[31]

게다가 2016년 시행된 공무원 연금 개혁으로 인해 공무원들의 노후에 대한 불안감은 꽤 커진 상태다. 2016년 공무원 인식조사에 따르면 노후 소득 보장에 대해 심리적 불안감을 느끼고 있다는 공무원들의 비율이 83.2%에 달했다.[32] 공무원은 「국가공무원법」 제64조에 따라 공무 외에 영리를 목적으로 하는 업무에 종사할 수 없는 신분적인 제약이 있다. 그래서 공무원 재직 중에는 기본 급여와 수당에 의존해야만 하며, 퇴직

그림 4.6 2016년 노후 소득 보장에 대한 공무원들의 심리적 부담에 대한 설문 결과

(n=1,669, 단위: %)

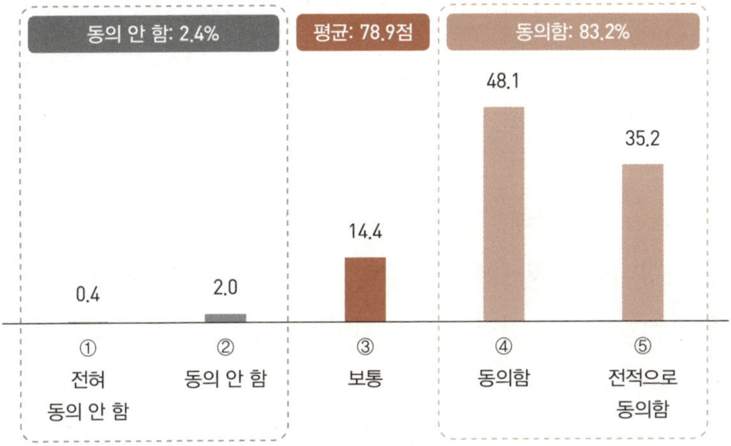


자료: 서울대학교 행정대학원 공공성과관리연구센터. (2017: 197).

후에는 연금에 기댈 수밖에 없다. 정년까지 보장받지 못하고 그만두어야 하는 공무원들이 갖는 경제적 부담감은 이루 말할 수 없이 크다.

공무원들의 피로도를 가장 높이는 이유 중 하나는 국회의 국정감사 준비일 것이다. 명절 이후 곧바로 국정감사가 예정되어 있으면 해당 공무원들은 온전히 명절을 보내지 못하는 경우가 다반사이다.[33] 명절 이전에 최대한 국정감사 자료 준비를 마치기 위해서는 늦은 새벽까지 야근할 수밖에 없기 때문이다. 하지만 감사 전에 이렇게 열심히 준비하는 것도 시작에 불과하다. 국정감사가 시작되면 해당 부처 공무원들은 국회의원들의 요구 질의에 대응하기 위해 국회에서 눈코 뜰 새 없이 바쁜 시간을 보낸다.[34] 피감기관 공무원들에게 국회는 전쟁터나 마찬가지이다.

공무원들에게 있어 국정감사 못지않게 힘든 일이 진상 민원인을 상

대하는 일이다. 특히 시민들을 매일 상대하는 일선 지방자치단체에서는 공무원에 대한 폭력이나 스토킹 등 사건·사고가 심심치 않게 일어나고 있다. 행정안전부는 민원 공무원에 대한 폭행 건수가 2017년 92건에서 2018년 1~8월에는 143건으로 급증했다고 밝혔다.[35] 중앙행정기관과 지방자치단체에서 발생하는 폭행, 반복 민원 등의 특이 민원이 한 해 평균 3만 건에 이르고 있을 정도로[36] 일선 공무원들은 매일 여러 가지 위험에 노출된 상태로 민원을 담당하고 있다.

결국, 공무원도 평범한 사람이다. 일반적으로 직장인들이 일터에서 흔히 갖는 고충을 똑같이 겪으며 살아가고 있다. 얇은 월급봉투에 늘 아쉬워하며, 감사 준비와 민원 대응에 시달리며 스트레스를 받기도 하고, 좁은 승진 자리를 두고 치열하게 경쟁하기도 한다. 밖에서 바라볼 때의 신의 직장도 결국은 내부로 들어와서 겪어 보면 지극히 평범한 인간계界 직장일 뿐인 것이다.

공무원이 갖는 직업적 환경 외에 공무원이 수행하는 일의 본질에 대해 깊이 고민해볼 필요가 있다. 공익을 위해 헌신하는 일이 생각만큼 쉬운 일이 아님을 알아야 한다. 공무원이 갖는 혜택에만 매력을 느껴서 무작정 입직할 경우 그것이 주는 무게감과 책임감에 많은 스트레스를 받을지도 모른다. 공무원의 민낯을 보고 나서도 공무원이라는 직업에 반해버렸다면 그것이야말로 천생의 연緣이 아닐는지.

# 제5장
# 공무원은 왜 공직을 떠나려고 하는가?

**고길곤** 서울대학교 행정대학원 교수

# 들어가며

공직은 많은 젊은이들에게 선망의 대상인 직업이다. 2018년의 경우 국가직 9급 공채에 무려 20만 3,000명이 지원하였고, 평균 경쟁률은 41 대 1을 기록하였다. 7급, 5급, 민간 경력자, 그리고 지방직 공무원에 지원하는 이들의 수까지 고려한다면 공무원 시험을 준비하는 인원은 최소 40만 명을 훌쩍 넘을 것으로 예상된다. 이렇게 어려운 과정을 거쳐 공직에 입문한 사람들이 막상 공무원이 된 뒤에는 공직을 떠나려 한다는 것이 언뜻 이해가 되지 않는다. 하지만 『2018년도 공무원 인사혁신통계연보』에 따르면 2017년도에 9,225명에 이르는 인원이 자발적인 의원면직을 통해 퇴직한 것으로 나타났다.

공직을 실제 떠난 사람 외에도 이직 의도를 갖고 있는 사람은 더 많을 수 있다. 흔히 조직 구성원들의 이직 의도가 높다는 것은 그 조직 사회가 건강하지 않거나 조직 사회에 대한 구성원의 만족도가 떨어짐을 의미하는 부정적 지표로 간주된다. 반면 조직 구성원들이 그들 스스로에게 더 맞는 직업을 선택하기 위해 자연스럽게 이직을 고려하고 있다면 이는 오히려 긍정적인 현상일 수도 있다. 따라서 공무원이 어떤 이유에서 이직을 고려하고 있는지를 이해하는 것은 한국 행정을 이해하기 위한 매우 기본적이고도 중요한 문제일 것이다.

한국 행정에서 공무원의 역할과 이직 문제가 최근만의 문제는 아니다. 1970년대 한국개발연구원Korea Development Institute, KDI 부원장 시절 경험했던 공무원의 모습에 대한 구본호 박사의 회고는 우리나라의 경제 발전에서 공무원이 얼마나 헌신적인 역할을 했는지를 잘 보여준다.[1]

> "마치 한국의 고속 경제성장의 비결을 발견한 듯했다. 공무원들의 충성, 투철한 열의에 놀랐다. 대통령의 지시가 장관에 떨어지면 장관은 바로 해당 간부 회의를 열고 담당 차관보, 국장, 과장, 사무관들은 그 때부터 불철주야 작업에 매진하는 것이었다. 지식이나 논리보다 더 중요한 것이 헌신적 노력, 열의라는 것을 인식하게 했다."

이러한 헌신적인 공무원상의 이면에는 잘 알려지지 않은 모습도 존재한다. 아래 기사[2]는 1960년대 말 공무원 이직 문제의 심각성을 제시한 기사이다. 이 기사에서는 낮은 임금, 장관 교체 등에 따른 인사 파동, 공무원의 충성심과 위신의 쇠퇴 등을 이직 원인으로 제기하고 있다.

> "공무원의 이직률이 연 5~6% 선을 넘고 있다는 사실은 여러 가지 문제점을 제기시킨다. 우리나라 35만여 공무원 중 알려진 바에 의하면 올해 들어 월평균 2,980명이 그 자리를 떠나갔다 한다. 그리하여 5월 말 현재 1만 4,000여 명의 공무원이 이직하는 사태를 빚어내고 말았다는 것이다."

흥미롭게도 50년이 지난 뒤에도 공무원의 이직 문제는 다시 반복되고 있다.[3] 다음은 '일만 많고 관피아 '딱지'… 공무원 미련 없이 뜬다'라는 제목의 기사이다. 최근의 공무원 이직 문제는 이직자 수 자체의 문제보다는 우수한 인력이 유출이 된다는 점에서 그 심각성이 제기되고 있다.

"26일 기획재정부에 따르면 국고국 김 모(47) 과장은 지난주 18년가량의 공직 생활을 접고 세종대 행정학과 조교수로 말을 갈아탔다. … 공무원들의 이직이 새삼스러운 것은 아니다. 그런데도 김 과장의 사례가 관가에 잔잔한 파장을 일으키고 있는 것은 그의 대학행行에 많은 선후배 공무원들이 '주저앉히기'보다 '기회 있을 때 떠나라'며 등을 떠밀었기 때문이다. (…) 일각에서는 젊고 유능한 공무원의 '관官 엑소더스'가 점점 더 가속화될 것이라고 본다. 행정자치부에 따르면 2013년 스스로 옷을 벗은 5급 이상의 중앙부처 공무원은 963명이다. 4년 전인 2009년(246명)보다 4배 가까이 급증했다."

2010년대 한국에는 공직을 준비하는 수많은 청년들과 그와는 반대로 공직을 떠나려는 공무원들이 공존하고 있다. 과연 얼마나 많은 공무원들이 왜 공직을 떠나려고 하는가? 이직 의도를 갖고 생활하는 공무원들은 얼마나 되는가? 이들이 공직을 떠나려는 이유는 단순히 개인적인 이유 때문일까, 아니면 공직이 갖고 있는 문제 때문일까? 공직을 준비하는 청년들이 40만 명을 넘는 시대에 공무원의 이직 의도에 대한 분석은 공직의 현실을 이해하는 데 도움이 될 수 있을 것이다.

# 사직서를 가슴에 품고 사는 공무원과 보수

이직을 하는 것과 이직을 생각하는 것은 결코 같지 않다. 사표를 쓰겠다고 큰소리를 치다가도 다시 출근하는 직장인을 어렵지 않게 볼 수 있기 때문이다. 따라서 이직 의도가 높다고 해서 실제 이직률까지 높다고 생각하는 것은 적절치 않다. 다만 이직 의도는 실제 이직하는 공무원의 상한값을 제시한다고 할 것이다. 이 글에서는 이직률보다는 이직 의도에 초점을 맞추어 논의를 전개하고자 한다.

이직을 한 번쯤 생각해본 공무원은 얼마나 될까? 그리고 이들은 왜 이직을 고려하려는 것일까? 2016년 서울대학교 행정대학원 공공성과관

**표 5.1 공무원 인식조사의 이직 의도와 사유에 대한 설문**(2016년 설문)

(2016년 Q.23) 만약 이직을 고려하신 적이 있다면 그 사유는 무엇입니까?
다음 중에서 한 가지만 말씀해 주십시오.

① 미흡한 승진 기회
② 낮은 보수
③ 낮은 성취감
④ 미흡한 영향력
⑤ 열악한 근무조건
⑥ 민간 부문에서 일할 기회
⑦ 기타 ( )
⑧ 이직을 고려한 적이 없음

그림 5.1 공무원의 이직 사유와 의도(2016년 설문) (n=1,669, 단위: %)

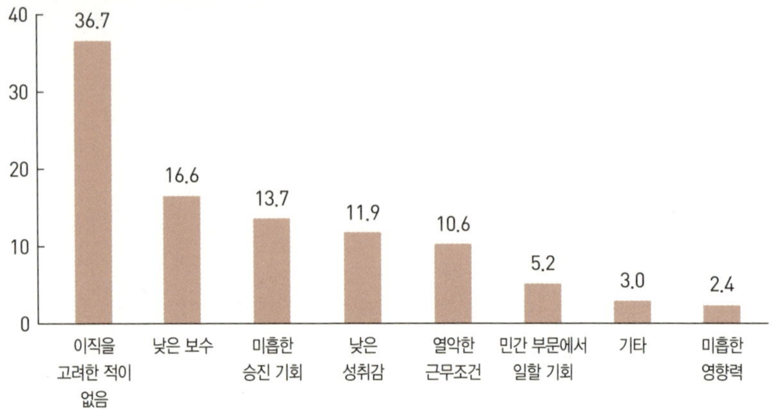


자료: 서울대학교 행정대학원 공공성과관리연구센터. (2017: 134).

리연구센터의 공무원 인식조사 결과는 이 질문에 대한 시사점을 얻을 수 있는 정보를 제공하고 있다. 설문의 내용은 아래와 같다.[4]

[그림 5.1]은 공무원의 이직 사유와 의도의 비율 분석 결과를 나타내고 있다. 공무원 총 1,669명의 응답 결과, [그림 5.1]과 같이 36.7%만이 이직을 고려한 적이 없다고 대답하고 있다. 즉 63% 이상의 공무원이 한 번쯤은 이직을 고민해보았다는 것을 의미한다. 이직을 고민했던 공무원이 이직하려고 했던 이유로는 낮은 보수(16.6%), 미흡한 승진 기회(13.7%), 낮은 성취감(11.9%) 등이 제시되고 있다. 특히 낮은 보수는 공무원의 중요한 이직 의도 중 가장 높은 비율을 차지하는 것으로 나타났는데, 실제로 보수에 대한 공무원의 만족도는 매우 낮은 것으로 드러났다.[5]

[그림 5.2]는 이직을 의도하지 않은 사람, 보수 때문에 이직을 고려

그림 5.2 이직 의도 유형에 따른 보수에 대한 직원의 만족도(2016년 설문)

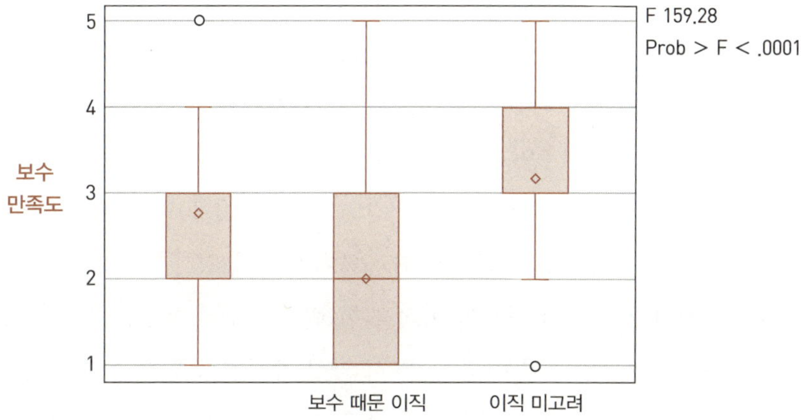


한 사람, 그리고 다른 원인 때문에 이직을 고려한 사람들의 보수에 대한 만족도가 어떻게 다른지를 살펴본 결과이다. 보수 때문에 이직을 고려한 그룹은 5점 척도로 측정한 보수 만족도 평균이 1.98인 데 비해 이직 미고려 그룹은 3.16이며, 기타 이유로 이직을 고려한 그룹의 경우에도 2.66으로 이직 미고려 그룹에 비해 보수 만족도가 상당히 낮은 것으로 나타나 보수로 인한 만족도 하락이 이직 의도와 밀접하게 관련되어 있음을 알 수 있다.

이직 의도는 공무원의 사기와 밀접하게 관련되어 있다. 보수 때문에 이직을 고려한 사람들은 공직자의 사기를 높이기 위해서 보수가 가장 중요하다고 답하였으며(55.2%), 다음으로 승진(18.8%)을 꼽았다. 기타 요인으로 인해 이직을 고려한 경우에도 승진(31.2%)에 이어 보수(23.9%)를 중요한 요인으로 지목하고 있다. 결국 보수와 승진이 공무원의 이직 의도와 관련해서뿐만 아니라 사기 증진과 관련해서도 매우 중요한 요소임을 확인할 수 있다. 공무원 임금은 「공무원보수현실화 5개년계획(2000~2004년)」의 추진에 따라 민간임금접근율이 2000년 88.4%에서 2004년 95.9%로 향상되었으나 그 이후 국가 재정 여건 등이 어려워 충분한 처우 개선이 이루어지지 못했다. 특히 2009년부터 2010년까지 2년 연속 처우 개선이 동결된 이후 민간임금접근율이 2016년 83.2%까지 계속하여 떨어졌다가 2018년 현재 85.2%에 이르고 있다.[6]

결국, 적지 않은 공무원들이 이직을 한 번쯤 고민해본 것으로 나타났고, 이 중 보수와 승진이 이직 고려 시 가장 중요한 요인으로 제시되고 있다. 또한 보수와 승진에 대한 불만족은 조직에 대한 불만족과 연결될 뿐 아니라 조직 구성원의 사기와도 연결된다는 점에서 공직에서 적정 보수와 승진 방식을 어떻게 결정해야 할 것인지를 심각하게 고민해볼 필요가 있음을 시사한다.

# 중앙 공무원과 지방 공무원의 이직 의도

중앙 공무원은 지방 공무원에 비해 중요한 정책을 결정할 수 있는 권한은 많지만 업무의 강도 역시 매우 강한 것으로 알려져 있다. 반면 지방 공무원은 정책을 결정하는 데 따르는 책임은 낮고, 해당 지역 출신이 많기 때문에 직업에 대한 만족도가 높을 것으로 예상할 수 있다. 이러한 차이를 고려한다면 중앙 공무원과 지방 공무원의 이직 의도 간에 큰 차이가 존재할까?

서울대학교 행정대학원 공공성과관리연구센터의 2017년 조사에서는 지방 공무원만을 대상으로 조사를 진행하였기 때문에, 우선 중앙 및 지방 공무원이 모두 포함되어 있는 2016년 조사 자료를 통해 이직 의도 차이를 분석하였다.

[그림 5.3]을 살펴보면 지방 공무원의 경우 이직을 고려하지 않은 비율이 41.8%로 중앙 공무원의 33.3%보다 높은 것으로 나타나고 있다. 이 결과는 인사혁신처의 『2017년도 민관 보수수준 실태조사』의 결과와도 동일하다. [표 5.2]는 이 실태조사에서 중앙, 광역, 기초 자치단체별 공무원의 이직 의도를 '전혀 없다(1점)'부터 '매우 있다(5점)'까지 5점 척도로 측정한 결과로 5점 평균 점수를 보면 중앙 정부 부처 공무원의 이직 의향이 2.47점으로 다른 광역 혹은 기초 자치단체 공무원의 점수보

그림 5.3 중앙 공무원과 지방 공무원의 이직 의도 차이(2016년 설문) (단위: %)

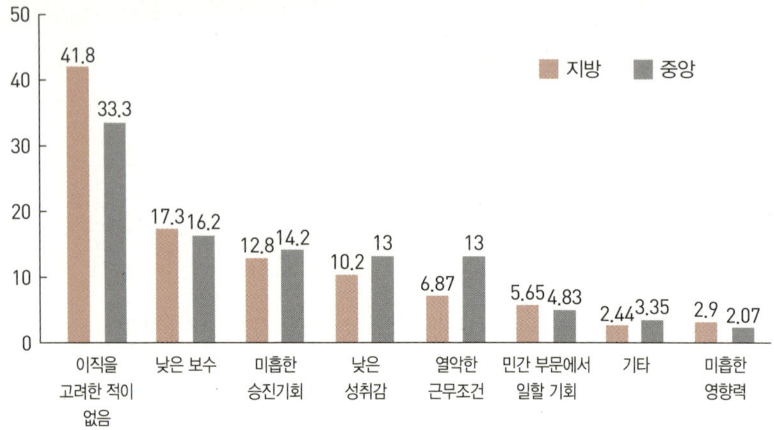


다 높은 점수를 보이고 있음을 알 수 있다.

한편 이직 의도 사유의 경우 중앙이나 지방 모두 낮은 보수, 미흡한 승진 기회, 낮은 성취감 등의 순으로 동일했다.[7] 하나 주목할 만한 것은, 열악한 근무조건 때문에 이직하고 싶다는 중앙 공무원의 응답률이 지방 공무원에 비해 두 배 가까이 더 큰 것으로 나타나고 있어 중앙 공

표 5.2 소속별 공무원의 민간기업 이직 의향

| | | 사례수 | 전혀 없다 | | 없는 편이다 | | 반반이다 | | 있는 편이다 | | 매우 있다 | | 합계 | | 5점 평균(점) |
|---|---|---|---|---|---|---|---|---|---|---|---|---|---|---|---|
| | | N | N | % | N | % | N | % | N | % | N | % | N | % | |
| 전 체 | | 860 | 169 | 19.7 | 382 | 44.4 | 195 | 22.7 | 89 | 10.3 | 25 | 2.9 | 860 | 100.0 | 2.32 |
| 소속 | 중앙 정부 부처(기관) | 232 | 32 | 13.8 | 106 | 45.7 | 52 | 22.4 | 36 | 15.5 | 6 | 2.6 | 232 | 100.0 | 2.47 |
| | 광역자치단체 | 56 | 12 | 21.4 | 29 | 51.8 | 10 | 17.9 | 4 | 7.1 | 1 | 1.8 | 56 | 100.0 | 2.16 |
| | 기초자치단체(시군구) | 316 | 68 | 21.5 | 134 | 42.4 | 76 | 24.1 | 28 | 8.9 | 10 | 3.2 | 316 | 100.0 | 2.30 |
| | 기초자치단체(읍면동) | 256 | 57 | 22.3 | 113 | 44.1 | 57 | 22.3 | 21 | 8.2 | 8 | 3.1 | 256 | 100.0 | 2.26 |

자료: 인사혁신처. (2017: 41).

무원의 경우 근무조건에 대한 불만이 상대적으로 큰 것으로 해석할 수 있다. 우리나라의 중앙행정기관에 속하는 공무원 중 교원과 경찰을 제외한 일반 공무원은 16만 명 수준을 유지해오면서 큰 증원이 없는 것을 고려하면 중앙 공무원의 업무 부담은 상당히 클 것으로 판단된다.

한편 2016년 설문에서는 이직을 고려한 경우를 먼저 상정하고 하나의 질문에서 이직 고려 원인과 이직 고려 여부를 함께 질문하였으나, 2017년에는 지방 공무원만을 대상으로 이직 고려 여부를 독립된 문항으로 질문한 후 이직을 고려했다고 답한 사람들에게 이직을 고려한 이유를 다시 물어보았다.

흥미롭게도 2017년의 경우 이직을 고려했다는 응답은 2016년의 58.2%보다 훨씬 줄어든 36%로 나타나고 있는데, 이는 이직 의도가 상대적으로 낮은 지방 공무원만을 대상으로 하였기 때문일 수도 있고, 혹

**표 5.3 2017년 지방 공무원을 대상으로 한 이직 의도와 이직 사유 설문**

(2017년 Q.23) 귀하께서는 이직을 고려하신 적이 있으십니까?

① 예 (Q23-1로 이동)
② 아니요

(2017년 Q23-1) 이직을 고려하신 사유는 무엇입니까? 중요하다고 생각하는 순서대로 세 가지를 말씀해 주십시오.

① 미흡한 승진 기회
② 낮은 보수
③ 낮은 성취감
④ 미흡한 영향력
⑤ 열악한 근무조건
⑥ 민간 부문에서 일할 기회
⑦ 공무원에 대한 국민들의 불신
⑧ 정권 교체에 따른 불이익
⑨ 기타

은 이직 고려를 독립된 설문으로 먼저 물어보았기 때문일 수도 있다.

한편, 2017년도 자료를 이용하여 지방 공무원을 광역과 기초 자치단체 공무원으로 나누어 살펴보면 [그림 5.4]에서와 같이 기초자치단체가 36.7%, 광역자치단체가 33.0%로 기초자치단체 공무원의 이직 의도가 약간 더 높은 것으로 나타났다. 이 차이는 통계적으로 유의미한 차이라고 보기는 어렵지만 기초자치단체에 근무하는 공무원의 경우 일선에서 대민 업무를 처리하는 데에 따른 스트레스가 높기 때문에 이직 의도가 높을 가능성이 있다.

결과적으로 2016년과 2017년 조사 결과의 분석을 종합해보면 최소한 30% 이상의 공무원이 이직을 고려했으며, 이는 공직에도 이직 가능성이 상당히 존재함을 알 수 있게 해준다.

흥미로운 것은 이직 의도 비율이 연도와 측정 방식에 따라 달라짐에도 불구하고 보수는 여전히 이직을 고려하는 가장 중요한 요인으로 나

그림 5.4 광역/기초별 지방 공무원 이직 고려 여부(2017년 자료) (단위: %)

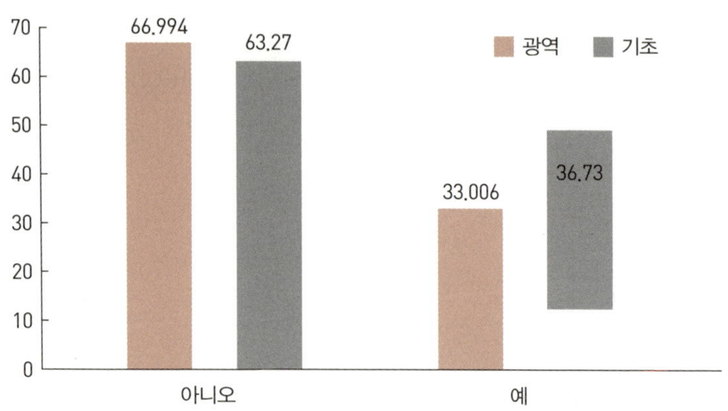

타나고 있다는 점이다. [그림 5.5]에서 확인할 수 있듯이 광역자치단체 공무원이나 기초자치단체 공무원들의 경우 낮은 보수, 낮은 성취감, 미흡한 승진 기회, 열악한 근무 조건 등이 중요한 이직 원인으로 나타나고 있다. 또한 지방 공무원의 경우 2016년 설문에서는 보수와 승진이 이직의 주요 이유로 제시되었지만 2017년 설문에서는 승진보다는 낮은 성취감이 더 중요한 원인으로 나타났다. 이러한 차이가 설문 차이 때문인지 혹은 연도별 차이 때문인지는 명확하게 설명하기 어렵지만 신입 공무원이 증가하는 지방자치단체의 상황을 고려한다면 젊은 공무원들이 느끼는, 성취감에 대한 불만족이 그 원인이 될 수 있다.

그림 5.5 지방 공무원의 이직 이유(2017년 자료) (단위: %)

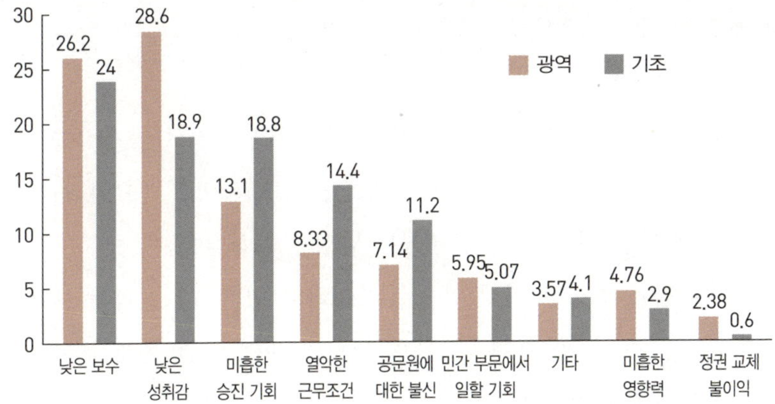

## 남성과 여성의 이직 의도 차이

성별에 따른 이직 의도에는 차이가 있을까? 일반적으로는 공직의 안정성을 고려하면, 남성 공무원이 여성 공무원보다 이직을 더 많이 고려하였을 것으로 생각한다. 그러나 2016년도 전체 공무원을 대상으로 한 [그림 5.6]과 2017년도 지방 공무원을 대상으로 한 [그림 5.7]에 따르면 실제 이직 의도를 가지고 있다고 대답한 남성과 여성의 비율에 큰 차이가 없으며, 오히려 여성의 비율이 남성의 비율에 비해 약간 높은 것으로 나타나고 있다.

남성과 여성의 이직 의도 원인을 분석해보면 흥미로운 차이를 보인다. [그림 5.6]과 같이 남성은 낮은 보수를 압도적으로 중요한 이직 이유로 제시하였지만 여성의 경우에는 남성에 비해 미흡한 승진 기회와 낮은 성취감을 중요한 이직 이유로 제시하고 있다. 이 결과를 보면 유리천장glass ceiling으로 표현되는 승진에서의 여성 차별 문제가 이직 의도와 상당히 관련이 있을 것이라는 가설의 제기가 가능하다. 하지만 한편으로 이 가설은, 공직 내부에서 여성의 승진과 관련된 차별을 철폐한 데다 오히려 고위직의 여성할당제 등을 통해 승진을 배려하고 있다는 점에서 적절하지 않은 가설일 수 있다.

또 다른 해석은, 여성의 경우 맞벌이를 하는 경우가 많기 때문에 남성에 비해 보수에 대한 불만이 덜할 수 있다는 점이다. 즉 맞벌이 여성의 경우에는 상대적으로 보수에 대한 절박감이 떨어지기 때문에 보수보다는 다른 요인에 대한 불만이 클 수 있다는 점이다. 향후 연구에서는 실제 이직하는 여성 가운데 얼마나 많은 여성들이 승진 기회나 낮은 성취감 때문에 이직하는지에 대한 연구가 필요할 것이다.

그림 5.6 남성과 여성 공무원의 이직 의도와 이유(중앙/지방 공무원) (단위: %)

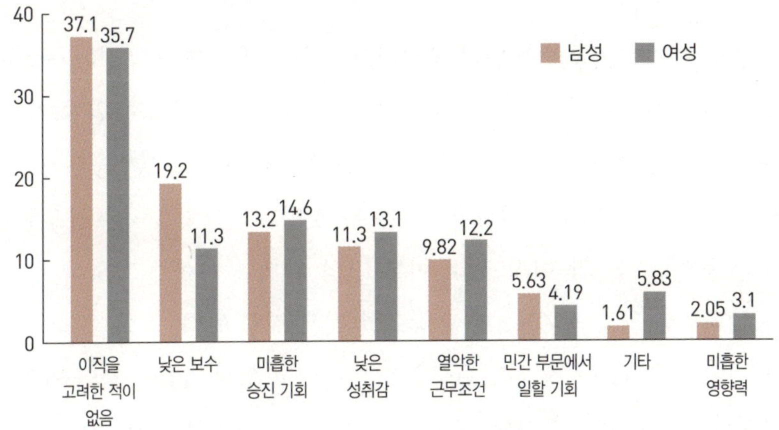


그림 5.7 남성과 여성의 이직 의도(지방 공무원) (단위: %)

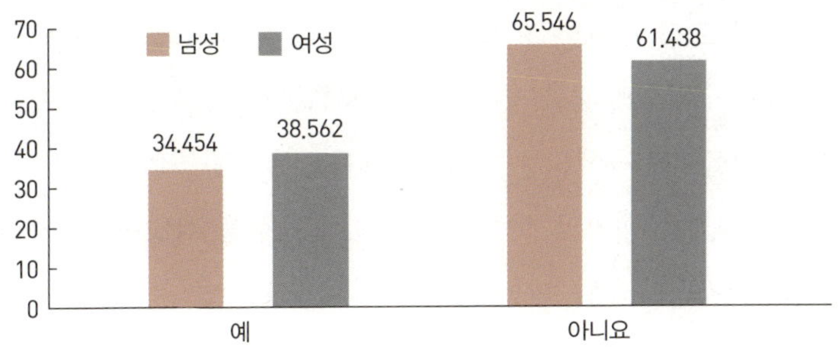

## 입직 동기와 이직 의도

한편 순수하게 공익을 위해 봉사하고자 하는 유능한 공무원이 공직사회에서 느끼는 어려움 때문에 이직하고자 하는 경우의 공무원 이직 문제는 매우 심각하다고 할 수 있다. 그렇다면 이직을 고려한 공무원들은 어떤 동기를 가지고 공직에 입직하게 된 것일까? [그림 5.8]은 공무원의 입직 동기入職動機와 이직 고려 여부 간의 관계를 보여주고 있다. 그림을 살펴보면 입직 동기 중 가장 중요한 것은 직업 안정, 가족·친척의 희망, 그리고 연금 등 경제적 보상으로 나타나고 있다. 이 중 직업 안정은 이직을 고려하지 않은 공무원(64.5%)과 이직을 고려한 공무원(59.4%) 모두에게 가장 중요한 입직 동기로 나타나고 있다. 연금 등 경제적 보상도 중요한 입직 동기 중의 하나로 제시되고 있지만 가족·친척의 희망이라는 동기보다도 덜 중요한 요인으로 제시되고 있다는 점은 매우 흥미롭다. 더군다나 국가에 대한 충성심이나 사회봉사 동기에 따라 입직하는 공무원의 비율이 10%에도 미치지 못한다는 것은 공익의 수호자가 되고자 공무원 입직을 희망할 것이라는 일반적 예상을 상당히 빗나가게 한다. 현재의 공무원 선발 제도는 시험 성적에 기반을 두고 있기 때문에 정작 시민을 위해 봉사하고자 하는 사람을 선발하지 못할 위험이 크다. 이러한 점을 고려한다면 공무원을 선발할 때 지원자들이 건전한 공직

그림 5.8 공무원 입직 동기와 이직 고려 여부(2017년 자료) (단위: %)

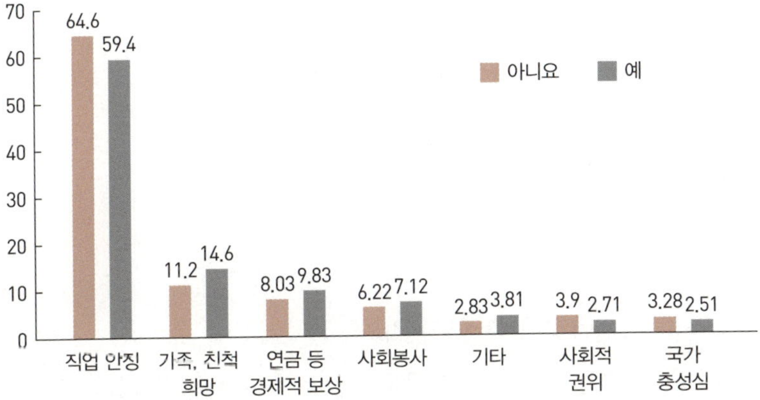


가치를 갖고 있는지를 평가할 수 있는 절차를 강화할 필요가 있다.

이러한 결과를 종합해서 살펴본다면 공무원의 이직 문제는 공직이 주는 직업 안정을 포기하면서 보수나 승진이라는 명시적 동기explicit motivator를 추구하고자 하는 공무원 개인의 선택 문제로 이해할 수 있다는 주장이 가능하다. 특히 주목해야 할 것은 직업 안정성이 입직 동기였다고 응답한 공무원이 다수를 차지했으며 그들의 사회봉사에 대한 마음이나 국가에 대한 충성심이 낮았다는 것으로, 이는 입직하는 공무원들의 동기 요인이 왜곡되어 있다는 것을 말해준다.

또 하나 주목할 것은 이직 동기가 존재한다고 해서 실제로 이직할 확률까지 높은 것은 아닐 수 있다는 점이다. 보수와 같은 경제적 동기로 인해 이직을 생각하더라도 직업 안정이 압도적으로 중요한 입직 동기라는 점을 고려한다면 보수만을 고려한 채 직업 안정성을 포기하면서까지 민간으로 이직하는 것은 결코 쉽지 않기 때문이다.

# 결론

이직 의도를 어떻게 측정하는지와 어느 시점에 측정하는지에 따라 달라질 수 있지만 이직을 고려해본 공무원의 비율은 30%를 넘는 것으로 나타나고 있다. 이 값은 의도를 가진 사람의 비율을 측정한 결과로서 실제 이직을 실행한 사람의 비율보다는 높은 값이지만 상당수의 공무원들이 이직 의도를 가지고 있다는 것은 주목할 만하다. 즉 소위 '철밥통'이라고 불릴 정도로 안정적인 직장으로 대표되는 공직에서 이와 같이 이직 의도를 가진 공무원들이 많다는 것은 공직이 마냥 현재에 안주하여 안정만을 추구하는 곳은 아님을 보여준다.

하지만 애초에 공직에 입직하는 이유가 대부분 직업의 안정성 때문이라는 점과 이직을 고려하게 되는 주요 원인이 낮은 보수와 낮은 성취감 때문이라는 점에서, 입직과 이직을 결정할 때 공공봉사동기PSM, Public Service Motivation가 상대적으로 덜 고려되고 있음을 알 수 있다.

특히 여성 공무원의 경우, 이직과 관련하여 보수 못지않게 승진이나 낮은 성취감을 중요하게 생각하고 있다는 현실은 시사점이 크다. 공직이 민간에 비해 여성에 대한 차별이 훨씬 적은 것을 고려한다면 이것은 이직 의도 자체보다는 조직에 대한 불만의 원인을 나타내는 것으로 해석하는 것이 바람직할 수 있다. 따라서 여성이 왜 승진이나 낮은 성취감에 대해 고민하고 있는지를 앞으로 더 자세히 살펴볼 필요가 있으며, 이것은 단지 여성의 입장에서만이 아니라 남성 혹은 민간의 입장에서도 종합적으로 고려해볼 필요가 있다.

다만, 공무원의 이직 의도에는 역설적인 측면이 있다. 직업의 안정성 때문에 공직을 선택한 사람들이 다수인 상황에서 낮은 보수 때문에 이 안정성을 포기한다는 것은 이해하기가 쉽지 않다. 평생 임금의 관점에서 볼 때 공무원의 보수가 심각하게 낮다고 보기도 어렵다. 다만, 최근에는 공무원연금 수령 시기가 65세 이후가 됨에 따라 고위직 공무원이 조기에 퇴직할 경우 경제적 문제가 발생할 가능성이 높은 것은 사실이다. 하지만 이런 점을 고려하더라도 실제로 보수 때문에 직업 안정성을 포기하면서까지 이직을 실행하는 사람은 많지 않을 것이다. 어쩌면 이직을 실행하는 많은 공무원이 공직유관기관으로 자리를 옮기는 것도 보수와 직업 안정성을 함께 얻기 위함일 수도 있다.

한국 행정이 개방형 공무원제를 지향하고 있는 상황을 고려한다면 공익을 위해 헌신하는 사람들에게 공직으로 진출할 기회를 보다 많이 부여하고, 공직의 경험을 바탕으로 민간에서 능력을 발휘하며, 그 경험을 가지고 다시 공직에 기여할 수 있는 환경을 만들어 공직의 활력을 높여야 할 것이다. 다만, 민간 전문가가 공직으로 진출하려는 이유가 단순히 고용 안정성 때문이라면 개방형 공무원제에는 한계가 있을 수밖에 없다. 인사혁신처의 『2017년도 민관 보수수준 실태조사』 자료에 따르면 공무원으로 이직하려는 민간 근로자의 78%가 고용 안정성과 시간적 여유를 이직의 이유로 들었는데 이는 매우 큰 시사점을 준다. 공공가치에 헌신하려는 민간 전문가보다는 고용 안정성을 추구하는 민간 전문가가 공직에 더 많이 지원하고 있는 상황은 결국 역선택의 문제를 초래할 가능성이 높기 때문이다.

단순히 직업 안정성만을 우선시하여 공직을 준비하는 학생들에게 중앙 부처에서 과장으로 일하다 민간 기업으로 이직한 어느 공무원의 이야기를 들려주며 이 글을 마치고자 한다.

"중앙 부처에서 고위직으로 가서 퇴직하면 50세 초중반인 경우가 많은데 공무원연금은 65세가 되어서야 나옵니다. 결국 퇴직 후 로비스트 역할을 하는 공직유관기관에 가야 되는데 이것도 2~3년 정도 할 수 있는 일입니다. 민간에 와보니 자유롭게 실수와 실패도 할 수 있고 스스로 처리해야 할 일들이 많다는 것이 장점인 것 같습니다. 물론 민간에서는 하나의 업무를 혼자 담당하기보다는 여럿이 경쟁해야 하기 때문에 항상 비교당하는 것 같아 힘이 들기도 합니다. 하지만 공직의 현실을 이해하지 못한 채 막연한 환상을 가지고 공직을 준비하는 학생들이 안타깝습니다."

# 제6장
# 아깝다, 아쉽다, 안타깝다

**이근면** 초대 인사혁신처장

지난 2014년 초대 인사혁신처장으로 부임했을 때 여기저기서 '깜짝' 인사, '파격' 인사라는 평을 무수히 들었다. 그도 그럴 것이 민간기업 삼성에서 30년 이상 일했던 사람이 하루아침에 공무원 인사의 총책임자가 되었으니 기대와 걱정을 한 몸에 받을 수밖에 없었던 것이다. 개인적으로도 관피아 척결, 공무원연금 개혁 등 굵직한 과제를 부여받고 나아간 공무원 사회는 완전히 새로운 세계였다. 이전과는 전혀 다른 환경이 주는 낯섦, 거기다 새로 출범한 조직의 수장으로서의 긴장감은 그동안 별 관심 없이 지나쳤던 공무원이라는 존재를 새로이 바라보게 하는 동력이었다.

인사혁신처장으로 1년 반가량 지켜본 공무원들은 참 성실했다. '철밥통'이라는 세상 사람들의 막연하고도 틀에 박힌 인식은 아랑곳하지 않는다는 듯 주어진 업무에 최선을 다했고 공적인 일을 한다는 자부심도 강해 보였다.

그러나 그들의 열심을 지켜보노라면 무언가 빠진 게 있는 듯했다. 자타 공인 최고의 인재들이라는 대한민국의 공무원들이 이토록 성실하게 일하고 있음에도 그들에게 부족한 면이 있다면 그것은 과연 무엇일까? 지금부터의 이야기는 그 빠진 고리를 필자 나름의 언어로 풀어낸 것이다.

# 대한민국 공무원, 아깝다

가까이서 관찰한 공무원들은 대한민국 최고의 인재들이었다. 잘 알려져 있다시피 대한민국에서 공무원 되기는, 과장을 조금 보태자면, 낙타가 바늘구멍을 통과하는 것만큼이나 어렵다. 입직 경로별로 다소간 차이는 있지만 한 명의 공무원을 뽑을 때 대략 40여 명의 지원자가 몰린다. 2018년 기준 국가직 5급 공채는 37.3 대 1, 국가직 7급의 경우 47.6 대 1, 국가직 9급은 41 대 1의 경쟁률을 기록했다.[1] 지금 이 순간에도 얼마나 많은 젊은이들이 공무원이 되기 위해 달려가고 있는지 여실히 보여주는 수치라 하겠다.

단순히 지원자가 많다고 이들을 최고의 인재라 하는 것이 아니다. 2016년 발표된 자료에 따르면 우리나라 경제정책을 총괄하는 기획재정부 5급 공채 출신 공무원 중 이른바 'SKY(서울대·고려대·연세대)'를 졸업한 이들이 86%에 달했다. 차관과 실·국장급 고위 공무원의 SKY 졸업 비중은 무려 100%였다. 아마 다른 부처도 비슷할 것이다. 특정 학교 졸업장이 곧 그들의 실력을 그대로 보여주는 증명서는 아니지만 적어도 우리 사회가 이들을 '엘리트'로 인식한다는 점만큼은 틀림없을 것이다.

그렇다면 과연 이들에 대한 급여는 어느 정도일까? 과거에는 공무원의 급여가 박봉이라는 인식이 강했지만 요즘은 꼭 그렇지만도 않다. 인사혁신처가 발표한 '2019년도 공무원 전체의 기준소득월액 평균액'은 530만 원이었다. 연평균 6,360만 원(세전 소득)에 이르는 꽤나 괜찮은 수준의 봉급을 받고 있는 것이다. 물론 이는 직급별, 부서별로 천차만별인 모든 공무원을 뭉뚱그려 평균을 낸 수치이니 이를 가지고 공무원 봉급 수준을 일률적으로 재단하긴 힘들다. 그러나 2017년 전체 근로자의 평균 급여가 3,519만 원에 그친다는 점을 감안하면 무조건 공무원이 돈을 적게 번다고 보기도 어렵다.

장황하게 늘어놓았지만 하고 싶은 말은 단순하다. 우리나라 공무원들은 정말 괜찮은 인재들이라는 것이다. 그들은 높은 수준의 교육을 받은 젊은이들이고 열심히 일할 의지가 가득한 국민의 일꾼이며, 국가도 이들에게 섭섭지 않은 대우를 해주고 있다.

그러나 안타깝게도 이들의 뛰어난 자질과 잠재력은 빛을 발하지 못하고 있다. 기업에 몸담았다면 아시아 1위를 넘어 세계 1위를 향해 비전과 역량을 불사르고 있었을 인재들이 정해진 틀 속에 갇혀 있는 것이다. 세계와 경쟁하여 잘사는 나라, 국민이 행복한 나라를 만들고 말겠다는 원대한 비전 없이 그저 다람쥐 쳇바퀴 돌듯 주어진 일에만 매몰되어 있다는 인상을 지울 수 없었다.

전체가 그런 것은 아니지만 대체로 공무원 사회에는 보신주의와 무사안일주의가 만연해 있었다. 30년, 50년을 내다보고 국가의 장기적인 발전 전략을 기획하기보다는 문제가 일어나지 않는 데 치중하고, 현상을 유지하는 데 역량을 쏟아붓다 보니 새로운 것을 시도하는 데 두려움을 가지게 되고 과거의 업무 관행만 답습하고 마는 것이다. 하루에도 수십, 수백 페이지의 보고서와 정책 자료를 개발해내지만 그 엄청난 서류 더미 어디에서도 미래 세대의 먹거리와 성장 동력을 확보하려는 치열함을 찾아보기 힘들었다.

무엇보다 공무원 사회가 안고 있는 시급한 문제는 힘들게 입직한 우수 인재들이 자기 업무에 대한 전문성을 키우는 데 인색하다는 것이다. 맡은 분야에 대해 국내외 어떠한 전문가들과도 대등한 수준에서 토론이 가능하고 선도적으로 정책을 개발해낼 수 있는 수준에 도달하지 못하고 있는 것이다. 특히 순환보직제는 이러한 문제의 주범과도 같은 존재다. 이제 좀 업무를 이해할 만하면 다른 보직을 받아 떠나버리니 정책의 연속성이 극히 떨어지게 되고, 후임자 역시 새로운 업무를 파악하는 데 또 시간을 허비해버리고 마는 것이다. 결정적으로 공무원 한 사람 한 사람이 높은 수준의 숙련도와 지식을 축적하지 못한 채 이리저리 떠돌아다님으로써 공무원 전체의 전문성 제고에도 걸림돌이 되고 있다.

공무원의 전문성 결여는 업무 행태와 퇴직 후의 진로에도 영향을 미친다. 어차피 임기를 채우면 전혀 다른 보직을 받고 떠나게 될 것이 명약관화하니 큰 그림을 그리면서 미비점을 보완하고 새로운 것을 찾기보다는 위에서 시키는 것을 잘 처리하는 데 역량을 모으는 모습을 보인다. 이러한 자세가 지금까지는 가능했을지 모르나 사람의 영역을 점차 기계가 대체하게 될 4차 산업혁명 시대에는 더 이상 지속 가능하지 않다. 더구나 현직에 있는 동안 한 분야에 대한 전문성을 키우지 못하게 됨에 따라 퇴직 후 재취업을 하더라도 후배들로부터 전관예우를 통해 특혜를 받는 방식이 고착화된다. 이른바 관피아가 이렇게 만들어지는데 이는 국민의 공무원에 대한 신뢰를 저버리는 행태이자 전체 공무원 사회에도 짐을 지우는, 시급히 없어져야 할 악습이다. 지금부터라도 공무원들이 자신의 전문성을 바탕으로 퇴직 후 제2의 인생을 꾸려나가는 방안을 고민해야 한다.

엄격한 선발 과정을 뚫어낸 공무원들이 세계 제일의 꿈을 꾸지 않고 있다는 점은 현재 세대에게도 불행이지만 다음 세대에게 더욱 큰 불행이다. 국민 한 사람 한 사람은 자녀를 위해 오늘의 어려움을 감내하고 더 나은 내일을 꿈꾸며 살아가는데 정작 국가를 이끌어가는 공무원들이 비전과 꿈을 품지 않는다면 대한민국의 내일은 어둡다. 옆자리에 앉은 동료와의 승진 경쟁보다 시급한 것은 이웃 나라의 정치가, 기업가, 공무원들과의 경쟁에서 살아남는 것이다. 이미 격무에 시달리는 공무원들에게 가혹한 이야기일 수 있으나 세계화라는 도도한 물결이 우리를 그러한 경쟁의 일선으로 내몰고 있다. 세계와의 경쟁이 피할 수 없는 것이라면 우리의 공무원들이 앞장서서 신발끈을 묶고 칼날을 갈아야 할 것이다. 인사혁신처장으로 일하는 동안 그러한 결기를 발견하기 힘들었다. 아깝기 그지없는 일이다.

# 아쉬운, 너무나 아쉬운 한국 공무원

대한민국의 눈부신 성장을 선봉에서 견인해온 공무원들에게 철 밥통, 관피아, 복지부동과 같은 부정적인 평가는 너무 억울한 것일 수 있다. 그러나 상당수 국민들이 그러한 인식을 가지고 있다는 엄연한 사실을 외면할 수는 없다. 우리 공무원들에 대한 평이 왜 이토록 박해졌을까?

곁에서 지켜본 공무원들에게 가장 아쉬운 것은 국민을 보고 일하는 자세였다. "공무원은 국민전체에 대한 봉사자이며, 국민에 대하여 책임을 진다."는 「헌법」 제7조(제1항)가 실질적으로 작동하지 않고 있는 것이다. 5년 임기의 행정부 권력의 부침에만 촉각을 곤두세운 채 정작 국가와 국민에 대한 봉사는 소홀히 하고 있다는 인상을 지울 수 없었다. 그러다 보니 공무원들이 스스로 무언가를 기획하고 장기적 관점에서 이를 밀고 나가려고 분투하는 모습보다는 청와대의 눈치만 보다가 시간을 흘려보내는 경우를 무수히 보게 된다.

하지만 그렇다고 하여 이를 전적으로 공무원의 잘못으로 볼 수는 없다. 지금처럼 정권이 바뀌었다고 해서 전 정권에서 중책을 맡았던 공무원들이 우수수 나가떨어지고, 언론 역시 이념에 따라 전 정권의 과過만 확대 재생산하고 공功은 외면하는 현실이 계속된다면 정책은 일관성을 잃게 되고 공무원들은 영혼을 잃게 된다.

지금이라도 공무원들이 스스로의 업을 천직으로 알고 국민만을 바라보며 일할 수 있도록 해줘야 한다. 이를 위해 무엇보다 시급한 것은 공무원들이 마음 놓고 일할 수 있도록 제도와 시스템을 정비하는 것이다. 제도와 시스템 정비의 기준은 결국 헌법 정신의 실질화에 있다. 공무원의 신분과 정치적 중립을 법률로 보장하고 있는 「헌법」 제7조(제2항)를 살려야 한다. 정권 차원의 인사를 막고 국민을 위한 인사가 가능하도록 인사 시스템을 손봐야 한다. 정권이 바뀜에 따라 밀물과 썰물처럼 공무원 인사가 요동치지 않도록 임기가 보장된 공무원을 흔들었을 때 강한 불이익을 주고 낙하산 인사를 금지시켜 정책 일관성을 제고해야 한다.

요즘 와서 더욱 우려스러운 것은 공무원을 정치적 이념에 따라 편 가르는 행태가 행정부 차원을 넘어 사법부에까지 번지는 것이다. 전 정권에서 중책을 맡았던 법관들을 적폐 판사로 낙인찍고 그 판결의 신뢰성까지 위협하는 모습이 나타나고 있기 때문이다. 사회 통합의 최후의 보루가 되어야 할 법원에까지 정권에 따른 줄 세우기 현상이 나타나면 법치주의의 근간이 흔들릴 수 있다. 사법부의 정치적 중립이 더욱 공고해져야 하는 이유다. 차제에 대통령의 대법원장 임명권을 국회로 이관해 대통령 코드인사 관행이 사법부에 영향력을 미치지 않도록 하는 방안을 고려해봐야 하겠다.

사실 공무원들이 정권을 향해 충성하지 않고 국민 전체를 위해 봉사할 수 있도록 하는 방법은 언론과 학계에 의해 다양하게 제시되어 왔다. 어쩌면 더 중요한 것은 공무원 인사의 최종적 책임자인 대통령의 의지일 수 있다. 그동안 관행적으로 행사해왔던 인사권을 전반적으로 돌아보고 전문화, 중립화할 부분은 제3지대로 이양하는 권한의 조정이 이루어져야 한다. 대통령의 국정 기조에 충실해야 할 직위, 업무와 정권의 변동에도 상관없이 지속적으로 추진해야 할 직위, 그리고 그에 따른 업무를 구분하여 과감히 대통령 인사권을 내려놓는 결단이 필요한 시점이다.

여기에 더해 100만 공무원의 선발과 인사를 전담할 전문 기관(가칭 국가인사원)을 신설하는 방안을 고려해봄 직하다. 지금까지 공무원이 자체적으로 담당해온 인사의 단순 서무적(?) 기능을 본연의 영역과 역할로 혁신할 수 있도록 획일적이고 경직된 인사 시스템을 개혁하여 국민을 향한 전문화된 인사, 공무원을 보호하는 인사, 채용에 있어서도 다양성을 추구하는 전문 직업 행정가의 양성이 가능하도록 만들며, 무엇보다 필요한 인재를 객관적이고 공정하게 확보하는 길을 고민해야 한다는 것이다. 이러한 기능의 정비와 확대 그리고 혁신이 당장은 공무원 사회에 부담이 될 수 있겠으나 적응기를 거치고 나면 결국 공무원 사회의 전반적인 역량을 끌어올리고 각각의 공무원들을 제값 하는 공무원으로 만들 수 있다. 이는 국민에게도 좋고 공무원에게도 좋은 일이다.

## 공무원 사회를 향한 안타까움에 대하여

뛰어난 자질을 바탕으로 힘겨운 경쟁을 뚫어냈음에도 불구하고 세계와 경쟁하고자 하는 꿈을 잃은 공무원. 무언가 열심히는 하지만 그 '열심'이 국민이 아닌 정권과 특정 정치 세력을 향하는 공무원. '영혼이 없어야 한다'거나 '영혼이 없다'는 자조가 나오는 공무원. 아깝고 아쉬운 마음이 들지만 그래도 이들이 아니면 우리 사회는 앞으로 나아갈 수 없다. 국가를 움직이는 시스템과 제도, 정책을 담당하는 이들이 공무원들이니 나라의 발전을 위해서는 공무원의 평균적 신념과 자질을 끌어올리는 것 외에 다른 묘안이 없는 것이다.

이미 이들의 능력은 국내 최고 수준이다. 그렇다면 필요한 것은 그 능력을 국민과 사회를 향해 사용하고자 하는 마음가짐, 즉 헌신성이다. 이들이 법률로 신분을 보장받고 세금으로 급여를 받는 것은 공무원 고유의 가치인 공동체를 향한 봉사를 전제로 하는 것이다. 하지만 안타깝게도 우리 공무원 사회에는 아직까지 공익과 사익의 경계가 흐릿하고 국민의 눈높이에 미치지 못하는 관행이 남아 있다.

이러한 관행들이 사라지지 못하는 이유는 공무원 사회에 아직 '국민을 위한 헌신'이라는 가치가 자리 잡지 못했기 때문이다. 이 말을 들으면 공무원들이 억울할 수는 있겠다. 국민들의 평온한 일상을 유지하기 위해 온갖 불이익을 감수해가며 눈코 뜰 새 없이 바쁜 나날들을 보내고 있건만 국민을 위해 헌신하지 않는다니 말이다. 하지만 좀 더 솔직해질 필요가 있다. 그토록 많은 공무원 지망생들의 공무원 되고자 하는 강한 열망이 어디서 비롯되는가? 한국고용정보원이 조사한 바에 따르면 공시생들이 공무원 시험에 응시한 이유 중 '직업의 안정성'(61%), '좋은 근무 환경'과 '공정한 기회'(각 9%), '유리한 보수'(3%) 등이 가장 앞에 위치한다.[2] 한국경제연구원이 조사한 결과도 크게 다르지 않다. 한국의 청년들은 '구조조정 없이 고용 안정성이 보장되고 정년까지 일할 수 있으므로'(68.4%, 복수 응답), '공무원연금 등 복지후생 수준이 좋아서 노후 걱정을 안 해도 되기에'(51.4%) 공무원이 되고 싶어 한다.[3]

기업 입사 면접에서 지원 동기를 묻는 질문에 고용 안정성이 좋고 급여가 좋아서 지원했다고 답한다면 그 지원자가 합격할 수 있을까? 지금 우리 국민들은 정년이 보장되고 복리후생이 좋아서 지원한 이들을 뽑아서 일을 시키는 중이다. 이러한 현실하에서 공무원들에게 사심 없는 헌신을 기대하기란 난망한 일이다. 이제 국민 한 사람 한 사람이 자기 자식에게 들이는 만큼의 관심을 공무원 사회에 쏟아야 한다. 공적 영역에 진출하는 이들의 도덕성과 헌신성을 직접 챙겨야 한다는 말이다.

하루 벌어 하루 먹고살기 바쁜 국민들이 무슨 수로 공무원들의 일하는 자세까지 챙기냐는 반론이 나올 수 있겠다. 하지만 어렵지 않다. 공무원 사회의 최정점에 있는 인사권자를 어떻게 엄선하는지에 촉각을 곤두세우면 된다. 행정부의 우두머리인 대통령을 뽑을 때 이념적 잣대도 중요하지만 공무원 사회를 어떻게 이끌어나갈 것인지에 대한 청사진을 따져봐야 한다. 각 부처의 수장으로 공무원들을 이끌어나갈 장관들이 인사청문회에서 어떤 비전과 포부를 밝히는지 보고 검증해야 한다. 국민들이 인사청문 대상자의 도덕성, 업무 추진 능력을 제대로 보고 판단할 수 있도록 언론에게도 정확한 사실을 전달하기 위한 자정이 필요하다. 미디어에서 '어공(어쩌다 공무원)', '늘공(늘 공무원)'이라는 말부터 쓰지 않아야 한다. 국민을 위해 일한다는 점에서 이들은 그냥 공무원일 뿐이다. 고용주인 국민들이 보는 앞에서 공공연히 '어공', '늘공'을 얘기하는 것은 도리가 아니다.

공무원의 헌신성은 아무리 강조해도 지나치지 않은 가치다. 최근 정부가 추진하는 국제노동기구ILO, International Labour Organization 핵심 협약 비준은 공무원의 헌신성이라는 가치와 충돌할 여지가 있어 우려스럽다. 노동자의 단결권, 단체행동권 등을 강화하게 될 이 핵심 협약을 비준하게 되면 노동조합법, 공무원노조법, 교원노조법 등도 손을 볼 수밖에 없다. 그렇게 되면 공무원들의 노조 가입이 대폭 확대되고 파업 등 단체행동이 더욱 용이해질 것으로 예상된다.

물론 공무원도 일을 하고 월급을 받는 노동자이지만 그들은 전체 국민을 위해 봉사하는 매우 특수한 직군이다. 국민이 직접 고용한 노동자라는 특수한 관계를 고려한다면 공무원의 노조 가입, 파업을 제한 없이 허용하는 것은 재고할 필요가 있다. 특히 관존민비 사상이 뿌리 깊은 우리 사회가 공무원의 파업을 용인할 것인지도 생각해봐야 한다. ILO 핵심 협약 비준은 한번 이루어지면 되돌리기 힘들기 때문에 국민 전체의 편익을 고려해 신중히 접근할 필요가 있다.

인사혁신처장으로 처음 부름을 받았을 때 민간기업의 장점을 공무원 사회에 접목하여 공무원 인사를 일대 개혁하라는 주문을 많이 받았다. 가까이서 지켜본 결과 공무원 인사에는 조직의 꿈을 어떻게 이룰 수 있을 것인가 하는 고민이 결여되어 있었다. 기업이 대한민국의 눈부신 경제성장의 주역이 될 수 있었던 이유는 무모한 꿈을 꾸고 무모한 도전을 묵묵히 해왔기 때문이다. 농업으로 먹고살던 나라에서 반도체를 만들고 자동차를 만들고 배를 만든다고 했을 때 모두가 비웃었지만 우리 기업들은 다음 세대를 위한 도전을 계속해왔고 성공을 거두었다. 이 과정에서 파격적 인재 영입과 인사 시스템은 일상이었다. 그것이 공무원 사회에서도 가능하다고 나는 믿는다.

업業을 일으키는起 사람, 곧 기업가起業家의 도전이 한강의 기적을 가능케 했다. 이제 나라를 일으키는 사람인 기국가起國家의 무모한 도전이 필요하고, 이는 공무원의 역할이다. 공무원이 되고자 하는 이들은 무에서 유를 창조했던 정주영의 '해봤어?' 정신과 이병철의 '사람 제일' 정신을 곱씹어 볼 필요가 있다. 국민들에 대한 투철한 헌신과 열정을 바탕으로 대한민국을 1등 국가로 만들고야 말겠다는 도전 정신이 더해진다면 이미 유능한 인재인 우리 공무원들은 기필코 세계 제일의 대한민국을 만들어내고야 말 것이다. 우리 역사는 불가능을 가능하게 해온 도전과 성취의 역사니까 말이다.

개인이든 조직이든 국가이든 환경 적응에 따른 변화와 생존은 모두에게 필수적이다. 무릇 국가의 성장과 국민의 행복을 위한 긴 안목의 천착이 필요한 영역은 많다. 글로벌 경쟁의 심화 속에 세계로 나아가는 대한민국이라는 변화, 그리고 4차 산업혁명 시대의 우리의 지속 가능한 발전과 번영을 위하여 더 많은 고민과, 기정사실에 대한 발전적 부정과, 새로운 창조적 착상이 필요한 때이다. "사회 전체의 수준이 국가의 수준"이라는 말처럼 더 나은 수준을 위해 향해가는 노력을 위하여, 그동안 당연시되던 정치와 정책 영역의 발전적 분리, 지방자치의 계속적 확대(혹여 지역주의가 더 심화되지 않을까?), 분권과 지방자치의 한계의 재조명을 통한 조화로운 '생활 자치'를 구현하는 문제들도 다시 한번 미래 30년, 100년을 보며 다듬어야 할 숙제들이라는 생각이 든다. 진정 국민이 주인인 나라일까? 우리는…

# 제7장
# 정부와 공무원에 대한 오해와 변명

**박희봉** 중앙대학교 공공인재학부 교수

정부 신뢰에 관한 각종 통계를 종합해볼 때 일반적으로 한 나라의 정부와 공무원에 대한 신뢰는 그 나라의 1인당 국민소득과 비례한다. 그러나 정부와 공무원에 대한 우리 국민의 신뢰 수준은 1인당 국민소득 수준에 비해 매우 낮게 나타난다.

왜일까? 우리는 그동안 정부와 공무원을 불신할 수밖에 없는 역사적 사건들을 자주 접해왔다. 실제 각종 뉴스나 토론 과정에서도 정부와 공무원의 무사안일을 탓하는 경우가 많으며, 정부와 공무원에 대한 불신은 계속해서 쌓여만 가고 있다.

이 글에서는 우리 역사상 정부와 공무원에 대한 불신의 극치를 보여주는 사례로 자주 이야기되는 임진왜란 당시의 선조 임금과 고관에 대한 인식과 최근 언론에서 다루어지는 정부와 공무원에 대한 인식에 대해 살펴볼 것이다. 그리고 이러한 한국인의 인식 중에서 무엇이 사실이고 무엇이 사실이 아닌지를 논의해보겠다. 이로써 우리의 미래 발전을 위한 방안 그리고 정부와 공무원에 대한 신뢰를 회복할 수 있는 방안이 무엇인지를 생각하는 기회를 갖고자 한다.

## 장면 1. 선조 임금은 백성을 버리고 북으로 몽진하였다

우리가 임진왜란을 생각할 때 가장 안타깝게 여기는 것 중의 하나가 국왕인 선조의 결단력 부족과 무능, 무책임이다. 각종 사극 내에서 그는 도성을 버리고 피난을 떠난 국왕, 끼니를 굶고 비를 맞는 국왕, 하늘을 우러러 탄식하는 국왕, 신하의 승리와 백성의 신망을 시기하는 국왕 등으로 묘사되어 왔다. 이 중에서 가장 많이 묘사되는 장면은 백성을 버리고 자기만 살겠다고 도망하는 임금이다. 이는 곧 그가 백성을 버렸다는 것을 의미하기 때문이다.

그가 임진왜란이라는 위기를 효과적으로 대처하지 못해 백성을 피폐하게 한 책임을 면하기는 어려울 것이다. 하지만 우리는 그를 비판하기만 할 뿐 그가 국왕으로서 국란을 극복하기 위해 어떻게 대처했는지에 대한 것을 제대로 알고자 하지는 않는다.

임진왜란이 일어나기 2년 전인 1590년 11월, 도요토미 히데요시豊臣秀吉는 조선통신사를 통해 선조에게 보낸 서신에서 명백하게 조선과 명나라를 침략하겠다고 밝히고 있다. 왜倭가 조선에 전쟁을 선포한 것이다. 이에 따라 선조는 왜와의 전쟁을 준비하라는 명을 조정에 내리고, 임진왜란 1년 전부터 호남과 영남의 지방관들에게 성곽을 보수하고 군대를 훈련시킬 것을 명하였다. 1592년 2월 임진왜란 2개월 전에는 신립과 이일에게 각 도의 전투 준비 상황을 살펴보게 하였다.

『난중일기』에 기록되어 있는 바와 같이 이순신이 군사를 훈련시키고, 거북선을 비롯한 전함을 축조하였으며, 성곽을 보수한 것은 그와 같은 조정의 명령에 따라 이루어진 것이다. 진주대첩의 기록에서 보듯이 김시민이 군사훈련을 실시하고, 대포와 화약을 준비하였으며, 성곽을 보수한 것 역시 조정의 전쟁 준비 명령에 의한 것이었다.

왜군의 대규모 침공에 대한 방어 전략도 마련하였다. 일차적으로 부산성과 동래성, 밀양성, 김해성 등에 주둔하고 있는 상비군으로 왜군을 방어하고, 다음으로는 제승방략制勝方略에 의거하여 경상도 및 충청도 지역의 고을 수령들이 병력을 모아 대구와 충주에 집결한 후, 중앙에서 파견한 순변사의 지휘를 받아 왜군을 물리친다는 계획이었다.

전쟁 발발 후 경상도 방어선이 무너지자 선조는 당시 조선의 모든 기마 병력을 신립에게 맡겼다. 심지어는 국왕을 수행하던 내관까지 신립과 함께 충주로 보냈다. 그러나 충주 탄금대 전투에서 배수진으로 맞선 신립의 중앙군마저 패하고, 왜군이 한양 도성에 들이닥칠 즈음에는 도성을 방어할 병력조차 남아 있지 않았다. 그뿐만이 아니라 선조의 몽진을 호위할 군사마저 존재하지 않았다.

만약 왜군 4만 5,000명이 도성으로 들이닥쳤을 때 선조가 그곳에서 맞서 싸웠다면 그 결과는 불을 보듯 뻔하다. 임금은 죽거나 포로가 되었을 것이고, 조선은 곧 멸망하고 말았을 것이다. 선조는 도성을 떠나면서 전쟁의 책임을 자신에게 돌리는 교서를 8도에 보내어 백성들에게 모두 일어나서 싸울 것을 호소했고, 이로써 전국에서 왜군에 대한 반격이 시작되었다.

평양성이 함락된 후 선조는 보다 적극적으로 전쟁을 지휘하였다. 국가를 보존하기 위해 자신과 왕세자인 광해군으로 조정을 분조分朝하였다. 선조가 전사하게 될 경우에는 자동적으로 광해군이 왕권을 이어받도록 함으로써 조선을 유지하겠다는 의도였다. 또한 선조는 각 지역의 전투 상황을 보고받으며 전투를 승리로 이끈 장수들에게 직위를 부여하고 승진시킴으로써 전반적인 전투를 지휘하였다.

## 장면 2. 명나라 원병과 의병이 아니었다면 왜군을 몰아낼 수 없었다?

우리나라 중·고등학교 교과서를 위시한 대부분의 역사책에 임진왜란이 명군의 참전과 의병의 항전, 그리고 수군에 의해 극복되었다고 기술되어 있다. 관군, 특히 육군의 역할은 별로 기록되어 있지 않다. 관군은 무능하여, 각종 전투에서 패전의 아이콘으로 각인되어 있다.

〈표 7.1〉은 1592년 4월부터 1593년 6월까지 임진왜란 중 조선 관군과 왜군 간의 전투 및 동원 병력을 정리한 것이다. 총 31회 전투에서 조선군이 승리한 전투는 18회이고, 왜군이 승리한 전투는 13회이다. 조선군이 승리한 전투 중에서는 육군이 승리한 것이 8회이고, 수군이 승리한 것은 10회이다. 왜군의 승리는 1592년 4월 임진왜란 개전 초부터 1592년 6월 제1차 평양성 전투까지 2개월에 집중되어 있는 것이 특징이다. 조선군의 승리는 육군의 경우 1593년 8월 이후에 집중되어 있고, 수군은 임진왜란 개전 1개월 후 처음으로 전라도 수군이 경상도 해상으로 진출하면서 일방적으로 왜군을 물리쳤다.

병력 동원 측면을 보면 왜군이 승리한 13회의 전투에서는 조선군이 총 14만 9,700명을 동원한 반면, 왜군은 18만 4,200명을 동원하였다. 왜군이 승리한 대부분의 전투에서 그들이 병력을 집중하여 전투를 치렀

## 표 7.1 조선 관군과 왜군 간의 전투 및 동원 병력

| 승리 측 | 전투명(장소) | 전투 일자 | 조선군 병력 | 왜군 병력 | 비고 |
|---|---|---|---|---|---|
| 왜군 | 부산성 전투 | 1592. 4. 14. | 800명 | 18,700명 | |
| | 동래성 전투 | 4. 15. | 1,000명 | 18,700명 | |
| | 밀양성 전투 | 4. 18. | 500명 | 18,700명 | |
| | 상주 전투 | 4. 25. | 800명 | 18,700명 | |
| | 탄금대 전투 | 4. 28. | 20,000명 | 18,700명 | |
| | 임진강 전투 | 5. 18. | 13,000명 | 22,000명 | |
| | 용인 전투 | 6. 5.~6. 6. | 80,000명 | 1,600명 | |
| | 1차 평양성 전투 | 6. 14. | 4,600명 | 23,700명 | |
| | 웅치 전투 | 7. 8. | 2,000명 | 3,000명 | 점령 후 후퇴 |
| | 2차 평양성 전투 | 7. 17. | 6,000명 | 18,700명 | 명군 3,000명 |
| | 3차 평양성 전투 | 8. 1. | 20,000명 | 18,700명 | |
| | 영원산성 전투 | 8. 23. | 1,000명 | 3,000명 | |
| | 구례 전투 | 1593. 7. 2. | 미상 | 미상 | |
| 동원 인원 계 | | | 149,700명 | 184,200명 | |
| 조선군 | 해유령 전투 | 1592. 5. 16. | 500명 | 70명 | |
| | 이치 전투 | 7. 8. | 3,000명 | 3,000명 | |
| | 연안성 전투 | 9월 | 미상 | 3,000명 | |
| | 2차 경주성 전투 | 8월 | 미상 | 미상 | |
| | 창원 전투 | 9월 | 1,000명 | 1,000명 | |
| | 진주대첩 | 10. 5.~10. 10. | 3,800명 | 30,000명 | |
| | 독성산성 전투 | 12. 11. | 10,000명 | 20,000명 | |
| | 행주대첩 | 1593. 2. 12. | 2,300명 | 20,000명 | |
| 동원 인원 계 | | | 20,600명 | 77,000명 | |
| 조선 수군 | 옥포 해전 | 1592. 5. 7. | 3,700명 | 4,000명 | |
| | 합포 해전 | 5. 7. | 3,700명 | 840명 | |
| | 적진포 해전 | 5. 8. | 3,700명 | 2,100명 | |
| | 사천 해전 | 5. 29. | 3,970명 | 1,300명 | |
| | 당포 해전 | 6. 2. | 3,970명 | 2,640명 | |
| | 진해 해전 | 6. 5. | 7,470명 | 880명 | |
| | 당항포 해전 | 6. 5. | 7,470명 | 2,720명 | |
| | 율포 해전 | 6. 7. | 7,470명 | 900명 | |
| | 한산대첩 | 7. 8. | 8,260명 | 10,100명 | |
| | 안골포 해전 | 7. 10. | 8,260명 | 5,940명 | |
| 동원 인원 계 | | | 57,970명 | 31,420명 | |
| 총동원 인원 | | | 228,270명 | 292,620명 | |

음을 알 수 있다. 충주 탄금대 전투에서 왜군이 승리할 수 있었던 것은 그들이 이미 상대방이 기마전술을 펼 때 승리할 수 있는 전략을 알고 있었기 때문이었다. 왜군 병사 개개인도 오랜 내전을 통해 전투 경험이 많았다. 그와는 상대적으로 조선군 지휘관은 대규모 전투를 치러본 경험이 없었고, 병사도 훈련되어 있지 않았다. 용인 전투에서 조선군이 8만 명을 동원하고서도 왜군 1,600명에게 패전한 것은 지휘관과 병사의 작전 능력 및 전투 경험이 얼마나 중요한지를 잘 대변하고 있다.

그럼에도 불구하고 조선군은 승리한 8차례의 육상 전투에서 2만여 명을 동원하여 7만 7,000명의 왜군을 물리쳤다. 또한 조선 수군은 10회의 해전에서 5만 7,970명을 동원하여 3만 1,420명의 왜 수군을 완파했다. 진주대첩과 행주대첩 등 성과를 바탕으로 조선군의 강점이 발휘됐다. 조선 수군 역시 보유하고 있는 강점을 극대화함으로써 해전에서 연승을 거둔 것이다. 조선 수군은 무기를 갖추고 병사 훈련과 전술을 연마하는 등 임진왜란에 대비하였고, 일본 수군이 보유하고 있지 못한 화포를 선박에 장착하는 한편 비록 속도는 느렸지만 상대적으로 강력했던 판옥선板屋船의 강점을 살리는 동시에 지형지물을 이용한 전략을 세운 것이 승리의 바탕이 된 것이다.

〈표 7.2〉는 조선군·의병 연합군이 왜군과 벌인 전투 및 동원 병력이다. 조선군 및 의병이 한 차례 승리하였고, 왜군의 주장대로 2차 진주성 전투를 왜군이 승리한 것으로 친다면 왜군도 한 차례의 승리를 거두었다. 동원 병력에 있어서는 조선군 및 의병이 9,800명을 동원한 반면, 왜군은 9만 5,972명을 동원했다. 동원 병력 수에 이렇게 차이가 많이 나는 이유는 2차 진주성 전투에서 왜군이 조선에 주둔하고 있던 대부분의 병력인 9만 3,000명으로 진주성을 총공격했기 때문이다.

표 7.2 조선군 및 의병 연합군과 왜군 간의 전투 및 동원 병력

| 승리 측 | 전투명(장소) | 전투 일자 | 조선군 병력 | 왜군 병력 | 비고 |
|---|---|---|---|---|---|
| 조선군 | 우척현 전투 | 1592. 7월 | 4,000명 | 3,000명 | |
| | 2차 진주성 전투 | 1593.<br>6. 15.~6. 29. | 5,800명 | 92,972명 | 왜군 사망자<br>38,000명 |
| 동원 인원 계 | | | 9,800명 | 95,972명 | |

8박 9일 동안 치러진 25차례의 제2차 진주성 전투에서 조선군·의병은 24차례나 승리했을 뿐만 아니라, 왜군이 마지막 전투인 25번째 전투에서 단 한 번 승리하기는 했지만 왜군 사망자가 엄청나게 발생한 것을 감안할 때 엄밀한 의미에서 제2차 진주성 전투의 승자는 조선군·의병이라 하는 것이 더 옳다.

〈표 7.3〉은 조선 의병이 왜군과 벌인 전투와 동원 병력이다. 11회의 전투 중 조선 의병은 8회 승리하였고, 왜군은 3회 승리했다. 동원 병력에 있어서는 조선 의병이 4만 2,450명을 동원하였고, 왜군은 5만 4,030명을 동원했다. 조선 의병이 승리한 전투에서는 조선 의병의 동원 병력이 왜군에 비해 근소하게 많은 반면, 왜군이 승리한 전투에서는 왜군의 병력 수가 훨씬 많음을 알 수 있다.

조선 의병이 패전한 1차 및 2차 금산성 전투와 1차 성주성 전투는 이기는 것을 목표로 했다기보다는 절대적으로 열세했던 병력에도 불굴하고 국토를 회복하여야 한다는 우국충절에 의거한 무모한 공격의 결과라 할 수 있다. 1차 금산성 전투는 고경명이 전라도에서 의병을 모아 한양 도성으로 향하던 중 금산성에 왜군이 주둔하고 있다는 소식을 듣고 역시 수적 열세에도 불구하고 왜군을 공격한 전투이다. 2차 금산성 전투 역시 청주성을 수복한 조헌과 영규의 의병이 700명의 소수 병력을 이끌

**표 7.3 조선 의병과 왜군 간의 전투 및 동원 병력**

| 승리 측 | 전투명(장소) | 전투 일자 | 조선군 병력 | 왜군 병력 | 비고 |
|---|---|---|---|---|---|
| 조선 의병 | 정암진 전투 | 1592. 5. 24. | 200명 | 2,000명 | |
| | 무계 전투 | 6. 6. | 50명 | 30명 | |
| | 의령 전투 | 7월 | 4,000명 | 2,000명 | |
| | 영천성 전투 | 7. 24~7. 27. | 3,500명 | 3,000명 | |
| | 청주성 전투 | 8. 1. | 1,000명 | 1,000명 | |
| | 2차 성주성 전투 | 9. 11. | 20,000명 | 20,000명 | |
| | 북관대첩 | 9. 16.~10월 | 3,000명 | 2,000명 | |
| | 길주성 전투 | 10. 25. | 3,000명 | 1,000명 | |
| 동원 인원 계 | | | 34,750명 | 31,030명 | |
| 왜군 | 1차 금산성 전투 | 1592. 7. 10. | 7,000명 | 13,000명 | |
| | 2차 금산성 전투 | 8. 18. | 700명 | 10,000명 | |
| | 1차 성주성 전투 | 8. 21. | 20,000명 | 20,000명 | |
| 동원 인원 계 | | | 27,700명 | 43,000명 | |
| 총동원 인원 | | | 62,450명 | 74,030명 | |

고 10배가 넘는 왜군을 공격하여 모두 목숨을 바친 전투이다. 1차 성주성 전투도 조선 의병이 승리하기 위한 전투였다기보다는 조선인의 기개를 보여주기 위해 지속적으로 왜군을 공격했던 전투였다. 조선 의병의 이 같은 세 차례 전투 패배는 병력이 열세하여 전투에서 패배할 것을 알면서도 왜군의 침략에 항거한 애국심의 발로에서 나온 것으로, 패배라고 할 수 없는 전투였다.

〈표 7.4〉는 명군이 왜군과 벌인 전투와 동원 병력이다. 이들 간에는 모두 3회의 전투가 있었지만 실질적으로는 4차 평양성 전투와 벽제관 전투의 2회뿐이었다고 할 수 있다. 조·명 연합군이 승리한 4차 평양성 전투조차도 승리의 분기점에서 이여송이 명군의 희생을 최소화하기 위

표 7.4 명군과 왜군 간의 전투 및 동원 병력

| 승리 측 | 전투명(장소) | 전투 일자 | 명군 병력 | 왜군 병력 | 비고 |
|---|---|---|---|---|---|
| 명군 | 4차 평양성 전투 | 1593. 1. 6.~1. 9. | 43,000명 | 18,700명 | 조·명 연합군 |
| 왜군 | 벽제관 전투 | 1. 27. | 2,000명 | 15,000명 | |
| 무승부 | 남원성 전투 | 7. 7. | 3,000명 | 3,000명 | 조·명 연합군 |
| 총동원 인원 | | | 48,000명 | 36,700명 | |

해 왜군의 퇴로를 열어준 까닭에 왜군의 사상자가 많지 않았다. 반면, 벽제관 전투에서는 평양성 전투의 승리로 자만감에 도취된 명군이 소수의 병력으로 무리하게 적진 깊이 들어갔다가 포위되어 많은 희생자를 냈다. 임진왜란 때 명군이 참전한 것은 사실이지만 명군은 이 두 차례의 전투만을 치른 채, 그들의 희생이 따를 수 있는 전투는 피하고 왜군과 화의를 협상함으로써 전쟁을 종결하려고 하였다.

〈표 7.5〉는 임진왜란 시 전투를 치른 주체를 정리한 것이다. 이로써 알 수 있듯이 왜군과 가장 많이 전투를 치른 주체는 조선 관군으로, 전쟁 과정에서 조선 관군과 왜군 양측이 압도적으로 많은 병력을 동원하였다. 그리고 명군은 왜군과 3회의 전투만을 치렀고, 동원된 병력 수도 가장 적었다. 즉 임진왜란을 극복한 주인공은 조선 관군이며, 여기에

표 7.5 조선군, 조선 의병, 명군의 대왜군 동원 병력 요약

| 전투 주체 | 조선 측 병력 | 왜군 병력 | 전투 횟수 | 비고 |
|---|---|---|---|---|
| 조선군 대 왜군 | 228,270명 | 292,620명 | 31회 | |
| 조선 군·의병 대 왜군 | 9,800명 | 95,972명 | 2회 | |
| 조선 의병 대 왜군 | 62,450명 | 74,030명 | 11회 | |
| 명군 대 왜군 | 48,000명 | 36,700명 | 3회 | 조·명 연합군 |
| 계 | 348,520명 | 499,322명 | 47회 | |

의병이 중요한 시기에 관군에 큰 도움을 주었고, 그에 반해 명군은 4차 평양성 전투 이외에는 상징적인 역할에만 머물렀을 뿐이었다.

그렇다면 조선 관군(육군)이 임진왜란의 각종 전투에서 왜군과 접전을 벌였음에도 불구하고 주도적인 역할을 하지 않은 것으로 기록된 이유가 무엇일까? 우선 조선 관군이 왜군을 맞아 전투를 벌이는 것은 너무나 당연한 일이었기 때문일 것이다. 그 반면 의병의 경우처럼 침략군을 맞아 자발적으로 조직되어 전투를 벌이는 것이 오히려 예외적인 것이었기 때문에 관군의 역할에 비해 그들의 역할이 강조될 수밖에 없었을 것이다. 또한 중국이 주변국의 침입에 원군을 보낸 것도 매우 예외적인 것이기 때문에 명군이 강조된 사실도 이해된다.

하지만 임진왜란을 기술할 때 관군의 역할이 배제된 채 수군과 의병, 명군의 역할만이 강조되는 것은 큰 문제가 된다. 첫째, 조선 관군이 패전의 주역이며, 국란 극복 과정에서 큰 역할을 하지 못했다는 기술은 조선의 통치력을 부정하는 동시에 과연 조선이 독립국이었는가라는 의심을 불러일으키기에 충분하다. 즉 임진왜란이 발발했을 때 조선은 독립국이 아니었으며, 스스로 국가를 유지할 수도, 국민을 보호할 수도 없는 유약한 국가였다는 점을 강조하기 위해서 관군의 역할을 의도적으로 축소, 왜곡한 것이다. 따라서 임진왜란이 명군과 의병에 의해 극복되었다는 역사 기술은 일제강점기 시절 일본 학자로 구성된 조선사편수회의 교묘하고 의도적인 왜곡이 오늘날까지 변화되지 않은 채 지속되고 있는 결과로 이해된다.

둘째, 조선 수군의 연승에 의해 국란을 극복했다는 역사 기술 역시 매우 큰 문제를 낳는다. 물론 조선 수군이 해전에서 연전연승하면서 왜군의 해상 진출로와 보급로를 차단했고, 그들에게 큰 타격을 줌으로써 왜군의 전투력을 약화시킨 것은 분명하다. 그러나 수군의 역할만으로는 육군의 진출을 막을 수 없다. 조선 수군의 역할만으로 전라도를 온전하게 보전할 수 있었다는 것은 객관적인 사실로 받아들여질 수 없다. 이 같은 주장은 조선군의 역할 전체에 대해 부정적인 시각을 심어줄 수 있다. 전라도를 점령하기 위해 여러 차례 전라도로 진출한 왜군이 번번이 조선 육군에 의해 좌절된 것을 스스로 부정하는 결과가 된다. 즉 권율이 지휘한 웅치 전투와 이치 전투, 고경명의 1차 금산성 전투, 곽재우의 정암진 전투, 4박 5일 동안 10회의 전투 모두를 이겨낸 김시민의 진주대첩 등 육지 전투에서의 승리를 부정하는 것이다. 임진왜란의 이들 전투 중 단 한 번이라도 왜군에 패했더라면 전라도 역시 왜군의 점령지가 될 가능성이 높았다.

셋째, 대부분의 의병장이 전·현직 관료였다는 점이다. 김천일, 고경명, 최경회, 임계영, 정인홍, 김면 등 임진왜란 때 의병을 이끈 의병장은 대부분 전직 관료였다. 곽재우는 문과 합격자였으며, 북간대첩을 이끈 정문부는 현직 관료였다. 따라서 조선 의병 역시 관군이라고 해도 과언이 아니다. 조선의 군 체제는 국민개병제로 모든 조선 백성이 평시에는 민간인 신분으로 지내다, 전시에는 군인이 되는 체제였다. 전·현직 관료들이 자발적으로 모은 의병은 정부 지휘 체제하에서 관군과 유기적으로 협력하였고, 연령이 많은 의병 대장은 연령이 낮은 현직 수령을 지휘하기도 했다. 백성들이 관군에 의해 징집되면 관군이 되는 것이고, 의병 대장의 휘하에서 전투를 벌였다면 의병군으로 분류될 뿐이다.

## 장면 3. 대통령의 지시 없이는 대불공단의 전봇대가 옮겨지지 않고, 마포의 여고생이 납치에서 풀려나지 못했다

2008년 1월, 당시 당선자 신분이었던 이명박 전 대통령이 대불공단 전봇대에 대해 거론한 바로 그다음 날 「전봇대 하나 못 움직이는 대한민국」이라는 기사가 신문 일면에 실렸다.[1] 이미 2003년부터 대불공단 전봇대가 길을 막아 트레일러가 통행하기 어렵다는 민원이 제기되었음에도 불구하고 5년 동안이나 처리되지 않았다는 것이다. 그러나 이 전봇대는 대통령 당선자의 한마디에 바로 옮겨졌다.

그리고 같은 달 마포구에서 여고생 유괴 사건이 발생했다. 마포경찰서가 사건을 해결하지 못하고 수사가 지지부진하자 다시 이명박 대통령 당선자가 나섰다. 대통령 당선자가 마포경찰서를 방문한 다음 날 이 여고생은 집으로 돌아올 수 있었다.

위의 두 사실이 알려지면서 언론은 흥분했다. 공무원과 경찰관이 해결하지 못하던 일을 대통령 당선자가 단칼에 해결했다고. 대통령이 나설 때는 해결되는 일을 왜 공무원은 해결하지 못하느냐고.

며칠이 지나 한 라디오 방송에서 필자에게 전화를 했다. 이 두 사건에 대해 생방송으로 인터뷰를 진행할 예정인데 출연 의사가 있느냐고 물었고, 필자는 이를 수락했다. 아래는 방송 진행자와 필자 간의 일문 일답 내용이다.

**방송 진행자:** 언론에 보도된 바와 같이 대불공단 전봇대와 마포경찰서 여고생 유괴 사건이 대통령 당선자에 의해 해결되었습니다. 이 두 사건을 전반적으로 어떻게 보십니까?

**필자:** 대통령 당선자가 현장을 방문하여 직접 민생을 챙기는 모습이 보기에 좋았습니다. 해결 방안을 찾지 못해 지지부진하던 사건에 대해 모범을 보인 두 사례는 대통령 당선자가 향후 5년 동안 국민에게 희망을 주겠다는 메시지로 해석됩니다.

**방송 진행자:** 이 사건을 통해 우리가 논의해봐야 할 사항이 있습니다. 대통령 당선자가 나서면 쉽게 해결되는 것을 왜 공무원들은 그동안 해결하지 못했을까요?

**필자:** 공무원들이 이 사건을 왜 해결하지 못했을까를 논의하기 전에 대통령 당선자께 드리고 싶은 말씀이 있습니다. 두 사건을 통해 당선자의 리더십 및 사건 해결 모범을 보여주셨습니다. 앞으로 이와 같은 사건이 발생하였을 때는 담당 공무원으로 하여금 해결하도록 해주시기를 바랍니다. 이 두 사건으로 리더십을 보여주신 것으로 충분합니다. 대통령 당선자께서는 더 이상 직접 민생 현장에 방문하지 않기를 바랍니다.

**방송 진행자:** 국민들은 두 사건 해결로 인해 대통령 당선자에 대한 기대가 큽니다. 그럼에도 불구하고 대통령 당선자께 나서지 말라고 당부하시는 특별한 이유가 있으십니까?

**필자:** 당선자께서 대통령으로 취임한 이후에도 대통령이 직접 문제를 해결한다면 더 큰 문제가 발생합니다. 첫째, 대한민국에서 어떤 문제가 발생해도 국민들은 대통령이 직접 해결해주기를 바랄 것입니다. 대

통령이 직접 해당 사건을 챙기면 확실하게 해결될 테니 말입니다. 그렇게 되면 대통령은 대부분의 시간을 작은 사건에 매달려 국가 대사를 해결할 시간이 없게 됩니다. 또한 대한민국에서 발생하고 있는 크고 작은 일을 대통령 혼자 감당할 수도 없습니다.

둘째, 대한민국에는 100만 명이 넘는 행정부 소속 국가직과 지방직 공무원이 있습니다. 대통령이 모든 일을 주도하면 100만 명의 공무원이 직접 일을 하지 않고 대통령의 지시를 기다리고, 대통령이 지시하는 대로 일하게 될 것입니다. 그렇게 되면 100만 명의 공무원을 더욱 수동적이게 만들고, 결국 무능하게 만드는 격이 됩니다.

**방송 진행자:** 알겠습니다. 우리 100만 공무원들이 직접 사건을 해결할 능력이 있다는 것을 전제하시고 계십니다. 그런데 아시다시피 두 사건이 해결되지 않았지 않습니까?

**필자:** 예. 그 질문에도 두 가지 답변을 드리겠습니다. 우선 우리나라 공무원의 능력입니다. 우리나라 국가직 및 지방직 공무원은 대부분 5급 행정고시, 7급 및 9급 공채에 합격한 사람들입니다. 공무원 시험에 합격하기는 대단히 어렵습니다. 우리나라 공무원은 이렇게 어려운 시험에 합격한 인재입니다. 이들이 능력을 발휘하지 못한다면 이들 개개인에게 문제가 있다기보다는 인재를 활용하는 시스템에 문제가 있다는 겁니다.

다음으로, 이번 두 사건, 특히 대불공단 문제는 공무원의 행정 업무 능력 여부보다는 정치적 판단의 문제입니다. 대불공단의 전봇대를 옮기는 문제에는 기본적으로 도로를 책임지고 있는 국토부와 전봇대를 관리하는 한전, 그리고 지방자치단체(전라남도와 목포시)가 관여되어 있습니다. 기본적으로 세 곳의 수장이 누가 비용을 대고 누가 업무를 실행할 것인가를 결정해야 합니다. 세 기관에서 이러한 정치적 판단이 선행되어야 공무원들이 행정 업무를 수행할 수 있습니다.

**방송 진행자:** 이번 두 사건을 통해 공무원이 왜 복지부동하는가를 알아보려고 논의를 하다가 우리가 간과하고 있던 더 중요한 문제를 알게 되었습니다. 마무리 말씀 부탁드립니다.

**필자:** 어떤 문제가 발생하였다면 반드시 근본적인 원인이 있습니다. 공무원들이 일을 하지 않는다면 하지 않는 이유가 있습니다. 그리고 각자는 각자의 일이 있습니다. 일을 잘한다고 해서 대통령에게 모든 일을 맡긴다고 모든 일이 잘 해결될 수는 없습니다. 대통령은 대통령의 일을 잘하고, 공무원은 공무원의 일을 잘하는 것이 중요합니다. 대통령이 직접 현장에 가서 일을 하는 것보다 현장에 있는 공무원들이 일을 잘할 수 있도록 정치적 판단을 하고 정부 시스템을 개선하는 것이 더 중요할 겁니다.

## 장면 4. 공무원들은 문제가 생기면 관련 규정과 예산이 없다는 탓을 한다

뉴스에 자주 나오는 장면이다. 새로운 사건, 사고가 터졌을 때 기자가 담당 공무원에게 왜 사건, 사고가 발생했으며, 이에 대비하지 못했느냐는 질문을 한다. 담당 공무원의 답변은 항상 매우 비슷하다. 원인은 조사 중이고, 해당 사건 또는 사고를 대비하지 못한 이유는 관련 규정과 예산이 없었기 때문이라고.

이 같은 뉴스를 접한 국민은 허탈감을 느낀다. 공무원들이 사건과 사고를 미리 예측하고 대비할 수는 없을까? 왜 규정과 예산 타령만 할까? 윗사람이 지시하기 전에 알아서 일할 수는 없을까? 정녕 공무원은 영혼이 없을까?

하지만 법과 규정이 없고 예산이 배정되지 않은 사업을 공무원이 마음대로 추진할 수는 없다. 따라서 기자의 질문에 규정과 예산이 없음을 이유로 드는 담당 공무원을 비록 도덕적 차원에서 비난할 수는 있겠지만 법적 차원에서 처벌할 수는 없다. 공무원에 대한 처벌 역시 철저하게 법과 규정에 명시되어 있어야 하기 때문이다.

현실에서는 거의 일어나지 않을 일이겠지만, 공무원이 법과 규정에 명시되어 있지 않고 예산도 편성되어 있지 않은 사업을 미래를 예측하여 추진하는 경우를 상상해보자. 사업이 잘 진행된다면 특별한 문제없이 넘어갈 것이다. 그러나 누군가가 이 사업이 관계 규정 없이 담당 공무원의 임의적 판단에 의해 진행된다는 것에 대해 이의를 제기하거나 사업이 진행되면서 문제가 발생하는 경우에는 상황이 복잡해진다. 공무원이 법과 규정, 예산, 명령에 의거하지 않고 사업을 추진하는 경우, 설사 법과 규정을 어기지 않았다고 해도 담당 공무원은 근거 없이 업무를 수행하고 권한을 남용했다는 점에서 처벌받을 가능성이 높다.

그렇다면 왜 공무원이 자율 판단에 의하지 않고 법과 규정, 예산, 명령에 의해서만 업무를 수행하도록 하였을까? 이를 이해하기 위해서는 정부를 수립할 때 외국의 정부 시스템을 도입한 우리의 특성상 외국의 시스템을 우선 이해할 필요가 있다.

미국과 영국 등 공무원 제도가 발전한 나라들의 경우 처음에는 엽관제spoil system 공무원 제도를 운영하다가 엽관제의 폐해가 커짐에 따라 실적제로 공무원 제도를 개혁하였다. 엽관제하에서는 공무원이 정치적 판단과 행위를 할 수 있었다. 그러나 시간이 지나면서 공무원이 되기 위해 매관매직하는 관행이 증가하고, 행정 능력이 없는 공무원들이 정치에 가담하기 시작하면서 행정 업무 처리 능력에서 많은 문제가 발생하였다. 특히 산업혁명 이후에 민간기업의 업무 능력은 급격하게 향상되는 반면, 공공 부문에서는 공무원들이 정치에 관심을 가지게 되면서 행정 전문성이 떨어져 그들의 업무 능력이 민간을 따라가지 못하게 되었다. 결국 1881년 미국의 가필드James Garfield 대통령이 그와 같은 문제를 해결하기 위해 부패한 공직자를 일소하는 정책을 시행하는 과정에서 이에 불만을 갖고 있던 파벌에 의해 암살당하는 사건이 발생했다. 이에 공무원 제도가 개혁되어야 한다는 목소리가 한층 높아졌고, 그 결과

1883년 「펜들턴법Pendleton Act」이 제정되어 공무원의 정치적 중립, 그리고 능력 위주의 공무원 임용과 승진이 제도화되어 현행과 같은 실적제merit system가 시행되게 되었다.

더 큰 피해를 막고자 공무원에게서 자율권을 줄이고 그들이 법과 규정에 따라 업무를 수행하도록 만든 것이다. 또한 정치적 판단은 정치인에게 맡기고, 행정은 정치적으로 합의된 사항만을 법과 규정에 따라 시행하도록 한 것이다. 따라서 주권자의 뜻을 모으고 합의를 도출하는 것은 정치인의 몫, 국민적 합의를 수행하는 것은 공무원의 몫으로 구분되었다.

따라서 무엇을 할 것인가에 대한 합의와 결정은 정치인의 몫이지 공무원의 몫이 아니다. 법과 규정을 제정하는 일도 예산을 배정하는 일도 정치인의 몫이다. 법과 규정에 정해지지 않은 사항을 결정하는 일도 역시 정치인의 몫이다. 공무원에게 정치적 판단을 하지 못하게 하는 것이 국민에게는 이익이 되기 때문에 그와 같은 정부 시스템을 만든 것이다.

# 정부와 관료에 대한 신뢰 회복을 위한 한 걸음

## 1. 역사적 사실에 대한 오해의 제거

나폴레옹Napoléon Bonaparte은 1812년 60만 대군을 이끌고 러시아로 쳐들어갔다. 나폴레옹은 모스크바를 함락할 때까지 러시아 군대와의 모든 전투에서 승리하였다. 이때 러시아군이 프랑스군에 대항할 수 있었던 유일한 방법은 추위를 피할 수 있는 건물과 식량이 될 수 있는 모든 것들에 불을 지르고 퇴각하는 것뿐이었다. 프랑스군이 예상대로 손쉽게 모스크바에 이르러 압박하자 러시아 황제는 프랑스와의 항전을 굽히지 않겠다며 모스크바에 불을 지르고 멀리 퇴각하였다. 러시아 국민은 황제의 뜻에 따랐고, 끝까지 항전의 의지를 불태운 러시아 황제와 군대, 그리고 시민에게 드디어 반격의 기회가 찾아왔다. 매서운 추위에 몸을 녹일 곳도 먹을 것도 없었던 프랑스 군대는 결국 철수할 수밖에 없었고 그들이 후퇴를 시작하자 러시아군은 이를 뒤쫓으며 끊임없이 공격했다. 나폴레옹이 파리로 돌아왔을 때 그와 함께했던 프랑스 군대의 95% 이상이 희생당했고 이로써 나폴레옹은 몰락했다. 그러나 러시아의 피해는 이보다 더 가혹했다. 희생된 프랑스군의 두 배 이상의 러시아군이 사망했고, 민간인의 피해는 그보다 더욱 컸다. 점령당했던 국토 또한 거의 폐허가 되었다. 그럼에도 불구하고 후세 역사가는 나폴레옹의 러시아 정벌은 실패하였고, 프랑스-러시아 전쟁의 승자는 러시아라고 기록하고 있다. 러시아인들은 그들의 불굴의 의지로 프랑스군을 물리쳤다며 자랑스러워하고 있다.

한편 1592년 도요토미 히데요시는 22만 대군을 조선에 파병하였다. 그의 당초 계획은 조선을 일시에 점령하고 조선으로부터 병사와 병량을 보충하여 명나라까지 점령하는 것이었다. 개전 1개월 만에 왜군은 도성을 함락시켰다. 선조는 북쪽으로 후퇴하였고, 전쟁의 책임을 자신에게 돌리며 조선 백성들에게 왜군에 대한 항전을 독려했다. 임금의 격문을 본 조선군은 전열을 정비하여 왜군을 공격했고, 각지에서 백성들이 왜군에 대항하였다. 그럼에도 왜군은 개전 2개월 만에 평양성을 점령하고 함경도 북부에까지 진출하였다. 이때까지의 상황만으로는 왜군의 압승으로 보였다.

그러나 개전 초부터 조선군은 줄곧 왜군을 맞아 목숨을 걸고 싸웠다. 개전 초 2개월까지도 조선군은 대규모 전투에서는 결과적으로 패퇴하기는 했지만 왜군에게 치명적인 타격을 입혔다. 왜군 선봉장인 고니시 유키나가小西行長가 이끄는 1만 8,700명의 왜군 1번대는 평양성을 함락시킬 때까지 1만 명 이상이 전사했다. 따라서 고니시의 부대는 평양에서 멀지 않은 의주에 선조가 있었음에도 불구하고 북진할 엄두를 내지 못했다. 그뿐만 아니라 전쟁 1년 후에는 22만 명의 왜군 중에서 46%가 넘는 10만 명이 전사할 정도로 왜군의 피해가 컸다. 결국 개전 1년 2개월 후에는 왜군이 부산 지역까지 후퇴했고, 명나라 군대와 장기간의 협상 끝에 결국 조선에서 완전히 퇴각했다. 물론 이 과정에서 조선군의 피해는 침략자 왜군보다 컸을 뿐만 아니라 민간인의 피해는 그보다 더욱 심했으며 국토는 황폐화됐다. 그 때문에 우리나라 역사가들은 왜군이 조선에서 확실하게 패배했다고 기록하지 않고 있다. 또한 우리는 이 전쟁에서 우리의 불굴의 의지로 왜군을 물리쳤다고 자랑스러워하지도 않는다.

위의 두 역사적 사실은 명확하게 대비된다. 두 전쟁 모두 침략자 프랑스군과 왜군이 패배했다. 그러나 상대적으로 러시아의 피해가 조선보다 훨씬 컸음에도 불구하고 러시아의 피해에 대해서는 어느 누구도 이야기하지 않으며 조선의 피해가 컸던 것만을 부각시키고 있다. 러시아군은 모스크바가 함락될 때까지 프랑스군과 제대로 된 전투조차 하지 못했고, 프랑스군이 러시아군 때문이 아닌 추위와 굶주림 때문에 후퇴했음에도 불구하고 러시아군의 확실한 승리로 기록하고 있다. 반면, 조선군은 왜군을 맞아 초기부터 격렬하게 싸웠고 왜군에 결정적인 타격을 주었음에도 불구하고 우리들조차 조선군의 확실한 승리라고 말하지 않는다.

## 2. 역사적 사실에 대한 해석

몽골의 사신 저고여著古與의 살해 사건을 계기로 몽골군은 1231년 고려를 공격한다. 살리타撒禮塔가 이끄는 몽골군에 대항하여 박서의 고려군은 귀주에서 전투를 벌였고, 이후 강화조약을 맺으면서 몽골군은 철수했다. 이듬해 고려는 강화도로 천도하여 몽골군의 침입을 준비하였고 이후 몽골군은 9차례에 걸쳐 고려에 쳐들어왔다. 고려가 1270년에 강화도에서 몽골군과의 강화를 맺고 개경으로 환도함으로써 40년 동안의 고려－몽골 전쟁이 막을 내렸다.

많은 한국인들은 40년 동안 9차례에 걸쳐 치러진 고려－몽골 전쟁을 슬픈 역사로 인식하고 있다. 40년이라는 긴 세월 동안 9차례나 침입을 당한 민족, 그래서 많은 사람들이 억울하게 죽임을 당한 슬픈 민족이라는 것이다.

그러나 역사적 사실을 짚어보자. 당시 몽골은 군사력에 있어서 세계 최강이었다. 동방에서 서역으로 가는 길, 실크로드에는 아직도 몽골에 대항하다 흔적 없이 사라진 민족의 잔해가 남아 있다. 이들은 모두 단 한 번 몽골에 대항했다는 이유로 역사에서 사라졌다. 중국과 러시아 역시 몽골군에 변변한 대항도 못하고 전 국토를 유린당했다. 지금의 벨라루스, 우크라이나, 몰도바, 아제르바이잔, 아르메니아, 조지아, 이란, 카자흐스탄, 키르기스스탄, 우즈베키스탄, 타지키스탄, 아프가니스탄, 투르크메니스탄, 파키스탄 일부, 터키 일부까지 몽골군이 휩쓸고 지나간 곳은 모두 몽골의 통치하에 들어갔다. 서유럽 역시, 당시 몽골 황제가 죽지만 않았다면 몽골군의 침략 대상이 되었을 것이다. 일본은 몽골의 침입이 두 차례 모두 실패한 것에 대해 큰 자부심을 가지고 있다. 침입한 몽골군을 전투로 물리친 것이 아니라 태풍의 도움을 받았음에도 불구하고 말이다.

고려는 몽골과 9차례의 전쟁을 치렀다. 그것도 40년 동안. 고려와 몽골 전쟁 이후에도 항전을 계속한 삼별초를 제외하고도 말이다. 아무튼 고려는 세계 최강 군대인 몽골군과 9차례의 전쟁을 벌인 유일한 민족이다. 고려는 침략을 많이 당한 슬픈 민족의 국가가 아니라 국가의 독립을 위해 세계 최강 국가에 대항한 강한 국가였다.

## 3. 영혼 없는 공무원

베버Max Weber는 관료제의 장점과 단점, 그리고 영혼 없는 관료제를 언급했다. 베버의 이 말은 관료제는 영혼이 없을 수밖에 없기에, 더 나아가 관료는 영혼이 없도록 설계되었기에 영혼이 있는 정치인과 시민의 역할을 당부한 것이다.

인간이 관료제라는 조직을 만든 이유는 조직의 효율성을 달성하기 위해서이다. 조직의 효율성을 달성하기 위해서 인간은 관료제를 마치 기계와 같이 작동되도록 설계하였다. 관료제는 자신의 판단에 의해 작동되는 것이 아니라 주인인 국민의 판단과 뜻을 가상 효율적으로 실천하도록 설계된 것이다. 한편 근대 민주주의에서 국민의 판단과 뜻은 정치라는 국민의 합의 과정을 통해 모아진다. 따라서 국민의 뜻은 정치 과정을 통해 정치인이 결정하며, 관료제는 정치 과정을 통해 형성된 국민의 뜻을 효율적으로 실천하는 기계가 된다.

관료제는 정치적 판단을 하는 정치인이 아니라 그것을 실행하는 전문가 집단이다. 관료제가 중요한 것은 관료제의 전문성과 효율성을 통해 현대사회에서 그들의 역할이 증가하기 때문이다. 여기에서 잘 생각해보아야 할 점은, 높은 전문성과 효율성을 가진 관료라는 전문가에게 정치적 판단을 할 수 있는 권한을 부여하게 될 경우 대단히 위험해질 수 있다는 것이다. 관료에게 정치적 판단을 맡긴다고 가정하자. 관료는 누구를 위해 정치적 판단을 하게 될까? 관료도 이해관계 속에 사는 한 사람이기 때문에 자신의 이익을 위해, 그리고 자신이 속한 당파적 이해관계에 따라 정치적 의사결정을 하게 될 것이다. 더욱이 전문적 기능을 보유한 관료가 정치적 판단을 하게 되면 누구도 이를 통제할 수 없다. 그렇게 통제할 수 없는 권한은 바로 직권남용으로 이어진다. 물론 공무원의 양심에 호소할 수도 있겠지만 그들 모두가 양심이 있을 수는 없다. 따라서 양심을 믿고 국가 시스템을 설계하는 것은 너무도 위험하다. 이 같은 이유로 민주주의 체제에서는 공무원이라는 전문가에게 정치적 판단을 맡기지 않는 것이다.

그렇다면 누가 영혼을 가져야 할까? 베버는 영혼의 영역은 정치의 몫이고, 국가 중대사에 대한 결정은 정치적 영역이라고 분명하게 말한다. 또한 그에 따르면 진정한 민주주의를 위해서는 영혼이 없어야만 하는 공무원에게 의사결정을 맡기지 말고, 국민과 정치인이 영혼을 가지고 의사를 결정해야 하며, 관료제는 국민과 정치인의 그러한 의사결정대로 따라야 한다.

관료제에게는 정치적 의사결정대로 실행하게 만들고, 정치가 관료제를 제대로 지배해야 진정한 민주주의가 실행될 수 있다는 것이다.

## 4. 공무원의 본질

공무원들이 일을 잘 하느냐, 하지 않느냐는 관료제라는 기계에 명령을 내리는 국민과 정치인이 어떤 의사결정을 하느냐에 달려 있다. 한 국가의 능력은 그 나라 국민의 수준에 달려 있는 것이다.

공무원에 대해 비판할 때 '복지부동'이라는 말을 한다. 명령을 내려도 듣지 않는다는 말이다. 그러나 여기에는 모순이 있다. 이 말에는 공무원들이 소신껏 알아서 해줄 것을 기대하는 심리가 깔려 있는데, 공무원은 '소신껏', '알아서' 일하지 않는다. 앞에서 언급한 바와 같이 공무원이

'소신껏', '알아서' 일하게 되면 그들은 국민을 위해서가 아니라 자신이 속한 정치 집단에 우선 충성한다. 그것은 정치인이 관료제를 지배하도록 설계되어 있기 때문이다. 공무원은 법과 규칙, 명령에 의해 업무를 처리한다. 법과 규칙이 제대로 만들어져 있고, 그에 따라 명령이 전달되면 공무원은 그 명령을 수행한다. 그리고 정치인에게는 공무원에 대한 많은 통제 수단이 주어져 있다. 인사권과 재정권, 업무감사권이 그것이다.

국가 시스템이 정착되면서 우리나라 공무원의 일하는 방식이 달라졌다. 과거 국가 시스템이 확립되기 전에는 국가 시스템의 작동을 공무원에게 의지할 수밖에 없었고 그들에게 많은 특권이 부여되어 있었다. 그러니 급여는 낮더라도 공무원에 대한 자부심도 강했고, 그에 따른 국가관과 국민에 대한 충성심에 의해 맡은 바 업무를 수행하기도 했다. 그러나 일부 '정직한' 공무원들이 박봉에 시달리면서도 국가관과 충성심에 의해 자신을 희생하기도 한 반면, 일부 '이상한' 공무원들은 이 특권을 자신의 이익을 위해 사용하게 되면서 부패한 공무원의 이미지도 만들어지게 되었다.

하지만 시대가 달라졌다. 이제는 국가 시스템이 작동해야 하는 시대이다. 더 이상 일부 '이상한' 공무원이 이상한 짓을 할 수 있도록 방치할 수 없는 시대이다. 투명한 정보가 급속하게 확산되는 이 시기에 과거처럼 '이상한' 공무원에게 특권을 부여하는 것을 그 누구도 원하지 않는다. 이와 동시에 박봉에 시달리면서도 국가관과 충성심에 의해 자신을 희생하는 '정직한' 공무원을 더 이상 요구하기도 어렵다.

〈표 7.6〉은 "왜 공무원이 되었는가?"를 현직 공무원에게 설문한 결과이다. 평균값이 높은 두 가지는 '직업 안정성'과 '경제적 보상'이고, 평

표 7.6 공무원의 입직 동기 (5점 만점, 리커트 척도 평균값)

| 입직 동기 | 국가 충성심 | 사회 봉사심 | 직업 안정성 | 사회적 권위 | 가족·친척 희망 | 경제적 보상 |
|---|---|---|---|---|---|---|
| 평균값 | 3.19 | 3.38 | 3.83 | 3.03 | 3.27 | 3.57 |

자료: 서울대학교 행정대학원 공공성과관리연구센터. (2017).

균값이 낮은 두 가지는 '사회적 권위'와 '국가 충성심'이다. 공무원이 더 이상 경제적 보상 이외의 다른 동기에 의해 매력을 주는 직업이 아닌 것이다. 이는 결국 공무원 역시 다른 직업과 별다를 것 없는 하나의 직업에 지나지 않는다는 것을 말해준다.

공무원에게 과거와 같은 특별한 기대를 하지 않아야 할 때가 왔다. 아니 공무원에게 특별한 기대를 하지 않아야 한다. 공무원에게 특별한 기대를 하기 때문에 그들에게 특권을 부여하는 것이 국가와 국민에게 도움이 된다면 그렇게 하는 것이 옳다. 그러나 공무원도 결국 자신의 이익을 우선시하는 평범한 사람이라면 그들에게 특권을 부여함으로써 특별한 국가관과 충성심을 보장받으려는 생각은 대단히 위험하다. 공무원에게 특권을 부여하고 의사결정을 할 수 있는 영혼을 부여하는 것은, 비록 일부 공무원에게 한정되는 이야기일지도 모르겠지만, 자신을 위해 특권을 사용하여 국가 시스템을 훼손할 가능성이 높다. 그보다는 공정한 국가 시스템 속에서 각자가 자신의 임무를 다하는 것이 중요하다.

# PART III

# 시대가 변하면 그들도 변해야 한다

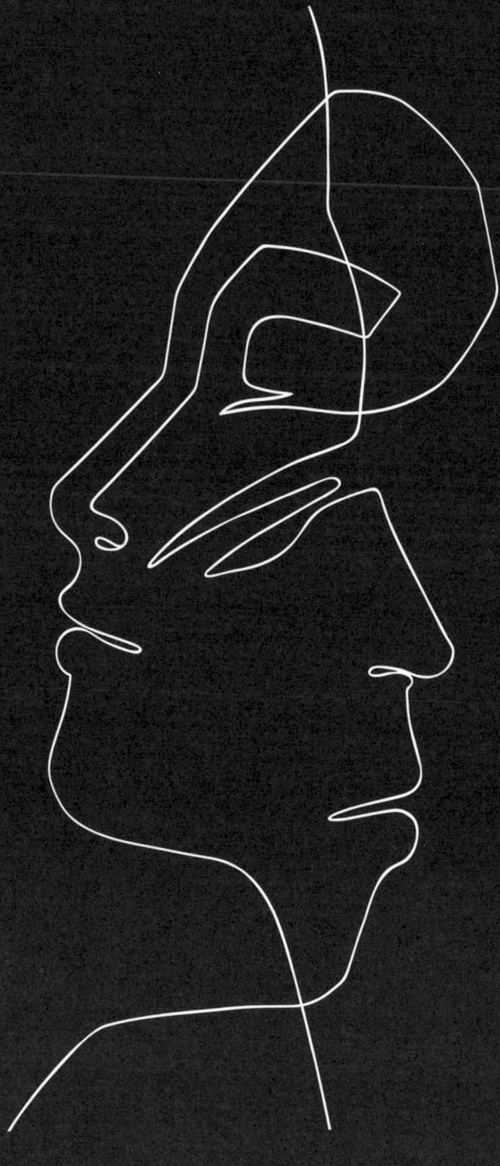

# 제8장
# 남성과 여성
# : 불균형에서 균형으로 그리고 다양성으로

**이근주** 이화여자대학교 행정학과 교수

# 불균형에서 균형으로

1980년대까지 대한민국은 남성 중심의 사회였다. 정부나 기업 모두 남성이 장악했었다. 민간기업에서는 '결혼이나 임신을 하게 되면 퇴사한다'는 각서를 써야만 여성의 취업이 가능했다. 공직 역시 남성의 차지였으며 그나마도 몇 명 되지 않았던 여성의 역할은 하위직 또는 남성을 보조하는 데에 국한되었다. 인구의 반은 여성이고 나머지 반은 남성이라는 점은 지금과 별반 다를 것이 없었지만 그 당시 경제활동인구[1]의 성비는 심한 불균형을 이루고 있었다. 하지만 30여 년이 지난 지금은 남녀 간 성비의 균형이 이루어졌다는 평가를 받고 있다. 경제활동을 하는 여성이 늘어나, 외교관 등의 이른바 '괜찮은 일자리'에는 '여초女超' 현상[2]까지도 생겨나게 되었다. 그야말로 격세지감이다.

한국여성정책연구원의 「성인지통계DB」는 통계청의 자료를 남녀 간의 차이를 중심으로 분석해놓고 있는데, 이를 통해 살펴보면 2015년 여성의 평균 교육 연수[3]는 11.4년, 남성의 평균 교육 연수는 12.8년으로, 남녀 간 교육격차는 1년 반 정도로 나타난다. 하지만 이를 연령대별로 나누어보면 지난 30년 동안 엄청난 변화가 있었다는 것을 알 수 있다 ([그림 8.1] 참조). 1970년대 이전에 태어난 50대 이상의 경우, 남성의 평균 교육 연수가 여성의 그것보다 2년 반 이상 긴 반면 1970년대 이후 태어난 30~40대부터는 남녀 간 차이가 줄어들기 시작하여 1990년도 전후에 태어난 20대의 경우, 여성이 남성보다 근소한 차이로 더 많은 교육을 받은 것으로 나타났다. 물론 거기에는 남성의 군 복무 문제가 영향을 미쳤을 수도 있지만, 적어도 교육에 있어서 더 이상 남녀차별을 찾아볼 수 없게 됐다는 것만은 분명하다.

남성만큼 많이 배운 여성의 등장으로 여성의 경제활동참가율이 요동치고 있다. 여성의 경제활동참가율은 2000년 약 49%였으나 2018년에는 약 53%로 4%포인트나 증가한 반면, 남성은 약 74%에서 답보 상태이다. 경제적으로 능력 있는 여성들이 증가하면서 독립하여 1인 가구를 꾸리는 사례도 늘어나, 전체 가구에서 여성 가구주 비율도 1985년 약 16%에서 2015년에는 약 30%로 두 배가량 상승하였다.

여성의 약진은 공직사회에서 더 뚜렷하다. 인사혁신처에서 2018년 발간한 『2018 균형인사 연차보고서』에 따르면 국가공무원 9급 공채의

그림 8.1 연령별 평균 교육 연수(2015년) (단위: 년)

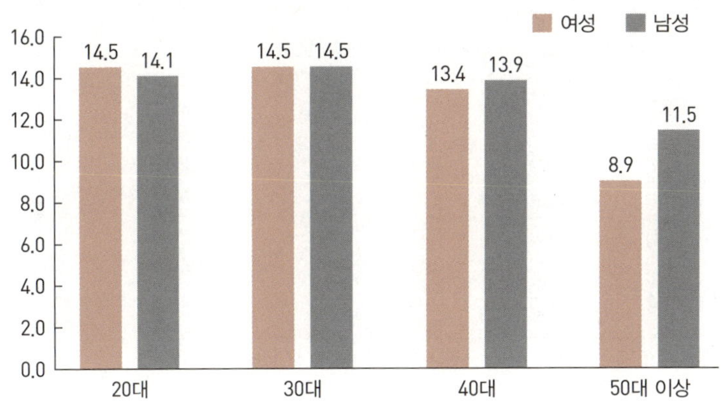


자료: 한국여성정책연구원. (2015).

경우 1990년도 전체 합격자 중 여성 합격자 비율은 약 30%였으나 2017년에는 48%로 증가하였다. 2013년부터 3년 동안은 줄곧 50%를 넘기도 하였다. 직위가 올라갈수록 여성의 약진은 더욱 대단하다. 7급 공채 여성 합격자 비율은 1990년에 비하여 2017년 현재 5배 이상 증가하여 이제는 37% 수준이다. 행정고시로 알려진 5급 공채는 1990년 여성 합격자 비율이 약 1%에 불과하였으나 2017년도에는 41%를 상회하여 40배가 늘어났다. 외교관의 경우 여성 합격자 비율이 과반을 넘어 남성 합격자 비율을 웃돌기 시작한 지는 이미 한참 되었다. 괄목상대이다. 시험에서 여성의 약진은, 2001년 약 5%에 불과하였던 5급 이상 관리직 공무원 중 여성의 비율을 2017년도에는 20% 이상으로 증가시켰다. 2017년도 통계를 보면 전체 중앙행정기관의 여성 공무원 비율은 약 50%이다. 입법부와 사법부 안에서도 여성의 비율이 40%를 넘고 있다. 이제는 정부의 남녀 성비가 불균형이라고 말할 수 없는 상황이다. 적어도 수치상으로는…

그림 8.2 정부의 여성 비율(2017년 기준) (단위: %)

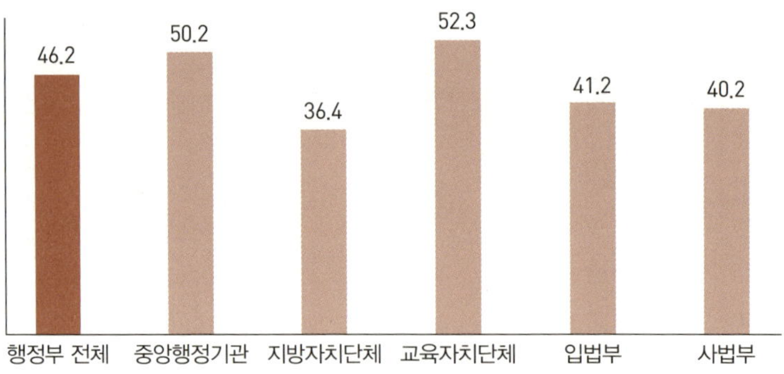


주: 행정부 전체는 중앙행정기관, 지방자치 및 교육자치를 모두 합한 값임.
자료: 인사혁신처. (2018).

정부 전체로는 남녀의 균형이 이루어졌지만 상위직은 아직도 갈 길이 멀다. 5급 이상 공무원 중 여성의 비율은 20%에 불과하며 직급이 올라갈수록 그 비중은 더 낮아져 '고공단'으로 불리는 고위공무원 중에서는 7% 미만이다. 이 수치도 20년 전에 비하면 엄청난 변화이지만 아직은 균형이라는 단어를 쓰기에는 이른 감이 있다. 특히나 앞서 살펴본 교육수준이나 공무원 시험 합격률 등을 감안한다면 더 그렇다. 물론 공무원 시험에 합격하여도 고위공무원이 되기까지는 많은 시간이 필요하다. 여성이 공직에 본격적으로 진출하기 시작한 시점을 고려한다면 좀 더 기다려야 한다. 적어도 남성이 고위공무원 직위로 승진하는 데 걸리는 시간만큼은 기다려주어야 고위공무원 수준에서 남녀의 성비가 균형을 이루게 될 것이다. 물론 그 기간 동안 승진 등 인사관리에서 여성에 대한 차별과 편견이 없어야 한다는 가정이 전제되어야만 한다.

그림 8.3 여성 공무원 비율 (단위: %)

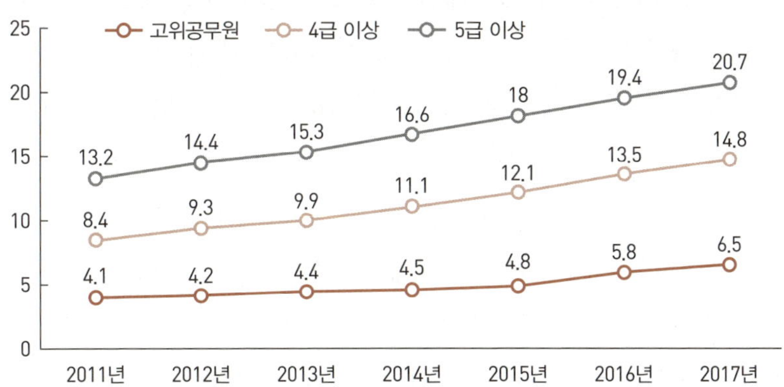


주: 1) 일반직(연구·지도직 포함)·외무·별정직 공무원 대상.
2) 정부업무평가 대상 기관 기준.
자료: 인사혁신처. (2018).

# 균형의 시작

살펴본 바와 같이 여성의 사회 진출은 더 이상 특별한 일이 아니다. 대한민국의 수많은 파워 우먼들이 사회 곳곳에서 맹활약을 펼치고 있다. 이제 금녀의 영역은 존재하지 않는다. 남성으로 가득했던 사무실과 관공서에서는 여성을 남성만큼이나 쉽게 찾아볼 수 있게 되었다. 여성이 하는 일도 남성을 지원하고 보조하는 역할에서, 이제는 남성과 동등한 역할을 하게 되었다. 여성 관리자와 함께 일하는 남성 부하 직원의 모습이 더 이상 낯설지 않다.

여성의 사회 진출이 활발해진 것은 1990년대 중반부터라고 알려져 있다. 남아선호 경향이 퇴색하기 시작한 1970년대 출생자의 사회 진출이 본격화하면서 여성 상위 시대가 열렸다. 왜 그때인가? 1990년대 여성의 적극적인 사회 진출이 일어난 직접적인 이유는 무엇인가? 어떻게 이런 변화가 가능했을까? 도대체 어떤 일이 일어난 것인가?

나는 여성의 사회 진출이 활발해지고 성비 불균형 사회에서 성비 균형 사회로 변화할 수 있었던 데에는 몇 번의 중요한 정책적 전환점이 있었다고 생각한다. 산아제한, 과외금지와 졸업정원제가 여성의 사회 진출을 위한 기반을 다지게 했고, 정부의 여성채용목표제가 직접적인 기폭제로 작동하였다.

1960~1970년대를 배경으로 최수종과 김희애가 이란성 쌍둥이로 극명히 대비되는 삶을 열연했던 드라마 「아들과 딸」을 기억하는가? 배역 이름도 '귀남'과 '후남'이다! 귀남이 최수종을 대학에 보내기 위해서 후남이 김희애는 희생을 강요받았다. 공부를 더 하고 싶었던 김희애가 독학으로 대학에 가자, '아들 망칠 년'이라고 부모로부터 모진 일을 당하는 장면이 있다. 지금이야 딸들에게도 "교육은 원하는 만큼 시켜줄 테니 결혼은 선택, 직업은 필수, 너 하고 싶은 일을 해라!"라고 하지만 그 시절에는 공부는 아들만 시키고, 딸은 가족과 아들을 위해 희생하는 것이 당연했다. 그 이유는 첫째 가난 때문이었고, 둘째 자녀가 많았기 때문이다. 없는 살림에 많은 자녀를 모두 학교에 보낼 수는 없는 노릇이었다. 결국 남아선호사상에 의해 아들만이 공부할 수 있는 혜택을 누릴 수 있었다. 웬만한 금수저가 아니면 여자는 고등학교를 졸업하는 것조차 쉽지 않았던 시절이었다.

고등교육을 받는 행운을 가진 경우에도 여성에 대한 차별은 여전하였다. 퇴임하신 1960년대 학번의 여교수님께 들은 이야기가 있다. 대학 시절 학교 복도 가운데를 걸어가면 "어디 여자가 길 한가운데를 걸어가냐."고 혼이 났다는 믿지 못할 전설(!)이었다. 학교에 와서도 수업만 끝나면 바로 집으로 갔다고 한다. 학교에 여자 화장실이 없었기 때문에… 그만큼 당시 여성에 대한 차별과 편견의 문화가 사회의 보편적인 모습이었다.

그런데 산아제한정책이 실시되자 사정이 달라지기 시작했다. '둘만 낳아 잘 기르자'에서 어느 새 '하나만 낳자'로 변화하기 시작한 것이다. 자식이 하나 혹은 둘밖에 없으니 누구 하나를 포기하는 것이 어렵게 되었다. 오직 아들만 구제하자고 하기에는 상황이 쉽지 않게 가버린 것이다. 거기에다 경제가 발전함에 따라 살림살이도 나아지기 시작했다. 경제적으로도 여유가 생겼는데 오직 아들만 공부시켜 대학에 보낸다? 쉽지 않은 선택의 기로에 서게 된 것이다. 거기에다 딸만 하나 있는 집들도 늘어나기 시작했다. 그럼 어떻게 해야 할까? 당연히 딸에게도 투자할 수밖에. 이때부터 비로소 여성에게도 기회가 주어지기 시작한 것이다.

여기에 기름을 부은 것이 바로 과외금지와 졸업정원제였다. 1970년대에도 대학에 가기 위해서는 고액과외 등 사교육이 필수적이었다. 그렇다면 부모 입장에서는 누굴 선택했을까? 안타깝지만 역시 아들이었다. 더 이상 딸을 공장에 보내지 않고 학교에 보내게 되었다 해도 고액과외 혜택의 우선순위는 아들에게 먼저 돌아갔었다. 그런데 과외금지와 졸업정원제가 실시되었다. 1980년 초반 과외금지로 사설학원들이 문을 닫은 뒤, 학생들은 학원에 있어야 할 저녁 시간에 학교 교실에서 야간자율학습을 했다. 선생님이 별도로 수업을 한 것이 아니라 야간에 학교를 독서실처럼 개방한 것이다. 사교육 부담이 줄어든 것은 여성들에게 기회가 되었다. 대학을 갈 수 있는 공부의 기회 말이다.

졸업정원제는 대학의 입학정원이 늘어남을 뜻한다. 졸업정원만 관리하고 입학정원을 늘려 1학년부터 학년이 올라가면서 학생들을 축소하는 방식이었다. 졸업정원제가 실시된 이후인 1981, 1982년부터 대학에 입학하는 여성이 증가하기 시작한다. 그래서 지금 사회적으로 활발한 활동을 펼치고 있는 여성들을 보면 유독 81학번, 82학번이 많다는 것을 느낄 것이다. 1970년대 말, 1980년대 초반 대학을 다닌 선배들의 이야기를 들어봐도 1980년도까지는 대학교에 여학생이 거의 없었는데 1981년부터 학교에 여학생들이 보이기 시작했다고 한다. 이제 여성들도 교육의 기회를 얻고, 이로써 사회 진출을 위한 기반을 닦기 시작한 것이다.

이러한 정책적 변화로 여성들이 교육을 받을 수 있는 기회가 대폭 넓어졌다. 하지만 1980년대 여성의 사회 진출은 원활하지 못했다. 오랜 시간 동안 사회에 뿌리 박혀 있던 남존여비 사상 탓이었다. 당시는 경제상황이 매우 좋아 대학을 졸업하기만 해도 대기업에서 앞다투어 뽑아가는 시절이었지만 여성들은 아무리 좋은 대학을 졸업해도 취업하기가 쉽지 않았다. 1980년대 중반 매우 우수한 성적으로 SKY 대학을 졸업한 여학생이 대기업에 원서를 내러 갔다.

"원서는 어디에 제출하면 되나요?"
"이걸 왜 내요? 남자친구 대신 내러 왔어요?"
"아니요 제 것인데요…"
"저쪽에 두고 가세요."

그래서 그 여학생은 다른 지원자들의 원서가 쌓여 있는 곳 반대편에 원서를 두고 왔다. 그리고 서류전형에서 탈락했다. 지금과 비교해보면 과연 실제로 있었던 일이었는지 믿어지지 않겠지만 분명한 사실이다.

사회 진출과 경제활동을 위한 여성의 잠재력이 점점 커져가고 있는 상황에서 정부의 여성채용목표제가 기폭제 역할을 한다. 이는 1995년 제정된 「여성발전기본법」[4] 제6조에 의거, 여성 참여가 현저히 부진했던 공직 분야의 여성 진출을 촉진하기 위해 1996년 도입된 제도로, 1996년 5급 공무원 선발 인원 중 10%를 여성으로 선발하는 채용 목표를 시작으로 2002년에는 5급 공무원의 20%, 6·7급 공무원의 25%, 8·9급 공무원의 30%로 그 비율을 점차 높여갔다. 그런데 2000년 남성의 군 가산점이 폐지되자 9급 교육행정직과 일반행정직 등 일부 모집 단위에서 여성 합격률이 70%가 넘는 등 남성들이 역차별을 받고 있다는 지적이

나타났다. 이후 여성채용목표제는 2003년부터 공무원 채용 시험에서 어느 하나의 성이 70% 이상을 차지해서는 안 된다는 '양성평등채용목표제'로 전환된다. 그 이후 지금은 어떻게 되었을까? 이제는 오히려 그 30%의 혜택을 여성이 아니라 남성이 받고 있는 상황이 되어버렸다.

# 균형 만들기: 대표관료제의 논리

여성채용목표제는 공직에서 여성과 남성의 균형을 가져오는 획기적인 제도였다. 이후 장애인, 지역 인재 등과 함께 균형인사제도로 발전한다. 균형인사제도의 논리는 미국의 학자인 킹슬리David Kingsley가 제창한 대표관료제이론에 근거하고 있다.[5] 정부가 다양한 사회계층의 요구에 보다 민감하게 반응하는 동시에 관료를 민주적으로 통제하기 위해서는 정부의 구성을 사회의 구성과 유사하게 만들어야 한다는 것이 대표관료제의 내용이다. 한 국가 사회를 구성하는 주요 집단의 인구 비례에 따라 관료를 구성하고, 정부관료제 내부에서도 각각의 직무와 계급에 공무원을 배치함에 있어 사회의 구성과 같은 비례를 유지하면 정부가 중요 정책을 결정할 때 사회의 다양한 견해와 입장을 효과적으로 반영할 수 있게 된다는 설명이다. 대표관료제의 논리를 따르면, 세상의 반이 남자이고 나머지 반이 여자라면 공직 역시 반은 여자이고 반은 남자가 되도록 하는 것이 기본적인 정부 충원의 방침이 되어야 한다.

균형인사제도는 우리나라에만 있는 것이 아니다. 외국도 우리의 대표관료제와 유사한 제도를 갖고 있다. '적극적 조치'로 번역되는 미국의 Affirmative Action이 대표적이다. 적극적 조치는 역사적으로 차별을 받아왔던 흑인과 여성에게 교육과 고용의 기회를 부여함과 동시에 학교나 정부의 구성에서 흑인과 여성이 충분히 대표될 수 있도록 하기 위한 제도이다.

미국에서의 적극적 조치의 역사는 루즈벨트Franklin Roosevelt 대통령의 뉴딜 프로그램New Deal program을 그 시작으로 본다. 당시 루즈벨트 정부는 뉴딜 프로그램에 참여하는 민간기업들에게 반드시 흑인을 일정 비율 고용하고, 여성에게는 동일한 임금을 지급하도록 하였다. 민간기업이긴 하지만 국민이 낸 세금으로 사업을 하기 때문에 흑인, 여성을 포함한 모든 국민에게 동등한 고용의 기회를 부여해야 한다는 것이다. 그리고 이후 1961년 케네디John F. Kennedy 대통령이 행정명령을 통해 이 제도를 광범위하게 시행하게 된다.

미국 사회에서 여성과 흑인의 고용 및 대표성이 많이 높아진 것은 적극적 조치의 결과라고 해도 과언이 아니다. 모든 미국인들이 적극적 조치에 박수를 보내지는 않는다. 대학입시, 취업, 승진 등 여러 분야에서 광범위하게 이 정책이 적용되자, 다양성을 존중하기 위한 필수적인 제도라는 주장과 평등을 침해하는 악법이라는 주장이 팽팽히 맞섰다. 이른바 '역차별' 논란이다. 이는 스스로를 주류 계층이라고 생각하는 백인의 논리로, 흑인 혹은 여성에게 일정 비율을 주어 선발한 결과 그들보다 월등한 능력을 갖고 있는 백인이 탈락되어 역으로 차별을 받는다는 것이다. 능력과 실력을 기준으로 인재를 선발하지 않고 피부색이나 성별이 채용의 기준이 되어, 오히려 결과적으로는 상대적으로 능력이 부족한 사람이 고용된다는 지적이다.

적극적 조치에 대한 찬반양론이 있는 것처럼 대표관료제에 대하여도 비슷한 논쟁이 있다. 대표관료제는 그 이전의 인사행정 논리인 실적주의와는 반대되는 입장을 갖고 있다. 실적주의에 따르면 공무원을 선발

할 때 개인의 정치 경제적 배경이나 사회적 계층을 고려하지 않고 오로지 지식과 실력만을 기준으로 삼아야 한다. 실적주의의 지지자들은 개인이 노력을 통하여 얻은 실력이 아닌, 성별이나 피부색 혹은 출신 지역 등의 타고난 속성을 기준으로 공무원을 선발하는 것은 합리적이지 않다고 비판한다.

이러한 비판과 논란에도 불구하고 대표관료제는 실적주의와 함께 현대 국가의 중요한 인사 원칙의 하나로 자리 잡았다. 대표관료제는 행정관료의 책임성을 강화시키는 중요한 민주적 통제 수단이기 때문이다. 그것은 적극적으로 자신의 출신 집단을 옹호하는 정책을 추진하지 않더라도 부정적으로 반영되는 것을 막는 효과는 있다. 정책 결정에 있어 다수는 물론 소수의 의견이 반영될 가능성이 높아지므로 정책 과정의 민주성이 높아지고 그렇게 만들어진 정책일수록 국민이 보다 적극적으로 따르게 되어 정책 순응의 수준도 높아진다.

여기서 한 가지 집고 넘어가야 할 부분이 있다. 미국에서는 적극적 조치를 시행한 이후 역차별이라는 비판이 일고 그와 관련된 소송도 많았는데 우리나라에서는 그런 이야기를 들어본 적이 없지 않은가? 여성채용목표제는 공무원을 채용할 때 여성을 일정 비율 채용하도록 보장한 것으로, 처음부터 여성에게 어드밴티지advantage를 주기 위해 만든 정책이었다. 그런데 지금까지 우리나라에서 역차별 문제는 거의 없었다.

왜 그랬을까? 단지 잘못된 제도 때문에 능력 있는 사람이 능력 없는 사람에게 밀리게 된다는 역차별 문제로 사회적으로 논란이 심화되고 위헌 소송까지 제기되는 등 한참 홍역을 앓고 있는 미국의 경우를 보면서 우리는 역차별의 문제점을 잘 파악할 수 있었다. 우리는 여성채용목표제를 도입할 때 정책의 문제점까지 미리 고민하여 역차별의 문제를 해결할 수 있는 방법을 마련하였다.

그럼 우리는 어떻게 이 문제를 해결했을까? 우리는 여성 합격자를 30%로 만들기 위해서 남성을 탈락시키지 않았다. 대신 추가 합격이라는 방법으로 탈락 없이 여성 30%를 만들었다. 20명을 채용하는 자리에 남성이 18명, 여성이 2명 합격했다고 치자. 30%가 되려면 여성이 6명 되어야 하니 여성 4명을 더 합격시켜야 한다. 그런데 우리는 여성 4명을 더 합격시키는 대신 남성 4명을 탈락시키지 않았다. 일단 남성 18명은 합격이고, 여성 4명을 추가 합격 시켰다. 손해 보는 사람이 없게 만들었다.

그럼 총 24명이 합격된 것인데, 그렇다고 실력이 없는 여성들을 균형 인사라는 이유만으로 합격시킨 것은 아니었다. 균형 인사를 근거로 추가 합격하는 경우에도 실적주의 원칙을 유지하여 성적이 커트라인에 아주 가까운 범위에 있는 사람들에게만 추가 합격의 기회를 준 것이다. 물론 그렇기 때문에 4명 모두를 추가로 합격시킬 수 없는 경우도 발생한다. 아무리 여성이라도 성적이 정말 미달되면 어쩔 수 없는 것 아닌가. 대신 아슬아슬하게 떨어진 사람들 중 4명을 합격시킨 것이다. 이렇게 되면 고용의 균등 문제도 해결되고, 실력이 없는 사람이 제도 덕분에 붙었다는 비판도 피할 수 있다.

이렇듯 잘 설계된 제도이지만 1995년 제도가 공표된 당시에는 많은 반발이 있었다. 여성에 대한 지나친 혜택이라는 것이다. 그런 비판이 나오는 것도 당연했다. 실적주의에 반한다는 논리적 비판부터 여자면 무조건 합격시키는 바보 같은 제도라는 원색적인 비판까지 다양한 반론이 제기되었다. 제도 도입을 주도한 공무원이 딸만 둘이라는 보도도 있었다. 공무원이 자신의 딸 역시 공무원으로 만들기 위해 그러한 제도를 만들었다는 엄청난 음모설(?)이다. 사실 제도를 설계하고 도입을 주도한 분들 중에 딸만 둘 있는 공무원이 있었던 것은 사실이다. 그래서 딸들에게 절대로 공무원 시험을 보지 말라고 했다는 웃지 못할 전설(?)이 전해진다.

## 균형에 적응하기

균형인사정책의 결과로 정부 조직 내 남성과 여성의 비율 차이가 줄어들면서 많은 변화가 따라왔다. 가장 시급한 것은 새로운 상황에 적응하는 것이었다. 새롭게 조직의 구성원이 된 여성은 물론이고 평생 처음으로 여성을 동료, 후배 혹은 부하 직원으로 두게 된 남성 상급자도 새로운 상황에 적응해야 했다. 여성의 약진은 조직 차원의 적응도 필요로 했다. 여성을 고려한 새로운 인사행정의 관행과 원칙이 만들어졌다.

1990년대 중반 이후 여성 공직자가 늘어나면서 정부 청사의 모습도 변해갔다. 1990년대 이전까지 여성들은 공무원이 된다는 것에 그다지 관심이 없었다. 들어가는 것도 쉽지 않았을 뿐만 아니라 사회적 인식도 '여자는 공무원이 되면 안 된다'는 분위기였기 때문이다. 숙직이나 당직도 서야 하는데 여자가 많으면 조직이 돌아가지 않는다거나 출산 문제 등등의 이유로 꺼리곤 했다. 하지만 여성채용목표제가 도입되자마자 여성들의 공무원 지원이 활성화되었다. 교육수준이 높아진 여성들이 때마침 자신의 능력을 발휘할 수 있는 제도를 만나(!) 마음껏 도전한 것이다.

1990년대 후반 공직에 진출한 여성 공직자의 대부분은 여성 공직자의 첫 테이프를 끊었기에 자신보다 앞서가는 여성 공직자가 거의 없었다. 무엇이든 '여성 1호'였다. 좋은 점도 있지만 어려운 점이 더 많았다. 조직에서 소수자로서 많은 편견과 차별을 극복하는 하루하루를 홀로 견뎌내야 했다. 그런 여성 공직자들을 위해서 이화여자대학교에서 여성 공직자들의 경력개발을 위한 여성 리더십 프로그램을 운영하였다. 2000년대 중반쯤 프로그램에 참여한 여성 공직자들과 여성의 공직 생존기(?)에 대해 토론한 적이 있다. 부처는 달랐지만 참석자의 대부분이 공직에서 10년 가까이 근무하면서 탄탄하게 경력을 쌓아가고 있는 분들이었다. 각자가 돌아가면서 지난 10년간의 조직생활 이야기를 하다가 어느 순간 모두가 눈물을 글썽이기 시작했다. 근무하고 있는 사무실에서는 조언을 구할 수 있는 선배도 없었고 편안하게 고민을 나눌 수 있는 동료도 없었는데, 10년 만에 처음으로 아픔을 나눌 수 있는 사람들을 만났기 때문이다.

술 담배로 연결되는 비공식 네트워크를 통해 많은 정보가 공유되는 현실에서 여성이 비공식 네트워크에 끼어드는 것도 쉬운 일이 아니었던 경험은 모두가 공감하는 사실이었다. 공식적이고 체계적인 공직 적응 교육훈련이 아직 마련되기 이전이었기에 비공식적인 정보와 네트워크를 통한 조직 사회화가 중요했는데, 여성은 그 비공식 네트워크에 들어가기가 어려웠다. 술 담배 채널에 참여하기 위하여 동료들이 담배를 피우러 나갈 때면 음료수를 들고 따라가서 대화에 참여하려고 했다는 증언(?)도 있었다. 안 피우는 담배를 일부러 피울 수도 없고, 마시지도 못하는 술을 억지로 마실 수도 없지 않은가!

물론 모든 회식에 빠지지 않고 참석하고, 참석한 회식마다 병권(?)을 잡고 폭탄주를 돌리며 회식 분위기를 주도하는 남성보다 더한 남성적 리더십을 보여주는 경우도 가끔은 볼 수 있었다. 하지만 모든 여성이 그럴 수는 없지 않은가? 그것이 바람직한 조직문화도 아니지 않은가? 병권(?)을 잡아야 살아남을 수 있다는 절박한 심정을 이해할 수 있었다.

여성 공직자가 겪는 소통의 어려움은 성별의 차이 때문에 생겨나기도 하지만 세대의 차이에도 그 원인이 있다. 어쩌다 여성 선배가 있는 경우에도 그분이 결혼을 한 경우라면 육아, 가사 및 자녀 교육에 대한 정보 이외에는 다른 것들을 공유하기가 쉽지 않았다. 오후에 자녀가 학교에서 집으로 올 시간이면 사무실 조용한 곳에서 "철수야! 학원 늦지 않게 가고, 숙제 잊지 말고 해!"를 애절하게 외치는 선배가 조직에서 성공한 롤 모델로 보이겠는가? 집에서 자신의 엄마가 자신에게 했던 것과 너무나도 똑같은데…

하지만 여성 공직자들을 대하는 선배 남성 공무원들도 힘들기는 매한가지였다. 한번 생각해보자. 당시 40~50대였던 국과장급 이상의 공직자들은 1970년대에 공직을 시작했을 것이다. 그분들이 한참 일하던 1980년대, 공직에서 여성이 수행하는 일들은 타자수 혹은 비서 등 보조적 역할에 국한되었다. 국과장급의 관리직 공무원들은 핵심적인 업무를 선배 남자 공무원으로부터 배웠고, 자신들이 배운 것과 같은 방식으로 후배 남자 공무원들에게 전수했다. 남자들만의 멘토링 방식, 소통 방식이 조직문화의 기층을 형성하고 있었다. 그러던 어느 날 여성 후배 공직자가 나타났다. 더 이상 남성들끼리 사용할 수 있는 단어로 친근함을 표시하는 것이 어려워졌으며 술 담배 채널로 통하는 비공식적 조직 사회화도 어려워지기 시작했다. 만취한 후 다음 날 해장국을 나누어 먹으며 충고와 격려를 해주는 것은 여성 후배들에게는 당연히 불가능한 일이었다.

40대 이상의 공직자들은 평생 공직 생활을 하면서 자신의 후배로서 자신과 같은 일을 하는 여성을 대해본 적이 없었다. 그러던 어느 날 갑자기 여성이 자신이 수행했던 일을 하는 후배 공무원으로 나타났으니 당황하는 것은 당연한 것 아닌가? 그분들도 여성 후배들에게 잘해주고 싶은 마음은 굴뚝같지만 어떻게 소통하고 어떻게 격려하고 어떻게 동기부여해야 하는지 모를 뿐이었다. 당신들이 선배로부터 전수받은 방식을 여성 후배들에게 사용할 수 없다는 것은 알았지만 그것을 대체할 다른 대안이 어떤 것인지는 알지 못했다.

조직의 인사관리도 많은 변화를 겪어야 했다. 당시는 지금처럼 시설경비 시스템이 잘 갖추어져 있지 않아 당직, 숙직이 공무원의 기본 업무였다. 조직에서는 여성이 사무실에 혼자 남아 숙직 근무를 하는 것이 불가능하다고 생각했기 때문에 1980년대 말까지 「지방공무원법」에 여성을 일정 비율 이상 뽑으면 안 된다는 규정이 있었다. 공무원들이 직장을 다니게 되면 야근도 하고 숙직도 서야 하는데, 여자는 그러기 힘들다는 이유에서였다. 여성 공무원의 증가는 인사관리 부문에서 많은 변화를 가져왔다.

기상청은 전국 곳곳에 기상 관측대를 두고 있다. 기상 관측대는 무인인 경우도 있지만 사람이 근무하는 곳도 많이 있다. 유인 관측대 중에는 깊은 산속 혹은 도서 지역 등 오지에 있는 경우도 있다. 이런 곳에 배치가 되면 한동안 고립된 생활을 해야 한다. 업무상 필요도 있지만 위험 요인도 있어서 오지 배치는 혼자가 아니라 두 명이 함께 근무하는 것이 원칙이다. 여성 공무원이 거의 없던 시절에는 오지 근무자를 배치하는 것에 어려움이 없었다. 하지만 여성 공직자가 늘어나면서 고민이 시작되었다. 여성을 배제하고 남성 근무자만을 고집하자니 남성들의 부담이 너무 커져 인사운영이 어려웠다. 그렇다고 고립된 오지에서 남성과 여성을 함께 생활하도록 할 수도 없고 여성 둘만을 험지에 보내는 것도 쉬운 선택이 아니었다. 한동안 이 문제로 기상청은 많은 고민을 하였다고 한다. 지금은 여성의 비율이 매우 높아져, 오지 근무에 남성, 여성을 감안하여 배치하는 것이 근본적으로 어려워진 상황이라 이런 것은 더 이상 중요 고려 사항이 되지 않는다고 한다.

10년쯤 전에 아프리카 험지인 우간다에 출장을 간 적이 있다. 당시 우간다는 소총으로 무장한 군인이나 경찰을 길거리에서 쉽게 볼 수 있었다. 수도인 캄팔라Kampala는 안전이나 치안에 전혀 문제가 없다는 현지인의 설명을 들으면서도 긴장하지 않을 수 없는 분위기였다. 일정 중 하나로 KOICAKorea International Cooperation Agency, 한국국제협력단 사무실을 방문하였다. 이런 험지에서 어려운 일을 하는 분들이니 직원들은 당연히 힘센 남성일 것이라고 예상하였다. 하지만 소장을 비롯해서 대부분의 직원이 여성이었다. 이 험한 곳에서 여성들이 일을 하고 있다니! KOICA 사업의 대부분은 수도인 캄팔라가 아니라 더 낙후된 시골 지역에서 이루어지는데 그 모든 일들을 여성들이 수행하고 있었다. 이런 험지에는 당연히 남성들이 근무할 것이라는 내 편견이 한순간에 깨진 것이다. KOICA에서도 여성의 비율이 높아지면서 그런 고려 없이 업무 역량을 중심으로 인사를 하게 된 것이다.

## 다름의 어색함

남녀 공무원이 본격적으로 함께 근무하기 시작한 지 20년 가까이 되었고 서로 적응하기 위하여 노력하고 있지만 아직도 남성 공무원과 여성 공무원 사이에는 인식의 차이가 크다. 2018년 인사혁신처에서 「공직 내 여성공무원 인사관리 발전방안 마련을 위한 설문조사」를 실시하였다. 조사에서 가장 고무적인 결과는 우수한 관리자에 대한 평가 설문에서 나타났는데, 일을 잘하는 것은 성별과 무관하다는 응답이 81%였다.

하지만 2016년 서울대학교 행정대학원 공공성과관리연구센터의 설문조사 결과[6]를 보면 여전히 남녀 공무원 간의 인식격차가 드러난다. 우선 성과평가가 합리적이고 공정한가를 묻는 설문에 대하여 여성 공무원들은 성과평가의 합리성과 공정성에 동의하지 못하고 있으며 동의 수준은 직급이 높을수록 낮아지고 있다. 고위직일수록 여성이라는 이유만으로 성과평가에서 불이익을 받는다고 인식하고 있는 것이다. 조직에서 남녀 차별 없이 공평하게 대우받고 있는가를 묻는 설문에 대하여도 여성 공무원은 남성 공무원에 비하여 동의 수준이 현저하게 낮았다. 여성이 조직에서 공평하게 대우받고 있지 못하다는 인식을 많이 갖고 있다는 것이다.

그림 8.4 성과평가는 합리적이고 공정하다 (단위: 점)

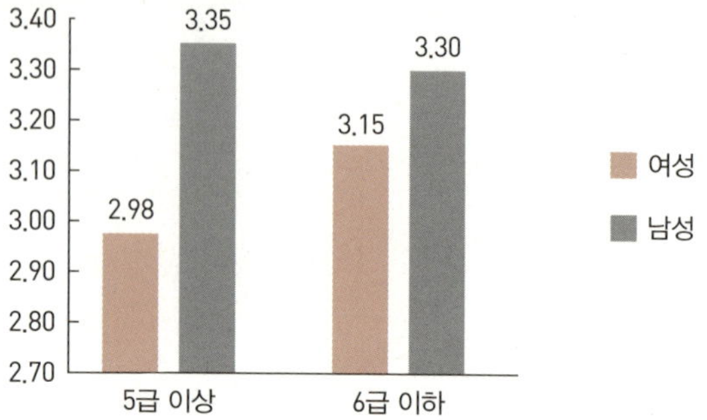


하지만 조직 내에서 차별을 받고 있다는 인식은 여성만의 전유물이 아니다. 얼마 전 몇몇 지방자치단체 인사 담당자들과 함께, 여성이 늘어난 이후 인사관리의 변화와 문제점 등에 대하여 이야기를 나눈 적이 있었다. 균형 인사의 필요성, 취지와 목표에 대하여는 모두 공감하고 있었다. 하지만, 여성의 증가로 인하여 조직 내 갈등 수준이 높아지고 구성원 간 형평성에 문제가 생겼다는 의견이 많았다. 전반적으로 조직

그림 8.5 우리 조직은 남녀 차별 없이 공평하게 대우한다 (단위: 점)

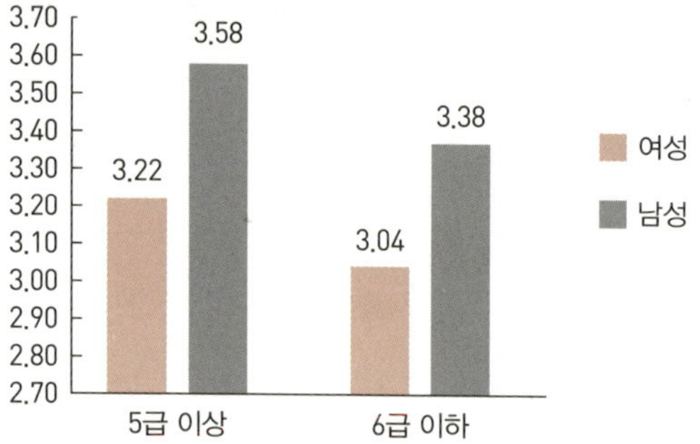

의 성과에도 부정적인 영향을 미치는 것 같다는 의견도 있었다. 그리고 역차별 문제도 지적하였다.

왜 역차별을 문제로 제기했을까? 그동안 우리나라 균형 인사에서 역차별 문제가 제기된 경우가 없었기에 조금 충격적이었다. 하지만 의외로 쉽게 이해가 되었다. 관리직 승진에 여성 비율을 두기 시작한 이후 역차별 이슈가 수면 위로 조금씩 떠오르고 있는 것이다. 관리직 자리의 숫자는 한정되어 있다. 그런데 일정 비율의 관리직을 여성에게 배정하게 되면 남성이 아무리 우수해도 관리직으로 승진하지 못한다는 것이다. 채용 중심의 균형 인사를 인사관리 전반으로 확대해야 하는 시점에서 역차별 문제의 해결은 필수적이다. 실제 역차별이 일어나지 않더라도 많은 조직 구성원들이 그렇게 생각한다면 그건 문제가 된다.

# 다름에서 다양성으로

일단 형식적인 균형은 이루어지고 있다. 성비의 균형을 이루었다는 것은 성의 다름이 일상이 되었다는 것이다. 이제는 그 다름을 당연한 것으로 받아들이고, 갈등과 어색함의 이유로서가 아니라 새로움과 창의 그리고 발전의 원동력으로 이용해야 할 때이다.

다름의 다른 표현은 다양성이다. 다른 것이 많은 것이 다양한 것 아닌가? 다양성은 창의성의 원천이며 동시에 갈등과 반목의 늪이 될 수 있는 양날의 검이다. 조직 내 다름의 수준이 높아지는 것에 대하여 두 가지 이론적 설명이 있다. 정보 및 의사결정론information and decision-making theory의 입장에 따르면 다양성은 새롭고 폭넓은 생각과 통찰력의 원천으로 조직의 문제 파악, 문제 해결 및 의사결정 능력을 향상시킨다. 특히 최고 의사결정집단이 높은 수준의 다양성을 갖게 되면 더 많은 정보를 확보하게 되고, 확보된 정보를 다양한 관점에서 해석하여 창의적인 해결 대안을 만듦으로써 의사결정의 수준을 높일 수 있다. 다양한 배경과 특성을 가진 구성원으로 이루어진 조직이 단일한 특성을 가진 조직에 비하여 더 많은 정보를 확보할 수 있으며 결과적으로 더 나은 의사결정을 하게 된다는 설명이다.

부정적인 시각도 존재한다. 사회적 유형화 및 정체성 이론social categorization and social identity theory은 높은 수준의 다양성이 조직 내 인간관계에 부정적인 결과를 가져오며, 효율적이고 효과적인 의사소통을 어렵게 한다고 설명한다. 특히 인종, 성별 등 가시적 차이에 따른 다양성이 높은 경우, 가시적인 속성을 공유하는 개인끼리만 모이게 되고 다른 속성을 가진 집단을 구분하게 되어 조직 내 새로운 사회적 유형이 생겨나면서 정보의 소통과 공유가 유형 내부적으로만 이루어진다. 그리고 결과적으로 조직 통합에 부정적인 결과를 가져오게 된다. 남성은 남성끼리 여성은 여성끼리만 모여 그들만의 리그를 형성하고, 두 집단 간 소통이 불충분해지거나 부정확해지면 조직 전체에는 부정적인 영향이 미칠 수 밖에 없다.

다양성이 없는 것은 더 문제이다. 엔론Enron Corporation 사태를 기억하는가? 저명한 경제잡지인『포춘*Fortune*』지로부터 수년간 미국의 가장 혁신적인 기업으로 인정받았던 기업, 일하기 좋은 100대 기업, 2만 명이 넘는 거대 우량기업이 2000년대 초반 갑자기 파산하였다. 기업의 파산이 새로운 것이 아님에도 엔론의 실패가 충격적이었던 것은 엔론이 하버드대학교Harvard University MBAMaster of Business Administration 출신들만으로 구성된 엘리트 집단이었기 때문이다. 미국 최고, 아니 세계 최고의 인재라고 자부하는 사람들로만 구성된 조직이 대실패를 하다니! 이유는 바로 다양성의 부재이다. 같은 교육을 받고 같은 시각을 공유한 단일 집단은 정보의 다양성이 부족하여 세상의 복잡하고 다양한 변화를 정확하게 읽지 못하고 결국 실패하고 말았다.

균형인사제도가 정착되어 조직 내 성비의 균형을 갖추기 시작한 우리나라도 지금부터 다양성이 어떻게 조직의 갈등 수준을 낮추고 성과를 높일 수 있을 것인가에 대한 고민을 시작해야 한다. 여성을 소수자로 보거나 차별에 대한 보상만을 생각하는 등의 소극적인 관점에서 벗어나 남성과 여성을 동등한 인재로 보고 보다 적극적으로 남성과 여성의 다름을 인정하는 다양성 관리를 시작해야 한다.

다양성 관리의 핵심은 다름의 인정과 수용이며 이를 바탕으로 조직 성과를 높이는 방안을 찾아내는 것이다. 그 시작은 다름에 대한 수용도를 높이고 그것을 포용할 수 있게 만드는 조직문화를 만들기 위한 교육훈련에서 찾아야 한다. 교육훈련을 통하여 '나와 다름'이 틀린 것 혹은 잘못된 것이 아니라 '자연스러운 것'이라는 점을 이해하고 수용할 수 있도록 해야 한다. 조직 내 다양한 다름에 대한 인정 및 수용이 실제 업무 현장에서 나타날 수 있도록 해야 한다.

리더십 훈련도 다양성 차원에서 새롭게 정립되어야 한다. 남성 리더, 여성 리더가 아니라 남성, 여성을 모두 아우르는 리더십을 남성이나 여성 모두 갖출 수 있어야 한다. 과거처럼 술 담배 채널을 이용한 비공식적 조직 사회화를 통해 리더를 육성할 것이 아니라 다양성 관점을 갖춘 리더 양성을 위해 체계를 갖춘 공식적 교육훈련도 필요하다.

남성과 여성의 차이를 인정하고 수용하기 위한 제도적 기반 역시 강화해야 한다. 유연근무제, 원격근무제, 시간선택제 등의 제도 활성화를 통해 가정 친화적 환경을 조성하여 조직 구성원들의 다양한 욕구를 이해하고 충족시켜 줄 수 있도록 해야 한다.

무엇보다 기관장 등 리더의 관심과 적극적인 지지가 중요하다. 조직 내부적으로 다양성 문화를 만들고 정착시키는 데에는 리더의 관심과 지지가 필수적이다. 조직이 보유하고 있는 다양한 자원을 효과적으로 활용하여 성과로 연결시키기 위해서는 리더가 다양성에 대한 지지와 후원을 솔선해야 한다. 차별과 편견을 깨고, 갈등의 늪에서 벗어나 다양성을 창조의 원천이 될 수 있도록 하는 데에 리더가 핵심적인 역할을 해야 한다.

사회가 다양성에 대해 포용적인 분위기를 갖도록 하는 것도 정부가 해야 할 중요한 일이다. 학교 교육과 사회화 과정에서 다양성에 대한 포용과 인정을 경험하고 교육받은 경우와 그러지 못한 경우, 사회에 진출한 이후 다양성에 대한 수용도의 차이는 엄청나다. 따라서 학교 교육을 통해서 다양성과 수용을 배우고 경험할 수 있도록 해야 한다. 수업시간을 통해서 지식으로 배우는 것도 중요하지만 실제 체험하게 된다면 그 효과는 더 클 것이다. 성性이 다름은 물론 다양한 사회적 배경과 특성을 가진, 나와 '많이' 다른 사람들과 함께 공동의 목표를 달성하기 위하여 협력하고 소통하는 경험을 할 수 있다면 다양성에 대한 수용도가 높아질 것이다.

# 제9장
# 공무원의 세대 간 동상이몽(同床異夢)

**이수영** 서울대학교 행정대학원 교수

"요즘 젊은이들은 버릇이 없다." 이집트의 피라미드 내부에도, 수메르 시대의 점토판에도, 심지어 철학자 소크라테스의 이야기 속에도 이와 같은 말이 남아 있을 정도로 세대 차이로 인한 갈등은 비단 어제오늘의 이야기가 아니다. 그러나 오늘날의 급격한 사회변동은 세대 간 가치관이나 행동 양식의 차이를 이전보다 훨씬 극명하게 보여주고 있고, 그로 인해 세대 간 논의의 필요성이 부각되고 있다. 최근 실제 직장인 766명을 대상으로 한 설문조사에 따르면 직장인의 79.4%가 직장 내에서 세대 차이를 경험한 것으로 나타나,[1] 세대 차이가 개인 영역뿐 아니라 직장 영역에까지 널리 퍼져 있음을 알 수 있다.

이런 현상은 공무원 사회 역시 예외가 아니다. 최근 우리는 기획재정부의 전前 엘리트 사무관이 민간기업 인사와 적자국채 발행정책에 대해 청와대가 외압을 행사했다는 의혹을 제기하는 낯선 모습을 경험하였다. 물론 그에 대해서는 '공익 제보자' 혹은 '조직 부적응자'라는 두 가지 극단적인 평가가 공존하지만, 한 가지 분명한 것은 젊은 세대 공무원들은 선배 공무원들과는 달리 자기의 의사를 적극적으로 표현하려고 한다는 점이다. 특히, 소셜 네트워크SNS, Social Network Service 등을 통해 자기의 생각과 선호를 명확하게 표현하는 지금의 젊은 세대는 기성세대와는 분명히 다른 모습을 보여준다. 선배 공무원들 역시 자신들만의 생각과 주관은 갖고 있었을 테지만 '튀는 것은 피해야 한다' 혹은 '상명하복 해야 한다'와 같은 암묵적 조직문화들이 개인의 개성을 압도하는 분위기 속에서 미처 자신의 생각을 표현하지 못한 채 순종적으로 근무해야만 했을 것이다. 하지만 위의 사례는 소위 '촛불 혁명'을 경험한 지금의 젊은 세대 공무원들이 이전 세대 공무원들보다 한층 자유롭게 자신의 의견을 피력하는 문화를 갖고 있을 것이라는 추측을 가능케 한다.

이 장에서는 우리나라 중앙정부 공무원의 세대 간 인식 차이에 대하여 살펴보려 한다. 그를 위해 여기에서는 서울대학교 행정대학원 공공성과관리연구센터의 「2016년 중앙 및 지방공무원 인식조사 자료」 결과를 이용할 것이다. 경직적인 관료제 구조 속에서 일하고 있는 공무원에 대해 지금까지 우리가 갖고 있는 생각은 대체로 다음과 같을 것이다. '공무원은 자신의 생각 없이 상명하복 하는 존재이다', '고지식하고 유연성 없는 사고를 한다', '공무원은 모두 똑같다' 등등… 하지만 지금까지의 이와 같은 사회적 통념이 오늘날에도 여전히 유효할까? 일사분란하게 한 몸으로 움직이던 개발 연대의 공무원들과는 달리 요즘의 공무원들 사이에는 다양한 생각들이 존재하는 것은 아닐까? 이런 궁금증에 대한 답을 우리나라 공무원의 세대별 인식을 비교해봄으로써 찾아보고자 한다.

## 오늘날에도 '공무원=출세出世'를 의미할까?

공무원이라는 직업이 한국 사회에서 갖는 전통적인 특수성을 고려한다면 이 논의는 보다 흥미롭다고 할 것이다. 우리나라는 유교사상 등의 영향으로 예로부터 국가의 일을 하는 것 혹은 관직을 얻는 것에 대한 선망과 선호가 매우 컸다. 관직에 나갔을 때에는 흔히 '출세出世했다', '가문을 빛냈다'라는 수식어를 붙여 칭찬해왔다. 또한, '사농공상士農工商'으로 대표할 수 있는 직업에 대한 차별이나 지금의 5급 공채에 비견되는 과거제도의 상징성 등이 이러한 이야기를 뒷받침한다. 국가와 사회를 위한 일, 그중에서도 공직에 전통적으로 높은 가치와 의미를 부여해온 것이다.

6.25 전쟁 이후 권위주의 정부에 대한 경험도 공무원의 직업적 특수성을 강화하는 데 영향을 미쳤다. 정부가 경제와 사회 발전을 주도하는 행정국가 현상은 공무원에게 강한 권한과 자부심을 부여하였다. 국가 주도의 경제개발은 공무원으로 하여금 국민을 계몽하고 선도하는 엘리트 의식(혹은 선민의식)을 갖게 하였고, 그들에게 국가와 사회의 성장을 주도한다는 자부심을 부여함으로써 공무원의 사회적 권위를 높이는 데 일조하였다. 이러한 사명감 혹은 자부심은 직업 안정성과 더불어 당시 공공 부문의 대표적인 입직 동기로 알려져 왔다.

물론, 다른 나라들 역시 공공봉사동기나 공사公私 부문의 비교를 통해 공직 동기 또는 공공 부문의 특수성에 대해 논의한다. 그러나 특수하게도 우리나라 공무원의 직업적 위상은 유난히 높았고, 이미 오래전부터 공무원은 사회적으로 의미 있는 직업으로 선호되었다. 실제로, 공직관이 투철하며 적극적인 봉사 정신과 강한 이타심을 가진 공무원이 더 조직에 몰입하고 질 좋은 행정 서비스를 제공하는 경향이 있다는 점에서 공무원의 직업적 특수성은 오늘날까지 공직사회가 우수한 인재를 유인하고 국가 발전을 도모할 수 있게 하는 원동력이 되었다.

그렇다면, 이와 같은 공무원에 대한 전통적 가치관과 선호가 현재의 청년 세대들에게도 여전히 유효한 것일까? 또는 이전 세대들에게 공무원을 꿈꾸게 한 자부심이나 사명감 같은 동기가 오늘날에도 여전히 공무원의 직업 선택 유인일까? 시대 변화에 따라 각 세대가 공무원이라는 직업에 대해 가지는 인식과 국가관 등이 달라지는 것일까? 유교 등 전통적 가치관의 내면화 정도에 따라, 유신정권 등 권위주의 정부의 경험 여부에 따라, 혹은 개인과 집단 등에 대한 가치관에 따라 세대 간 차이가 존재할까? 이런 의문에 대해 여기서는 몇 가지 조사 자료를 통해 그 해답을 찾아보고자 한다.

같은 공무원 조직의 구성원일지라도 각자가 속해 있는 세대에 따라 공직에 부여하는 가치나 조직에 대한 인식이 다를 수 있으며, 이러한 차이는 필연적으로 공무원 조직 내에 다양성을 가져올 것이다. 이 글은, 우리가 지금까지 간과해왔던 공무원 내부의 다양성을 세대 구분을 통하여 살펴봄으로써 공무원 사회를 이해하는 데에 한 걸음 더 다가가는 것을 목적으로 한다. 이는 또한 공직사회의 유지와 존속, 그리고 국가 차원의 인재 관리에 있어 공무원 사회 내 세대 간의 불필요한 오해를 줄이고 서로의 이해를 도모하는 일에 시사점을 제공할 수 있을 것이다.

# 우리나라의 세대generation 구분

세대에 대한 정의는 다양하게 이루어질 수 있지만, 일반적으로 "유사한 시기에 태어나 공통된 역사·문화·경제적 상황을 경험한 사람들의 집합"으로 설명된다.[2] 세대관은 성장 과정에서 경험한 역사적 사건이나 사회환경·문화·교육 등에 의해 형성되기 때문에 각 세대가 우선시하는 가치관·태도·행동 양식 등은 다른 세대와는 다르게 나타난다.[3] 세대관은 개인이 자신을 둘러싸고 있는 환경을 인식하는 기준이 된다.[4]

그런데, 유사한 시기에 태어나 공통된 경험을 가진 집단으로 세대를 정의하는 경우, 세대 간의 경계선을 어떻게 설정할 것인지가 문제시된다.[5] 실제 우리나라만 해도 한국전쟁세대, 유신세대, IMF세대, 산업화세대, 민주화세대, 베이비붐세대, 386세대, 88만원세대, X세대, N세대, 촛불세대 등 많은 세대 명칭이 혼용되고 있다. 다양한 세대 명칭의 사용은 당장 그 사회를 설명하는 데는 유용할 수 있으나 세대에 대한 설명 자체를 어렵게 한다.

세대 간 경계를 명확히 구분하는 것은 어렵지만 여기에서는 베이비붐세대, X세대 그리고 Y세대로 세대를 구분[6]하고자 한다.[7] 이들 세대의 특징을 나열하면 다음과 같다.

먼저, 베이비붐세대는 한국전쟁이 종료된 이후부터 산아제한정책이 시행되기 이전(1955~1964년)까지 출생한 사람들이다. 이들은 경제적으로 궁핍한 시기에 태어나 농경사회에서 산업사회로의 급격한 국가성장을 이끈 주력 세대이며 유신시대의 권위주의 정부와 민주화 항쟁을 경험한 세대이다. 베이비붐세대는 일반적으로 개인의 행복을 추구하기보다 가족·국가 등 공동체를 위해 희생·봉사하는 경향이 있으며 자신이 속한 조직에 충성하고 애착을 가지는 한편,[8] 성취 지향적이며 조직 내 권력 소유에 높은 가치를 둔다.[9]

베이비붐세대와 Y세대의 중간에 위치한 X세대(1965~1976년 출생)는 산업화의 첫 수혜 세대이자 정치적으로는 청소년기에 민주화 과정을 경험한 세대이다.[10] 이들은 자기 중심적이고 개인주의적인 성향이 강하며 베이비붐세대에 비해 소비 지향적이다.[11] 또, 조직 구성원으로서의 X세대는 베이비붐세대에 비해 조직에 대한 충성이 덜하며, 승진이나 성공 등의 사회적 권위보다 개인의 삶에 가치를 둔다.[12]

베이비붐세대의 자녀인 Y세대(1977~1997년 출생)는 에코세대, 밀레니엄세대 혹은 디지털세대 등으로도 불린다.[13] Y세대는 그들의 부모 세대가 가정이나 조직 등의 공동체에 헌신하는 모습을 보고 자랐지만, 오히려 집단보다는 개인의 삶이나 여가 등에 큰 가치를 둔다.[14] 이들은 소규모 가족 형태에서 성장하였고 부모의 보호와 기술의 발달로 인한 혜택, 경제적 풍요 등을 직접 경험하였다.[15] 그러나 다른 한편으로는 1997년 외환위기, 2008년 세계 경제위기 등 경기침체의 장기화로 인해 유례없는 청년실업을 경험하였으며[16] '삼포세대' 등으로도 표현된다.

표 9.1 세대 구분의 기준과 특징

| 세대 구분 | 출생 시기 | 특징 |
|---|---|---|
| 베이비붐 세대 | 1955~ 1964년 | • 전쟁 후 농업사회에서 태어나 산업화를 이끌어온 세대<br>• 유신시대, 군사국가, 권위주의 정부를 경험<br>• 전통적·유교적 가치관을 내면화, 공동체주의적 성향 |
| X세대 | 1965~ 1976년 | • 성장기에 산업화의 수혜를 받았으며 권위주의 정부에서 민주화 시대로 변화하는 과정을 경험<br>• 탈권위주의, 개인주의, 소비 지향적 성향 |
| Y세대 | 1977~ 1997년 | • 개인주의, 소비 지향적 성향을 갖고 있다는 점에서는 X세대와 동일하나 X세대에 비해 개방적이며 지적 수준이 높고, 반항·도전 정신이 강함<br>• 1997년 경제위기 후 경기침체의 장기화 등으로 인해 치열한 노동시장을 경험 |

자료: 박재흥. (2009); 이혜정·유규창. (2013) 등 참고.

## 세대 간 동상이몽同床異夢 혹은 동상삼몽同床三夢?

오늘날 우리나라의 조직들에는 크게 앞에서 본 세 세대가 공존하고 있으며, 이는 공직사회 역시 예외가 아니다. 그렇다면 공무원 사회에도 과연 세대 차이가 존재할까? 공무원에 대한 우리의 일반적인 인식은 매우 정형적이고 획일적이지만, 일반적으로 세대에 따라 가치관이나 행동 양식이 각기 다르다고 한다면 이는 공무원 사회 내에서도 그대로 나타날 수 있을 것이다. 즉, 공무원 역시 그들이 경험한 역사·정치·사회적 맥락에 따라 각자 인식하는 국가관이나 공직관이 다를 수 있는 것이다.

여기에서는 '공무원 직업 선택의 동기'에 대한 문항을 중심으로 공무원의 세대 차이에 대해 살펴보고자 한다.[17] 이는 전통적으로 우리나라 공무원들만이 가지는 특수성이 모든 세대에 걸쳐 여전히 유효한지에 대한 해답을 제공해줄 수 있을 것이다. 만일 공무원의 입직 동기에 세대 차이가 나타난다면 지금까지 알고 있던 공무원이라는 직업의 특수성을 의심하게 만드는 새로운 설명이 될 수 있을지도 모른다.

## 1. 국가에 대한 충성심

'국가에 대한 충성심'은 예로부터 강조되었던 전통적·유교적 가치관 중 하나이다. 신라 시대 화랑의 세속오계世俗五戒 중 하나인 사군이충事君以忠이나 조선 시대 사대부에게 중요시되었던 우국충정憂國衷情의 마음 등이 그 예다. 국가에 대한 충성심은 넓은 의미에서 애국심이나 공익에 대한 몰입 등을 포괄한다. 이는 행동 자체가 목적이 된다는 점에서 내재적 동기intrinsic motivation에 속하며 오늘날 행정학 분야에서 논의되는 공공봉사동기의 세 가지 하위 차원 중 정서적·규범적 동기affective/norm-based motives[18]와 관련이 있다.

[그림 9.1]은 입직 시 '국가에 대한 충성심'을 고려하였는지에 대한 공무원의 응답을 세대별로 살펴본 것이다. 그림에 따르면, 베이비붐세대는 과반이 넘는 응답자(55.55%)[19]가 입직 시 국가에 대한 충성심을 중요하게 고려한 것으로 나타났다. X세대의 경우 응답자의 약 40%가 국가

그림 9.1 국가에 대한 충성심 (단위: %)

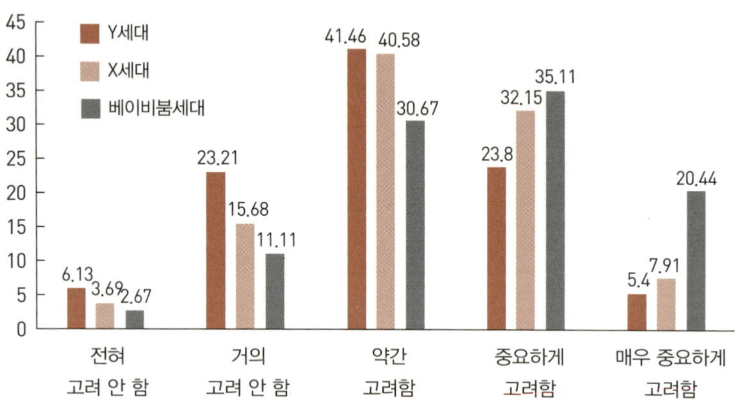


자료: 서울대학교 행정대학원 공공성과관리연구센터. (2017).

에 대한 충성심을 중요하게 고려했다고 응답한 반면 Y세대에서는 그 비율이 약 30%에 불과해 세대 간 큰 차이를 보였다. 특히 Y세대의 경우 충성심을 전혀 고려하지 않았다는 응답(6.13%)이 매우 중요하게 고려하였다는 응답(5.4%)보다 많았는데, 이는 베이비붐세대와는 대조된다.

## 2. 이웃과 사회에 대한 봉사심

'이웃과 사회에 대한 봉사심' 역시 전통적인 공직관이자 내재적 동기 요인이다. 애민愛民 정신과 사회에 대한 책임감, 그리고 국가와 이웃, 나아가 공동체를 위해 봉사하고자 하는 희생정신은 오래전부터 공직을 선택하게 만드는 중요한 요인으로 논의되어 왔다. 봉사심은 이타적인 자기희생을 포괄한다는 점에서 사명calling에 가까우며 공공봉사동기 중 정서적 동기affective motives와 유사하다. 다른 한편으로 이웃과 사회에 대한 봉사심은 기성세대가 가지고 있는 공동체 정신이나 집단주의적 사고와도 연관될 수 있다.

[그림 9.2]를 보면, 베이비붐세대 중 약 60%가 입직 시 봉사심을 중요하게 고려하였다고 응답하였으며, 봉사심을 전혀 고려하지 않았다는 응답은 0%에 가까울 정도로 매우 적었다. X세대와 Y세대의 경우, 약간의 차이는 있으나 양극단에 대해 유사한 비율로 응답한 것으로 보인다. Y세대가 다른 세대에 비해 봉사심을 덜 고려하지 않았을까 하는 추측도 해볼 수 있으나, 입직 시 봉사심을 전혀 고려하지 않았다는 Y세대의 응답은 전체 응답자의 2.63%에 불과했다. 이는 이웃과 사회에 대한 봉사심이 세대를 불문하고 공직을 선택하게 하는 중요한 요인임을 의미한다.

그림 9.2 이웃과 사회에 대한 봉사심 (단위: %)

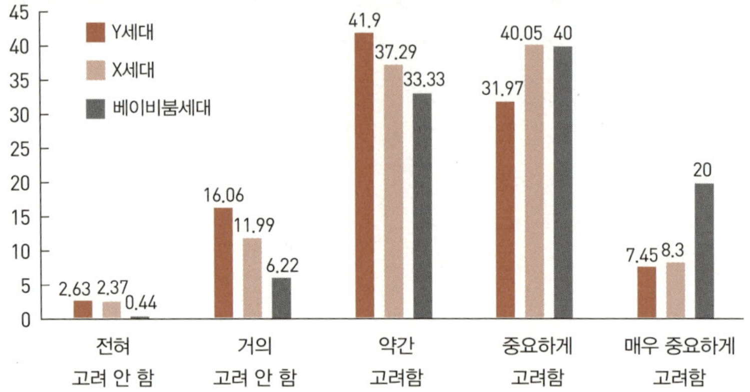


자료: 서울대학교 행정대학원 공공성과관리연구센터. (2017).

## 3. 공무원의 사회적 권위

'공무원의 사회적 권위'는 공직을 수행할 때 공무원에게 부여되는 권한 또는 공무원이라는 직업이 가지고 있는 사회적 위상을 말한다. 유교적·전통적 국가관과 권위주의 정부 시대 행정부의 위상을 고려할 때, 우리 사회에서 공무원이 가지는 권위와 위상은 매우 높았다. 높은 권위와 사회적 가치는 공무원이라는 직업을 선택하게끔 만드는 유인이 된다. 신라 시대의 골품제로도 비견되는 고시 출신 공무원의 엘리트주의나 독재 정부를 지내오며 견고화된 공무원의 특권의식은 공무원이 가지는 사회적 권위를 실감하게 한다.

공무원이 가지는 사회적 권위에 대한 응답은 세대 간 차이가 확연하게 나타났다. 특히, Y세대의 경우, 국가에 대한 충성심을 묻는 질문의 경우와 마찬가지로 부정적인 응답(31.54%)[20]이 긍정적인 응답(28.9%)보다

그림 9.3 공무원이 갖는 사회적 권위 (단위: %)

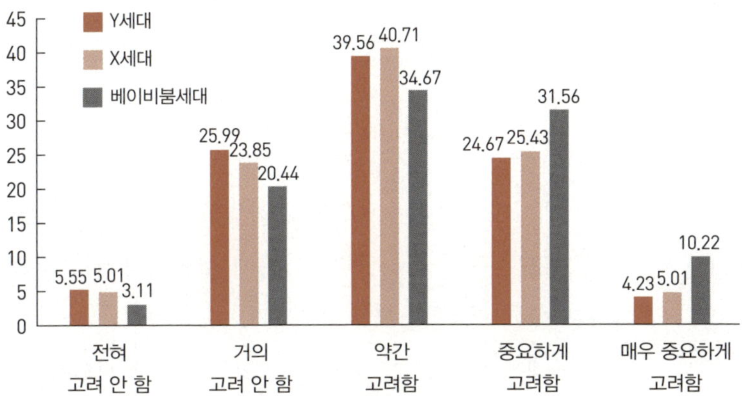


자료: 서울대학교 행정대학원 공공성과관리연구센터. (2017).

많았다. 이는 X세대가 1.58%p, 베이비붐세대가 18.23%p 차이로 긍정적 응답이 우세했던 것과 비교된다. 다른 문항들과 비교할 때, 모든 세대가 사회적 권위를 다른 요인들에 비해 덜 고려하고 있었지만, 베이비붐세대만은 이를 비교적 중요하게 생각하고 있었다.

## 4. 가족과 친척들의 희망

공무원이라는 직업에 대한 선호가 오래전부터 다른 직업군에 비해 높았기 때문에 공무원이 된다는 것은 본인뿐 아니라 가족 및 주변의 자긍심 및 기대를 충족시키는 역할을 해왔다. 공직에 대한 '가족과 친척들의 희망'은 입신양명立身揚名을 꿈꾸던 사대부의 마음가짐과도 유사하다. 지금도 누군가가 공무원이 되었다고 하면 흔히들 "출세했다.", "큰일을 한다."고 말하며, 그중에서도 고급 공무원이 되었을 때에는 "가문의 영광"

이라고까지 말하곤 한다. 각자가 직업을 선택할 때에는 여러 요인을 고려하겠지만 그중에서도 특히 공직의 경우 부모 등 주변의 기대와 희망이 공직을 선택하게 하는 중요한 이유가 될 수도 있을 것이다. 이는 우리 사회에서 공무원이라는 직업이 가진 특수성과도 연관된다.

[그림 9.4]에 따르면, 입직 시 가족과 친척들의 희망을 중요하게 고려하였다는 응답은 베이비붐세대가 50%에 가까웠고, X세대가 약 43%, Y세대가 약 40%로 모두 높게 나타났다. 여기에 조금이라도 고려하였다는 응답을 더하면 이는 전 세대 모두 거의 80%에 달한다(78.83~85.78%). 이 같은 결과는 세대를 막론하고 실제 많은 공무원들이 직업을 선택할 때 가족과 친척들의 희망을 반영하고 있음을 보여준다.

그림 9.4 가족과 친척들의 희망 (단위: %)

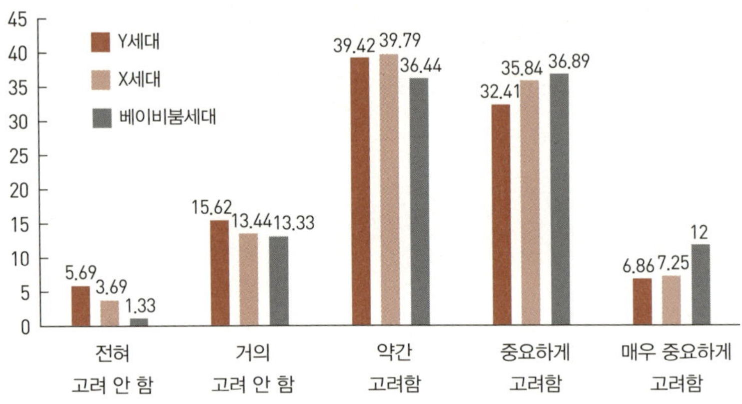


자료: 서울대학교 행정대학원 공공성과관리연구센터. (2017).

## 5. 퇴직 후 연금 등 경제적 보상

앞서 언급한 충성심이나 봉사심 등이 내재적 동기라면 '퇴직 후의 연금 등 경제적 보상'은 대표적인 외재적 동기에 해당한다. 공무원의 보수가 다른 직업에 비해 아주 높은 편은 아니지만, 퇴직 후 받는 연금을 경제적 보상에 포함한다면 이는 매우 큰 입직 동기가 된다. 경제적 보상은 많은 이들이 직업을 선택할 때 중요하게 고려하는 요인이지만 공무원의 경제적 보상은 세대별로 그들에게 각기 다른 의미가 있다. 베이비붐세대는 궁핍한 경제 상황 속에서 생계유지를 위한 수단으로 공무원이라는 직업을 선호하였다. X세대의 경우는 IMF 경제위기 이후 대량의 해고자 발생, 고령화 문제의 대두 등으로 인해 고용시장의 불확실성이 증가하면서 은퇴 후의 삶에 대한 그들의 관심이 공무원에 대한 선호로 이어졌다. 이후 장기적인 경기침체와 고용시장의 악화로 평생직장의 개념이 사라지면서 공무원의 경제적 보상이 가지는 의미는 그다음 세대

그림 9.5 퇴직 후 연금 등 경제적 보상 (단위: %)

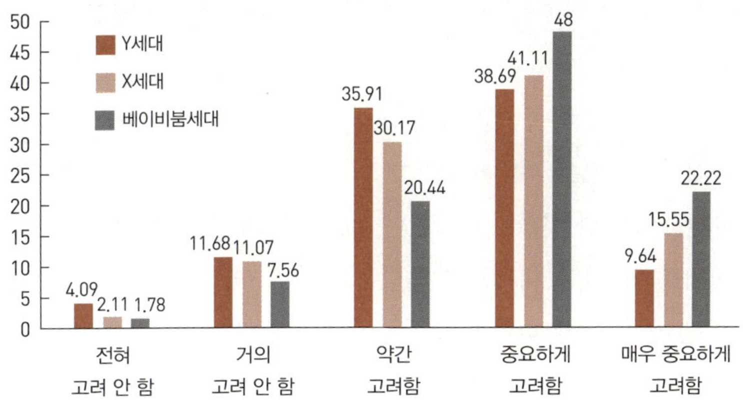


자료: 서울대학교 행정대학원 공공성과관리연구센터. (2017).

인 Y세대에게도 매우 커졌다.

[그림 9.5]에 따르면, '입직 시 연금 등 경제적 보상을 고려하였는가' 라는 질문에 대한 세대 간 응답에 차이가 있다. 전반적으로 모든 세대에서 많은 이들이 경제적 보상을 고려한 것으로 보이지만 이에 대한 온도 차가 느껴진다. 베이비붐세대와 X세대는 경제적 보상을 중요하게 고려하였다[21]는 응답이 각각 약 70%와 57%로 과반을 넘었지만 Y세대는 그렇지 않았다(48.33%). 특히, Y세대의 경우 경제적 보상을 전혀 고려하지 않았다는 응답이 4.09%로, 이웃과 사회에 대한 봉사심을 전혀 고려하지 않았다는 응답 비율(2.63%)보다 높게 나타났다는 점이 매우 흥미롭다.

## 6. 직업적 안정성

마지막으로, 평생직장을 제공한다는 점에서 '공무원이 가진 직업적 안정성'은 우리나라 공무원 제도의 큰 특징이자 혜택으로 꼽힌다. 직업 안정성은 시대 변화를 막론하고 공무원의 가장 중요한 직업 선택 유인인데, 최근에 들어서는 우수한 인재들을 공공 부문으로 유인하는 중요한 요인 중 하나로 꼽히고 있다.

조사 결과, 모든 세대가 공무원 입직 시 직업의 안정성을 압도적으로 중요하게 고려한 것으로 나타났다. 매우 중요하게 고려하였다는 응답은 베이비붐세대가 상대적으로 높았으나(24%), 약간이라도 고려하였다[22]는 응답까지 포함한다면 Y세대(95.18%)와 X세대(96.31%)도 베이비붐세대(98.22%)에 못지않았다. 직업 안정성을 전혀 고려하지 않았다는 응답은

그림 9.6 직업의 안정성 (단위: %)

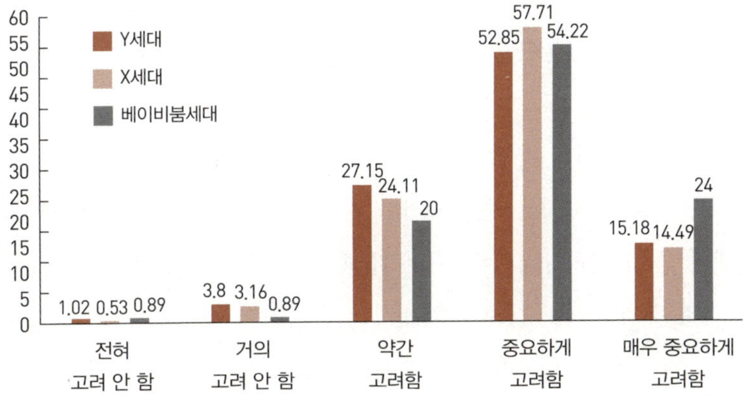


자료: 서울대학교 행정대학원 공공성과관리연구센터. (2017).

전 세대에서 모두 1% 내외로, 거의 모든 공무원이 입직 시 직업 안정성을 고려한 것으로 나타났다. 같은 외재적 보상임에도 직업 안정성은 경제적 보상과는 차별되며, 여타의 공직 선택 요인과 비교할 때도 압도적으로 중요한 모습을 보이는 것이다.

종합해보면, 오늘날 공무원 사회는 베이비붐세대, X세대, Y세대가 서로 다른 생각 속에 공무원이 되어 같은 공간에서 일하면서 동상이몽同床異夢하는 모습을 보이고 있었다. 직업 선택 동기에 대한 공무원들의 세대 차이를 정리하자면 다음과 같이 설명할 수 있다.

먼저, 베이비붐세대가 대체적으로 모든 공직 입직 요인을 중요하게 고려한 반면 이후 세대는 그렇지 않았다. 각 문항들에 대한 Y세대의 '전혀 고려 안 함' 응답 비율이 다른 세대에 비해 모두 상대적으로 높았던 것은, Y세대가 문항 자체에 소극적으로 응답했다기보다는 전형적인 공무원 입직 동기에 기성세대보다 덜 반응하고 있는 것으로 이해할 수 있을 것이다. 젊은 세대의 경우 전통적으로 공무원을 선택하는 이유라고 생각했던 요인들을 기성세대에 비해 덜 중요하게 생각하고 있는 것이다.

세부 문항에서의 응답 패턴 역시 세대 간 차이가 있었다. 직업 안정성이나 경제적 보상을 중요하게 고려하였다는 점에서는 Y세대가 다른 세대와 공통점을 갖지만 '국가에 대한 충성심'과 '공무원이 가지는 사회적 권위'에 대해서는 다소 부정적으로 응답하여 차이를 보였다.[23] Y세대는 공무원 입직 시 국가에 대한 충성심을 거의 고려하지 않았는데, 이러한 차이는 전통적·유교적 사고방식 혹은 행정부 우위의 권위주의적 사고방식을 품고 있는 베이비붐세대와 그렇지 않은 젊은 세대 간의 가치관 차이 때문일 것이다. 비록 지금은 많은 행사나 기념식에서 생략되고 있지만 "조국과 민족을 위해 몸과 마음을 바친다."는 「국기에 대한 맹세」가 "자유롭고 정의로운 대한민국을 위한다."는 문구로 수정된 것은 오늘날의 국가관에 대한 시대 변화를 실감하게 한다.

또한 Y세대는 공무원이 가지는 사회적 권위에 대해서도 낮은 인식도를 보였는데, 이는 두 가지 관점에서 그 이유를 생각해볼 수 있다. 첫째, 베이비붐세대나 X세대가 자라온 시대에 비해 오늘날에는 민주화·세계화·지방화와 행정 투명성 제고로 인해 행정부의 위상과 권한이 상대적으로 작아졌고, 그로 인해 공무원이 지닌 사회적 권위 역시 함께 약해졌기 때문일 수 있다. 다른 한편으로는 개인주의적 가치관을 가진 Y세대가 타인의 시선이나 사회적 권위보다는 일과 삶의 조화나 여가생활 등을 우위로 두어 사회적 권위 자체를 그다지 선호하지 않기 때문일 수도 있다.

이상의 결과들은 공무원이라는 직업이 가지는 의미와 가치가 세대에 따라 다를 수 있음을 보여준다. Y세대에게 있어 이웃과 사회에 봉사하는 이타적인 마음은 여전히 공직을 선택할 때의 중요한 고려 요인이다. 그러나 이들이 국가에 대한 책임이나 애국심, 희생정신만을 우선시하여 공직을 선택하지는 않을 것이다. 이는 젊은 세대가 공무원의 경제적 보상이나 직업 안정성만을 추구한다는 것을 의미하는 것은 아니다. 다만 Y세대에게 공무원은 더 이상 '특별한 직업'이 아니라, 여러 속성을 가진 '다양한 직업 중 하나'이자 '떠날 수 있는 직업'이 될 수 있는 것이다.

## 용광로melting pot에서 샐러드 볼salad bowl로

경제위기의 장기화로 고용시장이 불안정하고 청년실업이 사회문제화 되면서 공무원에 대한 직업적 선호는 나날이 증가하고 있다. 해마다 치솟는 공무원 공채의 경쟁률은 공무원의 인기를 실감하게 한다. 공무원 시험의 높은 경쟁률은 공공 부문이 민간 부문보다 상대적으로 유능한 인재를 모집·선발할 수 있음을 의미한다. 그리고 유능한 인재의 채용은 조직의 존속과 유지·성장에 중요한 요인이라는 점에서 공직사회에 긍정적이다.

그러나 유능한 인재를 선발한다고 해서 그것이 곧바로 공무원 조직의 높은 성과와 질 좋은 행정 서비스의 제고로 이어지는 것은 아니다. 인재를 개발하고 적절한 보상을 통해 동기를 부여하며 이직을 막는 것 역시 인재의 선발만큼이나 매우 중요하기 때문이다. 아무리 우수한 인재라고 해도 동기가 부여되지 못하거나 조직에 회의감을 느끼게 된다면 이는 곧 조직의 생산성 저하와 조직 구성원의 이탈로 이어질 것이다.

여기에서는 공무원의 입직 동기를 중심으로 공무원의 세대 간 차이에 대해 논의하였다. 입직 시 고려 요인에 대한 공무원의 응답에 따르면, 공무원의 인식은 세대에 따라 분명한 차이가 있었다. 전통적·유교적 가치관을 갖고 있으며 과거 권위주의 정부를 경험한 기성세대와, 탈

권위주의·개인주의적 성향이 강한 젊은 세대 간에는 서로 다른 응답이 나타났다. Y세대의 경우 더 이상 국가에 대한 애국심이나 충성심 또는 공무원의 사회적 권위를 중요한 직업 선택 요인으로 생각하지 않았다.

이 같은 결과는 국가에 대한 충성심이나 공무원의 권위의식만으로는 젊고 유능한 인재가 공무원 조직에 들어와 만족해하며 헌신할 것을 기대하기가 어렵다는 것을 의미한다. 마찬가지로, 젊은 세대의 경우 국가에서 일한다는 것 혹은 공무원이라는 것 자체에 대해 큰 의미를 부여하지 않기 때문에, 조직에 대해 회의감을 느낄 때나 조직이 자신의 욕구를 실현해주지 못한다고 느낄 때에는 언제든지 민간 부문으로 이탈할 수 있을 것이다. 최근 몇몇 엘리트 공무원들이 민간기업으로 이직하고 있는 현상들이 그 대표적인 사례라 할 수 있다.

공직 동기에 대한 세대 차이는 공직사회가 이제 필연적으로 세대 다양성을 고려해야만 함을 시사한다. 그러나 그동안 공공 부문의 조직 운영과 인적자원 관리는 기성세대의 전통적인 시각에 맞추어 운영되어 온 경향이 있어[24] 아직 그러한 노력이 조직 차원에서 심도 있게 고려되지 못하고 있다. 앞으로는 보다 적극적인 방법으로 조직의 관리 방식을 각 세대에 맞추어 보완하고, 세대 갈등을 완화할 수 있는 여러 방안을 모색할 필요가 있다. 또, 여러 세대가 조화롭게 공존할 수 있도록 다른 세대가 지닌 가치관과 동기를 이해하려는 노력 역시 뒤따라야 할 것이다.

이러한 노력은 세대별로 다양한 보상을 제공하거나, 시대 흐름에 부응하는 방향으로 조직을 혁신함으로써 이룰 수 있다. 또, 교육훈련을 통해 젊은 세대의 공무원들에게 적절한 공직관과 공공봉사동기를 부여하는 방법 역시 고려해볼 수 있을 것이다. 쉽지는 않겠지만, 공무원 사회가 세대 간 차이를 인정하고 이에 따른 갈등과 오해를 줄여나감으로써 급변하는 사회 환경 속에서도 유능한 인재를 보유하기를 기대한다. 아마도 위와 같은 노력들은 정부가 더 나은 공공 서비스를 생산하고 성장시키는 데도 이바지할 수 있을 것이다.

요컨대 이 모든 것들의 핵심은 공무원 사회의 세대별 동상이몽을 현실로 인정하고, 이를 보다 긍정적으로 활용하려고 노력하는 것이다. 즉, 우리 공공 부문도 이제 세대 다양성을 무시하는 용광로melting pot 시각에서 벗어나 그 다양성을 존중하고 활용하려는 샐러드 볼salad bowl 시각으로 변화하려는 전향적인 자세가 필요하다.

제10장

# 공공 서비스를 지원하는 공무원의 역할 변화

**김영미** 상명대학교 공공인재학부 교수

## 공직의 변화

인사혁신처가 1961년 이후 57년 만에 처음으로 대대적인 공무원의 직렬·직류 개편 작업을 시도한다. 인사혁신처는 2019년도 업무계획 발표에서 공무원의 빅데이터 전문성 강화를 위한 데이터 직류를 신설하고 4차 산업혁명에 합당한 인재 선발을 위해 채용 제도를 혁신한다는 내용을 주요 업무로 제시하였다.

공무원 직렬·직류는 채용·승진·전보·보수 등 인사관리의 기준이기에 공직사회는 물론 공무원이 되고자 하는 시험 준비생들도 주목하고 있다. 인사혁신처는 4차 산업혁명 등 미래 수요 변화에 대한 선제적 대응 차원에서 2020년 이후 시행을 목표로 공무원 직렬·직류 개편을 추진한다. 그동안은 특별히 직렬·직류를 대대적으로 개편하기보다는 부분적으로 수정·보완하는 차원이 주류였다 보니 최근의 상황에 적합하지 않은 부분이 많았다고 인사혁신처는 설명하고 있다.

인사관리의 기준이 되는 '직렬'은 소수 직렬의 인사상 애로 사항이 없도록 큰 단위로 통합하며, 공무원 채용의 단위가 되는 '직류'는 세분화하여 전문성을 높이는 방향으로 개편안을 제시하고 있다. 공무원의 종류는 크게 경력직 공무원과 특수 경력직 공무원으로 구분되고 경력직 공무원은 다시 일반직 공무원과 특정직 공무원으로 구분된다. 지금까지 유지되어 온 공무원의 직렬 및 직류가 새로운 시대의 요구에 맞춰 변화하기 시작한 것이다.

행정 업무에 전산화가 도입되어 실행되면서 공직에 전산직이 등장하였고, 행정 민원 업무의 변화가 가져올 여러 상황 등에 대한 기대와 불안감이 생겨났다. 행정학 교과목에도 없었던 '정보체계론'이 공무원 시험에 적용되면서 모든 행정학과 커리큘럼에도 정보체계론, 정보정책론, 정보기술론 등의 과목이 개설되었고, 이후 전자정부론으로 이어지면서 그 학문적 깊이가 한층 심화되었다.

그동안 정부 업무는 정보화 패러다임에 맞춰 진화되면서 다양한 공공 서비스를 지원하는 역할과 기능이 가속화되었으며, 이는 전자정부를 통한 서비스 지원 체계와 일하는 방식의 변화를 통한 정부 혁신의 기제로도 상당히 높은 평가를 받았다.

그 한 예로 2017년 '제1차 전자정부추진위원회'에서 논의된 지능형 정부 기본계획과 스마트 네이션 추진계획을 들 수 있다. 지능형 정부는 인공지능과 빅데이터 등을 활용해 실생활에 필요한 서비스를 제공하기 위한 것으로, 구체적으로는 '마음을 보살피는 정부'와 '사전에 해결하는 정부', '가치를 공유하는 정부', '안전을 지켜주는 정부' 등의 4가지를 그 내용으로 하고 있다.[1]

나아가 정부는 어느덧 국민 각자의 생활 여건에 맞춰 혜택을 받을 수 있도록 한 생애 주기형 맞춤형 서비스, 개인별 맞춤형 서비스 등 서비스의 고도화에 집중하고 있다. 국민을 대상으로 다양한 서비스를 발굴하고, 뛰어난 창의력과 아이디어를 모아 최우수 서비스를 제공하는 데 주력한다. 나아가 정보기술을 활용한 업무의 효율성 제고는 물론 성과를 최적화하기 위한 다각적인 노력이 이어지고 있다.

전자정부의 발전과 최근의 신기술 지능정보사회는 새 패러다임의 전환기에서 자연스럽게 공직의 변화를 유도하고 있다. 예상보다 빠른 속도로 지능정보사회로의 전이가 이루어지면서 공무원의 역할과 기능도 변화하고 있다.

문재인 정부 출범 이후 4차산업혁명위원회가 시작될 때 KAIST의 이민화 교수 연구 팀은 중앙정부 공무원의 인식조사 결과를 발표하였다.[2] 이에 따르면 중앙 부처 공무원의 51.3%는 '4차 산업혁명과 관련하여 우리나라 국가 정책이 가장 시급히 대응해야 할 기술적 과제'로 '빅데이터 활용'을, 33.6%는 '인공지능AI 활용'을 꼽았다고 한다. '클라우드 개방과 활용', '지능형 로봇 활용' 등도 뒤를 이었는데 여기에는 공무원이 앞장서서 신기술 지능정보를 수용하고 선제적으로 활용함으로써 과업을 수행하고자 하는 가치가 반영되고 있다. 또한 4차 산업혁명에 주도적으로 대응하기 위해 국가 정책이 개방·혁신 방향에 서야 하며 관련 핵심 기술을 정책 수립·집행·평가 과정에 적극 활용해야 한다는 점에 긍정적 답변을 보인 조사 결과는 공무원의 인식 변화가 어떠한지를 알 수 있게 해주는 한 단면이기도 하다.

# 일하는 방식의 변화

지난 1980년대 행정 전산화 사업 이후 30여 년간 전자정부는 지속적으로 발전해왔다. 정보화 사업을 통해 정부의 일하는 방식 및 서비스 전달 방식도 많은 분야에서 변화를 가져왔다. 특히 전자정부의 개념이 명확해진 1990년대 이후에는 기존의 오프라인 정부가 가지고 있던 시간적·물리적 제약들을 극복하고 행정기관 간 또는 행정기관과 국민 간의 행정 업무를 효율적으로 수행하는 정부의 모습을 갖추게 되었다. 2010년 6월 발표된 UN의 전자정부 준비지수 세계 1위라는 평가 결과는 우리나라 전자정부가 매우 높은 수준에 이르렀음을 증명하고 있다.

정보통신기술ICT, Information and Communications Technologies의 발달에 따라 기업의 생태계가 변화한 데다 무엇보다 정부 스스로가 전자정부를 통한 정부 혁신의 의지를 바탕으로 일하는 방식을 혁신함으로써 대국민 서비스 분야를 강화하고자 하였다. 또한 국민의 참여 방식을 다각화시킴으로써 소통의 기제를 강화하는 등 정부 내·외부의 다양한 환경들이 변화하였다. 각 분야별로 디지털 컨버전스가 확산되어 ITInformation Technology와 BTBiotechnology, NTNanotechnology 간 융합이 활발히 일어나고 있으며 이를 공공 부문에 응용하고자 하는 움직임이 확대되었다. 이와 함께 유·무선 네트워크가 발달하여 WiFi, WiBro와 같은 초고속 모바일 인터넷이 보편화되었고 IPTV, DMB, 스마트폰과 같은 새로운 매체가 등장함에 따라 공공 부문에서도 다양한 애플리케이션이 개발 및 서비스화 되기 시작했다.

정보통신기술의 고도화는 부처 간 행정 정보의 공유와 협업에 있어서도 그 분야와 방법을 확대시켰다. 특히 Web 2.0 트렌드가 공공 부문에 확대 적용됨에 따라 정부의 정책 결정 및 집행 과정에 대한 접근 채널이 다양해졌고, 국정에 대한 국민의 참여와 표현 욕구도 증대되었다. 다양한 첨단 IT 기술이 활용되면서 정부 업무가 보다 자동화되고 투명화되어 정부 부처 간, 공공·민간 부문 간 경계가 파괴되는 등 새로운 행정 패러다임이 확산되었다.

이러한 패러다임의 변화는 세계적으로 나타나는 경향을 보였으며, 미국, 유럽 등 선진국의 전자정부를 중심으로 구체적인 모습을 보여주었다. 우리나라 전자정부에서는 보다 나은 서비스 제공을 위한 새로운 패러다임으로서 협업, 소통 그리고 융합 등을 통해 비정부 분야와의 정보 자원을 공유·활용하고, 보다 개방적인 상호 관계를 형성하여 정책에 반영하고자 하는 움직임이 있었다.

1980년대를 전후하여 시작된 정부의 정보화 사업은 현재에 이르기까지 정부 각 부처 및 지방자치단체의 업무 형태에 많은 변화를 야기하였다. 정보화 도입 초기에는 개별 기관의 행정 업무를 전산화함으로써 통계 데이터 관리와 같은 특정 업무의 효율성을 제고하는 것이 사업의 주요 목적이었다. 그러나 행정 전산화 기본계획 및 정보화 촉진 기본계획 등이 지속적으로 수립되고 시행되어 행정 전산망이 체계적으로 구축됨에 따라 기관 간 협업이 가능해지게 되었다. 2000년대에 들어서면서 광대역 네트워크가 확산됨에 따라 민간의 IT 이용이 증가하였으며, 전자정부 통합망과 같은 국가 기간망의 구축을 통해 정부 부처 간 정보 공유와 업무 협력의 기반도 확대되었다.[3] 이후에도 정부는 정보통신부, 행정안전부 등을 중심으로 차별화된 정보화 전략 및 비전을 지속적으로 제시하여 실행하고 있으며, 전자정부의 기본 인프라를 구축하고자 노력하였다. 전자정부는 업무 프로세스 개선과 정보통신 기반 구축을 토대로 새로운 정부의 모습을 반영하고자 하였으며, 전자정부를 통한 정부 혁신의 주인공은 바로 공무원이었다.

## 공무원도 변한다

서울대학교 행정대학원 공공성과관리연구센터에서는 2015년에 중앙 공무원을 대상으로로 전자정부 시스템과 관련하여 다음과 같은 몇 가지 흥미로운 조사를 실시하였다.[4]

센터가 실시한 설문조사 가운데 먼저 '전자정부 시스템은 내가 필요로 하는 정보를 정확히 제공한다'라는 문항에 대하여 응답자의 40% 이상이 동의하고 있는 것으로 나타나 비교적 높은 비율을 차지했다.

그림 10.1 전자정부 시스템의 정보 제공에 관한 인식

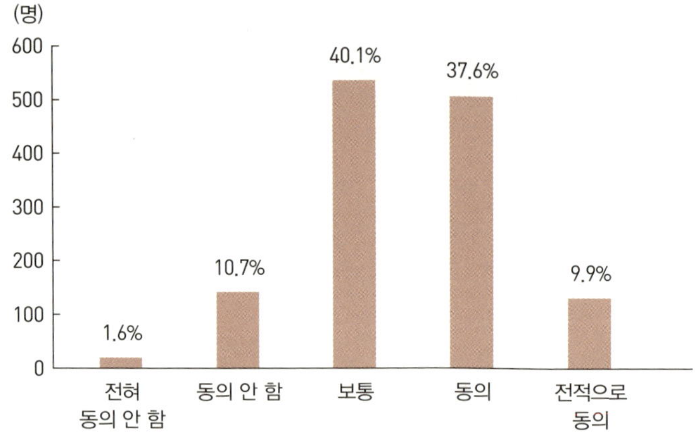


자료: 서울대학교 행정대학원 공공성과관리연구센터. (2016: 197). 자료 2차 분석.

그림 10.2 전자정부 시스템의 업무에 필요한 정보 제공 인식

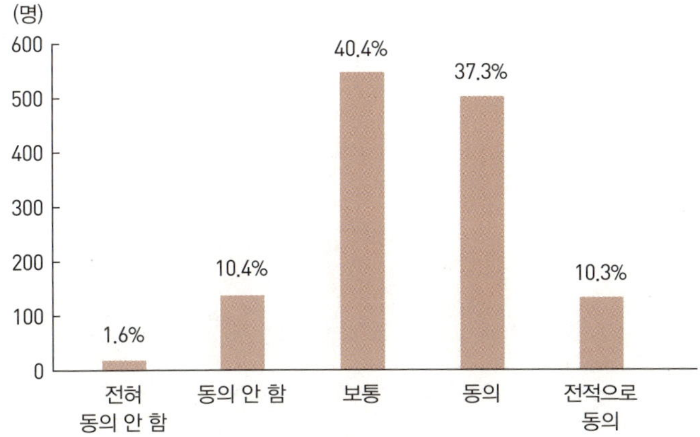


출처: 서울대학교 행정대학원 공공성과관리연구센터. (2016: 198). 자료 2차 분석.

전자정부 시스템 구축 이전에는 일일이 자료를 찾아 내용을 정리하고 차트까지 만들어 업무 보고를 하였다면, 전자정부 시스템 구축 이후에는 자료 찾기에 쏟는 시간은 줄이면서도 비교적 많은 양의 정보를 수집하여 반영하고, 그에 따라 효율성까지 높일 수 있게 되었음을 알 수 있다.

이어 '전자정부는 업무에 필요한 정보를 충분히 제공한다'는 질문에도 역시 약 40% 이상이 동의하는 것으로 나타나 높은 응답률을 보여주고 있다. 전자정부 시스템을 구축할 때에는 기본적으로 각 부서별 업무 분장을 중심으로 자료를 분석하고 통합 연계 효과를 제고하기 때문에 시스템은 실무자들이 즉각적으로 필요한 자료를 수집하고 활용하는 데 큰 역할을 하게 되었다.

'전자정부 시스템은 사용하기 쉽다'는 문항에 대해서도 45% 이상이 동의하여 위와 마찬가지로 높은 응답률을 보여주고 있다.

시스템 구축 초기에는 사용자보다는 기술 중심의 기반 제공이 우선

그림 10.3 전자정부 시스템의 편의성에 관한 인식

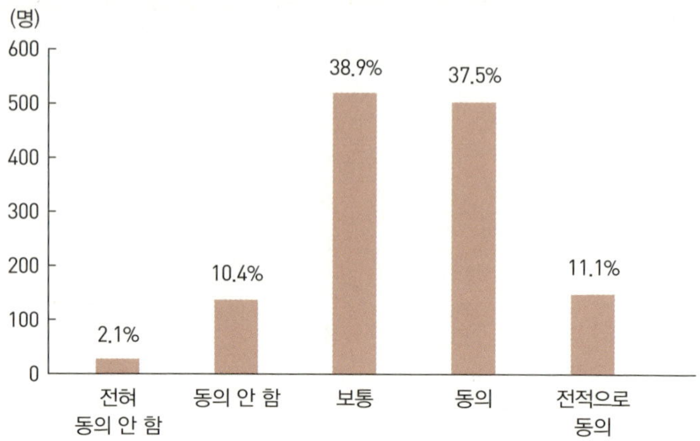


자료: 서울대학교 행정대학원 공공성과관리연구센터. (2016: 199). 자료 2차 분석.

시되다 보니 시스템 이용이 어려워지는 문제가 생겨나기도 하고, 업무 방식의 변화로 인해 그것을 처음 접하는 이용자들이 다소 낯설어하는 문제가 생기기도 하는 등 접근상의 여러 불편함들이 제기되었다. 그러나 이는 시스템의 고도화, 사용자의 편리함을 시스템에 더하면서 지속적으로 개선되고 있다. 일반적으로 우리에게 새로운 기술을 거부하거나 두려워하는 경향이 있기 때문에 정보기술 격차가 발생한다는 연구 결과[5]에서 보듯이 보다 고도화된 정보 시스템이 반드시 우리에게 편하지만은 않을 수도 있다. 따라서 이를 보완하기 위해 사용자의 거부감을 최소화시키기 위한 위와 같은 노력이 병행되고 있음을 알 수 있다.

한편 '전자정부 시스템은 업무 수행에 유용하다'는 질문에 대해서는 동의한다는 응답이 76% 이상으로 나타나 업무 과정에서 일하는 방식의 변화가 있음을 공감할 수 있다.

응답 결과는 전자정부 시스템을 통한 업무의 일상화가 이루어지면서

그림 10.4 전자정부 시스템의 업무 활용도에 관한 인식

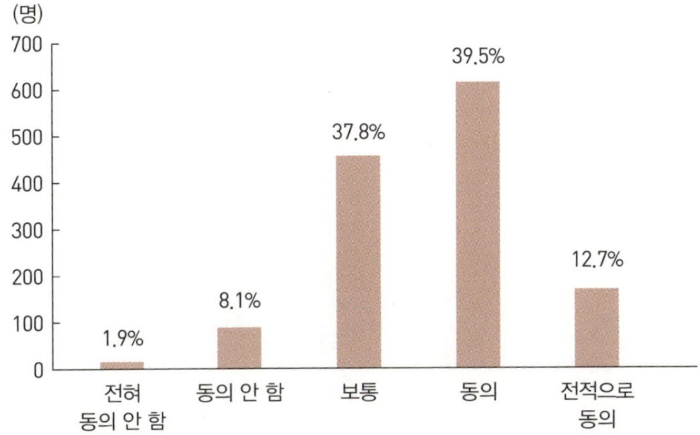


자료: 서울대학교 행정대학원 공공성과관리연구센터. (2016: 206). 자료 2차 분석.

상당히 높은 비율의 응답자가 시스템을 유용하게 활용하고 있음을 보여주고 있다. 전자정부는 그것이 본격화되기 시작했던 2000년대 초반부터 현재까지 꾸준히 성장해왔으며 이제는 정부 업무의 대부분이 전자정부 시스템을 통해 이루어지고 있다.

마지막으로 '전자정부 시스템은 조직 성과 향상에 도움이 된다'는 질문에는 응답자들의 60%가 동의한다고 응답하였다.

위 조사의 결과들을 통해 우리는 공무원의 일하는 수단이 바뀌고 이에 따라 업무 수행 방식과 태도 역시 달라졌음을 확인해볼 수 있다. 과거의 민원 업무 방식은 민원인이 찾아오면 대면 접촉을 통해 업무를 처리하는 방식이었고, 이 과정에서 민원인의 긴 대기 시간이나 공무원의 불친절 등이 불편 사항으로 종종 예시되곤 했었다. 그 때문에 이에 대한 개선이 시급하다 하여 행정 개혁의 대상으로 주요 단골 메뉴가 되기도 했다. 이후 정보 시스템의 개발 및 전자정부의 비약적인 발전은 공

그림 10.5 전자정부 시스템의 유용성에 관한 인식

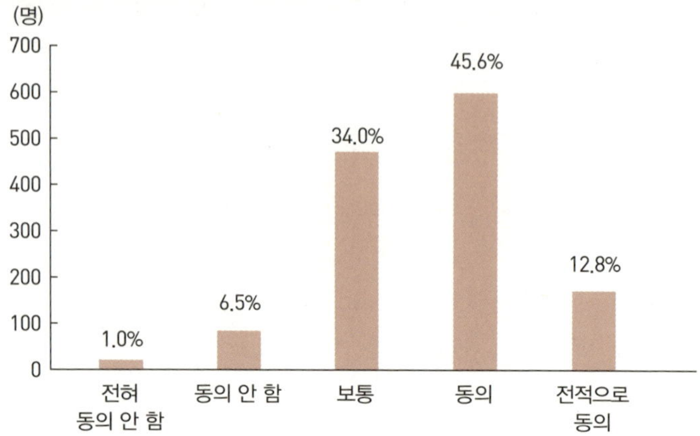


자료: 서울대학교 행정대학원 공공성과관리연구센터. (2016: 207). 자료 2차 분석.

무원의 민원 서비스 개선으로 이어졌고 최근에는 '정부24(www.gov.kr)'를 통해 온라인상에서도 원스톱 민원 서비스가 제공되고 있다. 따라서 이제는 더 이상 시간과 비용, 발품을 팔지 않고도 웬만한 공공 문서를 손쉽게 발부받을 수 있으며, 정부가 제공하는 다양한 서비스 가운데 내가 제공받을 수 있는 서비스들을 수시로 확인하고 신청할 수 있다.

그동안 수기로 작성되던 민원 서류 업무나 부처 간 협의를 거쳐야만 해 오랜 시간이 걸려 제공되던 업무들이 전자정부 시스템을 통해 간편하게 처리될 수 있게 되었으며, 나아가 최근에는 인공지능이나 빅데이터를 활용한 새로운 서비스의 도입까지 추진하고 있다. 그리고 무엇보다 민원 서비스를 지원하는 공무원들의 인식이 변화하여 자신들이 공직문화의 개선을 선도하는 적극적 역할을 수행하는 것을 마다하지 않게 되었다.

# 현장의 딜레마

얼마 전 직장 근처의 주민센터에서 겪은 일이다. 여러 가지 일정이 좀 빠듯하게 돌아가다 보니 시간을 내기가 쉽지 않은 상황에서 인감증명서가 필요한 일이 생겨 부득이 발급을 위해 주민센터를 방문했다. 인감증명서 제출을 요청하는 쪽에서도 사정이 무척 급했는지 멀리 세종시에서 서울까지 서둘러 차를 몰고 달려오고 있었다. 아침 일찍 주민센터가 개장하자마자 얼른 들어가 인감증명서 한 통을 신청했다. 신분증을 달라는 담당 공무원의 요청에 "네~." 하며 지갑을 열었는데, '아뿔싸!' 아침에 가방을 바꿔 들고 나오면서 운전면허증을 집에 두고 나오고 만 것이다. 다시 집에 다녀오기에는 거리가 너무 멀었던 데다 다음 스케줄이 있어 시간 조정도 어려웠다. 난감해하며 사정을 이야기하고, 스마트폰에 담아놓은 신분증 사진까지 보여주며 본인임을 설명한 뒤 증명서 발급을 부탁했다. 그러나 담당자는 일언지하에 신분증이 없으면 안 된다고 하였다. 할 수 없이 발걸음을 돌려 주민센터를 나오다 문득 그동안 증명사진이 지워진 채로 지니고 다녔던 주민등록증이 생각나 다시 되돌아가서 주민등록증의 사진이 다 지워져 그동안 한 번도 사용한 적이 없었음을 알렸다. 신분증명서로 운전면허증을 주로 사용했지만 최근 그것을 갱신할 때 경찰청 관계자로부터 "앞으로는 운전면허증을 소지하지 않고 다녀도 상관없다. 차량 번호만으로 신분 확인이 된다…"라는 조언을 들었음을 상기시키면서, 주민등록증 재발급을 요청했다. 이에 담당자는 재발급 신청서를 작성해서 달라고 주문했다. 신청서에는 달랑 이름과 집 주소, 주민등록번호만을 적었고, 곧바로 주민등록증 재발급 과정이 진행되었다. 수수료 5,000원을 지불하자 3주 후에 정식 신분증이 나오면 찾으러 오라고 하면서 임시 증명서를 만들어주었다. 그리고 나는 이 임시 증명서를 받으면서 "인감증명서 한 통 발급해주세요."라고 신청한 뒤 다시 수수료 600원을 내고 인감증명서를 발급받았다. 돌아서 나오는 내내 불편한 마음을 금할 수가 없었다.

행정 서비스 강국으로서의 위상을 자랑하고 있지만 일선에서 나타나는 이와 같은 현실을 생각해볼 때 앞으로 지능정보가 강조되고 강화되는 사회를 맞이하여 심도 있는 고민이 필요하다. 담당 직원에게는 매뉴얼대로 수행해야 하는 책임이 우선하겠지만 찾아오는 민원인의 사정은 그와는 달리 천차만별일 것이다. 사정이 여유 있는 경우도 있겠지만, 무척 급한 경우도 있고 그것이 매우 난처한 상황으로 이어질 수도 있다. 물론 민원인의 이런 사정을 일일이 고려해서 달라져야 함을 요구하는 것은 아니지만 민원 업무가 무엇을 우선해야 하는지에 대해서는 여러 가지 접근법을 모색해보아야 할 것이다. 그동안 매우 많은 민원 내용들이 '정부24'의 민원 서비스에 포함되어 개선되고 있지만, 여전히 인감증명서[6]를 반드시 발급받아야만 하는 상황이나 본인이 본인임을 밝히고 있음에도 실물 신분증이 없다는 이유만으로 본인 확인을 외면하는 상황과 같은 민원 현장의 에피소드는 미래를 향한 공공 서비스의 변화 속에서 그것이 여전히 해결되어야 할 과제로 남아 있음을 다시금 확인시켜 준다.

# 데이터를 통해 진화하는 정부 그리고 공무원

최근 아마존Amazon의 인공지능 스피커인 알렉사Alexa가 출시되면서 상당히 많은 관심과 호응을 얻었다. 인공시능 스피커를 통해 축적된 데이터가 후속 사업을 낳는 보고로 인지되면서 기업들이 앞다투어 새로운 비즈니스 영역을 창출할 수 있음에 기대를 걸고 있다. 이에 정부도 공공 데이터를 활성화시켜 국민에게 되돌려 주기 위한 일환으로 공공 데이터 플랫폼을 구축 및 운영하고 있다.

알렉사라는 인공지능 스피커는 사람들이 그것을 호출하여 사용하는 과정에서 축적되는 모든 자료의 분석을 통해 2차, 3차 가공 산업이 창출될 수 있다는 점을 강조하고 있다. 즉 축적되는 데이터는 바로 인간의 소비 행태 데이터인 것이다. 부엌이라는 공간에서 인간이 소비하는 감정, 행동, 물질 데이터를 최대한 획득하여, 이를 통해 구매 추천을 하고, 동시에 구매 정보를 사전에 예측할 수 있다. 원하는 음식이 무엇인지를 예측해서 음식 재료 시장을 장악할 수도 있다. 책과 음반, 음악 등의 구입이나 식당, 여행의 예약을 대행해줌으로써 각 시장에서 광고 수입을 얻거나 시장 자체를 점유할 수도 있다. 우리는 부엌에서의 구매 활동을 통해 음악, 책, 식재료, 일용품, 가정 소모품, 옷, 영화표, 기차표, 비행기표, 호텔, 식당 등 수없이 많은 것들을 손쉽게 구입하거나 예약하는데, 알렉사는 이를 대행해줄 뿐만 아니라 뒤편에서 움직이는 거대 시장과 연결시켜 주는 거간꾼의 역할을 충실하게 해준다.

전자 상거래 시장을 확대 장악할 수 있는 인공지능 스피커는 가정의 전기 사용량과 가스 사용량도 예측할 수 있어 에너지 시장과도 연계된 엄청난 규모의 사업을 가능하게 해준다. 지극히 개인적인 공간인 부엌에서 얻어지는 솔직한 데이터를 확보함으로써 사용자와 시장을 직접적으로 연결시킬 수 있는 서비스를 구성 및 제공할 수 있고 그동안 없었던 새로운 시장으로도 진입할 수 있음에 거는 기대가 크다.[7]

정부는 이와 같은 시장의 변화를 보면서 어떤 생각을 하게 될까? 사실 정부 부문은 시장의 활성화를 최적화시켜 주기 위한 다각적인 노력을 기울이게 된다. 때로는 심각한 규제를 통한 권한의 행사라고 비판받기도 하지만 새로운 시장으로 진입할수록 더욱더 보수적인 정책 행태를 보일 수밖에 없게 된다. 데이터는 많지만 예측이 어렵고 그만큼 책임에 대한 부담도 가중되고 있다.

최근 개통된 5세대 5 Generation 이동 통신은 기존의 4세대 LTE Long Term Evolution에 이은 차세대 통신 기술을 의미한다. 5세대 이동 통신은 최고 전송 속도가 초당 1기가비트 Gbps 수준으로 초고화질 영상이나 3D 입체 영상, 360도 동영상, 홀로그램 등 대용량 데이터 전송에 필수적이다. 그중에서도 특히 사람 주변의 물건, 자동차 등의 사물을 대상으로 하는 사물 인터넷 IoT, Internet of Things을 구현할 수 있도록 해주며, 기가급 네트워크의 효율적 제공으로 기기 device들이 5G 네트워크를 통해 연결되어 초고속, 대용량, 초연결, 초실시간의 서비스가 가능해짐으로써 이전과는 다른 새로운 가치를 제공할 수 있게 된다.

이렇게 다양한 첨단 기술의 출현 속에서 앞으로는 그 어느 때보다 데이터가 중요해졌고, 그것을 차지하기 위한 데이터 전쟁이 시작되었다. 정부나 기업 모두 데이터를 가진 자만이 승리를 장담할 수 있을 것이다.

## 기회의 창이 열리다

새로운 기회는 늘 먼 곳에서 치밀하게 계획하고 합리적으로 결정함으로써만 만들어지지는 않는다. 존 킹던John Kingdon은 '정책의 창policy windows' 모형을 통해 정책 줄기, 정치 줄기, 문제 줄기의 합성coupling이라는 적당한 환경이 필요함을 강조하고 있다. 신기술 기반의 시장 환경은 급변하고 있다. 그래서 어려움을 호소하기도 하지만 팀워크를 통해 역할을 극대화한다면 어느 시점에서는 '정책의 창'이 열릴 것이다.

공공 부문에서의 지능 정부의 핵심은 공공 서비스의 진화를 의미한다. 이는 비단 우리나라만의 현상이 아닌 세계 모든 국가들의 경쟁적 과업이기도 하다. 국가의 경제력, 경쟁력 여부에 따라 다소 차이가 있을 수는 있지만 신기술이 발전하면서 공공 서비스 역시 고객 관점에서의 유연성과 더불어 큰 변화를 요구받고 있다. 단지 일 처리를 빠르게 한다거나 웃음 띠며 친절하게 응대하는 서비스의 개념을 넘어서서 문제 해결형 서비스로의 진화가 요구되고 있다. 인공지능 기반의 서비스 진화는 그 내용도 다양할 뿐만 아니라 상상을 초월하는 수많은 형태들로 개진되고 있다.

많은 민원인들, 즉 고객인 시민들은 그들에게 궁금한 문제가 발생했을 때 어디에다 물어보게 될까? 아마도 정부의 포털 사이트보다는 주로 '구글'이나 '네이버'가 그 대상이 될 것이다. 고객은 냉정하다. 더 편하고 품질이 보장되는 서비스, 게다가 가격까지 싸다면 공공성 유무와 관계없이 발길을 돌릴 것이다. 정부의 영역, 공공성만이 경쟁력의 우위를 지니던 시간에서 벗어나 진정한 혁신이 필요한 시점이 되었다. 인공지능은 인간의 지능적 사고 및 행동을 모방하는 컴퓨터 프로그램으로서 최근 새로운 정보 서비스를 창출할 수 있는 신기술로 많은 주목을 받고 있다. 특히, 기존의 산업기술과 정보통신기술을 융·복합화해 새로운 산업을 육성하는 기회로 활용될 수 있어 그 유용성이 점점 커져가고 있다. 무인 자동차의 등장, 인공지능기술을 활용한 로봇의 발전에 따른 서비스의 무한 진화가 기다리고 있다.

지방자치단체에서는 그 어느 때보다도 생활 밀착형 정보 서비스의 변화가 예상되고 있다. CCTV를 활용한 안심 귀가, 교통 정보, 주정차 단속 등의 서비스는 물론 무인 기기 활용 서비스, 사회 인프라 관리 서비스 등이 이미 반영되고 있거나, 중장기적 차원에서 계획되고 있다. 이 밖에도 각 지자체별로 다양한 아이디어를 접목하여 생활에 실질적인 도움을 주는 서비스가 경쟁적으로 실행되고 있다. 예를 들면 고령자 농기계 안전 운전 서비스, 청각 장애인 생활 안전 서비스, 장애인 주차 관리 서비스 등이 추진되고 있고, 실제로 포천시의 경우 장애인 주차 관리 서비스로 인해 스마트 디바이스 설치 지역의 불법 주차율이 68% 감소한 사실을 부각시키고 있다. 또한 최근 농가에서 급증하는 농작물 피해 방지를 위해 야생 동물을 감지하고 효과적으로 퇴치할 수 있는 무선 기기를 개발하고자 하는 지자체도 있다. 그 외에도 통학 차량 승하차 시 발생하는 어린이 안전사고를 사전에 예방하고 승하차 여부 등을 실시간으로 운전자 및 보호자에게 알려주는 어린이 통학 차량 안전 관리

기기의 개발계획, 재난을 사전에 예방하고 방지하기 위한 안전 시스템의 반영 등 일일이 열거하기가 어려울 정도로 그 사례는 다양하게 제시되고 있다. 인공지능이 데이터와 만나면서 만들어내는 세계는 상상을 초월할 정도로 넓고 무궁무진하다. 영국에서도 인공지능 센서를 활용하여 가상 횡단보도가 만들어지는 사례가 발표되었다. 도로가에 사람들이 모이면 센서가 작동하여 횡단보도가 만들어지고 통행이 끝나면 다시 차도로 바뀌는 시스템은 보행자의 편의성을 도모하고 교통의 원활한 흐름을 유도하는 데 도움이 된다는 점을 강조하고 있다. 이처럼 인공지능을 활용한 우리 생활의 편의 시설은 앞으로도 지속적으로 진화할 것이다.[8] 공공 부문에서 지원되었던 기존의 민원 서비스의 내용과 실제가 변화하고 있고 무엇보다 신기술 패러다임의 전환에 따른 공무원들의 인식도 전격적인 개편이 필요하다.

# 공무원은 마술사

자율 주행차는 우리 생활을 어떻게 바꿀까? 차 스스로 사람보다 더 우수한 운전 능력을 갖추게 되면서 사람들은 더 이상 차를 소유하려 하지 않을 것이며, 굳이 사무실에서 가까운 곳에서 살려 하지도 않을 것이라고 예상한다. 자율 주행차가 활성화된다면 일상의 많은 것들이 바뀌게 될 것으로 예상된다. 행정적 측면에서는 도로교통법과 이를 실행하기 위한 규정과 지침 등 새로운 방식의 접근법도 개진되어야 하며, 업무를 수행하는 관공서, 청사의 기능도 재구성될 것이다.

홈 서비스 영역은 물론 보건복지, 관공서에서도 기존에 수행해온 일상화된 업무 등이 일 처리해 주는 로봇에 의해 대체될 수 있음은 시간문제로 여겨진다.

인공지능은 민간기업의 신시장 확산이라는 차원을 넘어 일상생활의 혁신을 야기하고 있다. 이를 주도하는 각 정부 부처의 시각도 다원화되어 움직이고 있는데 무엇보다 고객인 국민과 기업에게 제공할 수 있는 서비스 관점의 혁신이 우선된다.

인공지능의 가치를 발휘할 수 있게 하는 힘의 원천은 데이터이다. 민간기업은 데이터를 기반으로 서비스의 영역을 재구성하고 있다. 세계적 기업인 미국의 아마존, 구글, 페이스북, 중국의 알리바바, 텐센트 등도 데이터 센터를 구축하는 데 투자를 아끼지 않는다. 특히 아마존은 데이터를 통해 새로운 비즈니스 영역의 창출을 시도하고 있다.

데이터 시장에서 공공 부문과 민간 부문은 어떻게 상생할 수 있을까? 규제를 기반으로 하는 공공 데이터와 시장의 기능을 강조하는 데이터는 그 기능과 역할에 차이가 있을 것이다. 그러나 공공 서비스가 과감한 변화와 미래 고객을 대비하지 않으면 공공성의 영역은 축소될 수밖에 없을 것이다. 데이터 기반의 인공지능은 때로는 우리의 일자리를 빼앗아 갈 것이라는 불안감을 주기도 하지만, 한편에서는 잘만 활용하면 인간의 편향성을 피할 수 있게 해준다는 의견도 있다. 사람이 중심이 되는 지능정보화 사회에서 고객의 가치를 우선하는 공공 서비스의 재편이 시급하다. 고도화된 기술도 결국은 사람을 위해 존재한다. 그리고 공무원의 역할 역시 변화한다. 새로운 서비스를 구현하기 위해 신기술 기반의 패러다임을 적극 수용하고 새로운 방식을 활용하여 끊임없는 변신을 시도해야 한다. 구태의연한 기술을 보이는 마술사에 손님들은 흥미를 잃어버린다.

## 공공 서비스 플랫폼의 주인공

지능정보기술 변화는 빠른 속도로 이어지고 있으며, 방향성을 예측하기 어려울 정도로 가속화되고 있다. 이러한 가운데 사물 인터넷을 기반으로 한 사회 구조의 변화가 현격하게 이루어질 것임에 의견이 모아지고 있다. 초연결 사회는 네트워킹을 기반으로 인간의 생활양식과 가치관에 거대한 변화를 일으키는 사회적 패러다임의 진화를 의미한다. 인간을 둘러싼 다양한 환경 요소들이 상호 간 연결됨으로써 시공간적 제약을 극복하고 새로운 성장의 기회와 가치의 창출이 가능하다.[9]

최근 저출산 고령화에 따른 지방의 인구 소멸 현상이 빠르게 전개되고 있어 지자체 입장에서 고민이 많다. 특히 수도권을 선호하는 현상은 젊은층에게서뿐만 아니라 고령자들에게서도 그와 유사한 기대감을 찾아볼 수 있다. 고령화될수록 응급 시설을 겸비한 대형 병원에 가까울수록 안전하다는 인식은 지역 인구의 감소에 영향을 미치는 요인 중 하나이기도 하다. 그럼에도 다소 희망적인 사실은 최근 들어 이와 같은 현실을 개선하기 위해 응급 상황에서 구급차가 시간을 놓치지 않고 달려와 적정한 대처를 해줌으로써 큰 위기로부터 벗어날 수 있도록 해주는 안전 서비스에 주목하고 있다는 점이다.

한 지역에서 대형 산불이 발생했을 때 전국 단위의 연결망을 통해 진화에 필요한 소방차 및 지원 인프라의 투입이 일사분란하게 체계적으로 진행되어 초동 대처에 성공한 사례도 있다. 초연결 사회에서 정부의 역할은 정책의 네트워크와 미세한 실행 단계가 실시간 연계되어 그 효과를 높일 수 있다는 점에 관심을 모은다.

더 나은 삶에 대한 인간의 욕구 증대는 초연결 사회로의 변화를 모색한다. 인간이 무엇인가를 필요로 하는 욕구need와 그 욕구를 행동으로 나타나게 하는 힘은 사회를 발전시키고 변화시키는 원동력이다. 인간의 욕구는 경제 성장과 삶의 질 향상을 위해 지속적으로 발전되어 왔으며, 다양한 기술을 발전시키고 사회 패러다임을 변화시킨다.

4차 산업혁명이라 불리는 기술 환경 변화 속에서 무엇보다 정보통신기술 연구개발ICT R&D 부문의 환경 개선과 초연결 사회로 대변되는 미래에 대응하기 위한 역량 확충이 절실히 요구된다.[10]

지능정보기술은 정부를 어떻게 변화시킬 것인가? 정부 업무 내부적으로는 합리적 정책 결정, 효율성과 효과성을 배가시키기 위한 차원에서 주목할 필요가 있으며 정부 외부적으로는 공공 서비스의 효과적 제공, 참여의 도모와 대응 차원에서 정부의 변화를 주도해야 할 것이다.

정부의 새로운 역할은 지속적으로 공공 서비스를 확대 발굴해 나가는 것이다. 시민은 정부가 제공하는 다양한 서비스를 만나기 위해 플랫폼을 방문한다. 이곳에서 새로운 정부와 시민의 관계가 형성되고 사회문제 해결의 장으로서의 새판도 시작된다.

## 지능 정부와 스마트한 공무원

정부가 보다 더 지능화되기 위해서는 거시적·전략적 접근이 필요하며, 이를 위해 한국형 지능정보 종합정책과 로드맵이 새롭게 구성되어야 할 것이다. 융·복합 학문 체제를 기반으로 한 종합적 연구와 변화의 패러다임에 대한 기술·제도·인식의 종합적 고려가 필요할 뿐만 아니라 정부가 미치는 사회적 파급력 측면에서뿐 아니라 정부 내부적으로도 공공, 민간(산업, 사회)의 3개 분야를 유기적으로 연계하는 변화와 대응 방안을 모색할 필요가 있다. 궁극적으로, 지능정보사회에서의 바람직한 미래 정부의 모습을 위해서는 개별 기술과 서비스의 개체적 접근보다 서로 간의 연계를 염두에 둔 통합적 접근이 필요하다.[11]

앞으로는 정부의 부처 간 경계가 무의미해질 것이며, 영역이 아닌 플랫폼별로 구분되어 질 것으로 예측됨에 따라 이에 대한 혁신적 차원의 변화를 준비해야 한다. 또한 사이버와 실물 간의 결합과 연계가 강화될 것이므로 오프라인 서비스의 온라인 구현에 초점을 맞춘 현재의 전자정부 서비스 방식에 융합 기술을 접목하는 새로운 판 짜기에 주력해야 할 것이다. 신기술 체제와 빠른 변화 속도가 결합됨으로 인해 현재와는 전혀 다른 지능형 정부의 모습을 진행시켜야 한다. 그 어느 때보다 다각적인 시각에서 즉각적인 제도 개선과 변화를 받아들이는 혁신형 아이디어의 수용이 요구된다.

# 공무원의 운명

다가오는 미래의 신기술 기반 사회는 지금과 전혀 다른 유토피아 세상을 만들어줄 수 있을까! 그럴 수도 있고 그러지 못할 수도 있다. 새로운 기술의 발전이 우리 삶의 모습에 많은 변화를 가져다주는 것은 사실이다. 이전보다 더 편리하게 만들어주고, 쓸데없는 동선을 축소시켜 주며, 굳이 하지 않아도 되는 일들을 줄여줌으로써 우리는 시간을 다양하게 활용할 수 있다. 그러나 최근에 주목받고 있는 드론, 인공지능, 사물인터넷 기술과 초연결 개념의 구조 속에서 급변하는 생활의 변화 양상은 오히려 불안감을 가속화시키고 있다. 그동안 우리에게 익숙해졌던 일하는 방식이 새롭게 바뀌고, 전혀 다뤄보지 않은 일들이 기다리고 있으며, 준비하기조차 어려운 일들로 교체될 때 그 예측 불가능한 상황은 우리로 하여금 종종 불안감을 느끼게 한다.

흥행에 성공한 영화 중 하나인 「미션 임파서블Mission: Impossible」 시리즈를 보면 첨단 기기들이 등장한다. 도저히 믿기 어려운 임무를 수행하는 데 동원되는 기기들을 보면서 그것들이 언젠가는 실현 가능한 현실로 다가올 수도 있을 것이라는 기대감을 갖게 되곤 한다. 높은 벽을 기어올라 갈 수 있는 스파이더맨 장갑이나 먼 곳까지 볼 수 있고 바로 스캔이 가능한 콘택트렌즈 등이 실현된다면 우리 실생활의 많은 부분들이 달라질 것이다. 다소 고전에 해당하는 1985년 개봉작「백 투 더 퓨처Back To The Future」역시 인간의 꿈은 무한대이고 꿈꾸는 대로 실현될 수 있다는 가능성을 제공한다.

19세기 말에서 20세기 초 장마르크 코테Jean-Marc Côté를 비롯한 프랑스 미술가들이 21세기를 상상하며 묘사한 그림들을 보면 놀라울 정도로 오늘날의 현실을 예측하고 있다. 집안일을 도와주는 청소하는 기계를 비롯해 영사기를 통해 비춰진 상대방을 바라보며 통화하고 있는 모습은 현재의 영상 통화와 다를 바 없으며 집 베란다를 통해 편지를 전해 받는 모습은 영락없이 드론을 연상케 한다. 또한 치수를 재고 바로 맞춤형 옷이 재단되어 나오는 기계는 3D 프린팅을 예측한 것은 아니었을까? 과거의 예술가들이 이미 200여 년 전에 지금 우리에게 일어나고 있는 현실을 그려낼 수 있었던 것은 아마도 단순한 우연의 일치는 아니었을 것이다.

최근 공공 서비스의 혁신적 변화에 따라 공무원의 역할 변화도 새롭게 정립될 필요성이 있다. 그들에게는 무엇보다 미래 지향성 역량이 강조되고 있으며, 공직 문화의 체질 개선을 위해 그들은 빠른 변화를 수용해야만 한다. 일하는 방식을 변화시켜 고객 만족도를 최적화시키고, 지속적으로 자기 관리와 성장이 이루어질 수 있도록 인프라 개선 등의 변화가 수반되어야 한다. 지능정보사회로의 패러다임 전환은 이미 조용히 진행되고 있다. 그것은 이전의 세상과 격리되는 새로운 것이라기보다는 우리의 일상 속 부분들이 끊임없이 변화되는 과정이다.

우리는 여기에서 '기회는 언제나 새로운 세계의 창을 열기 위해 뛰는 자에게 찾아오고, 그에게 풀리지 않는 문제는 없다'는 진리를 다시 생각해보게 된다. 지능정보시대에는 일자리가 줄어들고 사람이 하는 많은 부분을 기계가 대체하게 될 것이라는 불투명한 미래에 대한 우려가 깊다. 그러나 데이터를 만드는 원천은 사람에게서 나온다. 사람이 중심이 되어 문제 해결을 시도하며 기계를 통해 발생하는 문제 또한 사람이 해결하게 된다.

공공 서비스 역시 그것을 변화시키는 중심에는 바로 공무원이 있다.

# 제11장
# 근로 생활의 품격을 디자인하자!
# : 업무 공간의 디자인씽킹(Design Thinking) 이야기

**박성민** 성균관대학교 행정학과 교수

# 프롤로그: 대한민국의 행복, 삶의 질에 대한 소고

자연인으로서, 사회인으로서, 그리고 일과 삶을 영위해나가는 조직인으로서 우리는 모두 각자 자주 되뇌이는 일상적 질문들을 소유하고 있기 마련이다. 그 질문들 중 하나는, 우리의 일과 삶, 그리고 행복에 대한 물음표로 채워져 있을 것이라 생각한다. 과연 우리가 살아가는 시공간에서의 행복이란 무엇일까? 우리가 더 행복해지려면 국가, 사회, 조직, 그리고 나와 네가 무엇을 어떻게 해야 할까? 행복을 양적 혹은 질적으로 관리하고 측정할 수 있는 것일까? 내가 일하는 일터에서의 행복 수준은 과연 어떠할까?

그것을 한번 숫자로 풀어보자. 〈표 11.1〉은 각 국가별 1인당 국민소득과 행복지수를 비교하여 나타낸 지표들이다. 비슷한 수준의 1인당 국민소득을 보이는 국가들 간에 행복지수 순위의 차이가 나는 이유가 무엇인지 다양한 각도로 자문하는 것은 매우 중요하다고 할 수 있다. 즉, 삶의 질, 만족, 그리고 물질적 풍요감 간의 괴리와 불일치는 어째서 일어나는 것일까? 물질적 행복과 정서적 행복을 함께 높여가는 방정식, 함수, 상수, 변수는 무엇일까? 업무와 삶 간의 균형과 조화를 이루는 방법에는 어떠한 것들이 있을까? 우리는 어떠한 삶의 의미와 행복감을 가지고 오늘을 살아가고 있는 것일까?

**표 11.1 GDP, GNI, 그리고 행복지수**

| 국가 | 국내총생산(GDP) | | 1인당 국민소득 (1인당 GNI) | | 행복지수 (UN 통계) | |
|---|---|---|---|---|---|---|
| | 2012년 | 2017년 | 2012년 | 2017년 | 2012년 | 2017년 |
| 미국 | 16조 552억 달러 | 19조 3,906억 달러 | 4만 9,900달러 | 6만 4,315달러 | 17위 | 18위 |
| 일본 | 6조 2,032억 달러 | 4조 8,721억 달러 | 4만 6,700달러 | 3만 9,604달러 | 43위 | 54위 |
| 대한민국 | 1조 2,228억 달러 | 1조 5,307억 달러 | 2만 6,340달러 | 2만 9,744달러 | 41위 | 57위 |
| 네덜란드 | 8,289억 달러 | 8,262억 달러 | 4만 6,100달러 | 4만 8,221달러 | 4위 | 6위 |
| 스웨덴 | 5,438억 달러 | 5,380억 달러 | 5만 5,000달러 | 5만 5,127달러 | 5위 | 9위 |
| 싱가포르 | 2,906억 달러 | 3,248억 달러 | 5만 1,100달러 | 5만 4,720달러 | 30위 | 34위 |

자료: OECD. (2017).

행복happiness이라는 개념은 관리적 차원에서 '삶의 질quality of life'이라는 용어로 대체하여 사용할 수 있다. 삶의 질은 다차원적 구조로 이루어져 있으며 객관적, 물리적 차원과 주관적, 인지적, 정서적 차원을 모두 포괄하는 개념으로 이해할 수 있다.[1] 특히 조직 및 사회 차원에서 구성원들의 삶의 질 향상은 생산성 증가, 성과 향상, 조직의 창의성 증진 및 인식적 유연성 증대, 협력 및 협업 증진 등의 조직 효율성 강화를 이끌 뿐 아니라 친사회적 행동의 증가, 사회관계 및 네트워크 강화 등의 긍정적 사회자본[2]을 이루는 데에도 큰 기여를 하고 있음이 밝혀지고 있다.[3] 이러한 측면에서 개인과 조직의 행복 실현, 즉 삶의 질 향상이라는 궁극적인 물질적, 정서적 가치를 중요 달성 목표로 설정하고 이를 이해하고 실현해 나가는 것은 매우 중요하다고 하겠다. 따라서 조직 구성원으로서 경험하게 되는 근로 생활의 질quality of work life은 삶의 질을 이해하는 데 있어 매우 중요한 요소라고 할 수 있다.

근로 생활의 질은 조직 내 근로자들의 안녕감과 만족도 등으로 이해할 수 있는데, 근로자들의 감정적 상태, 직무 만족도, 행복도, 이직 의도, 충성도 등의 구체적인 지표들로 추정 혹은 측정이 가능하다. 여기에서는 정부 정책과 국가적 서비스를 담당하고 있는 대한민국의 중앙 공무원들과 지방 공무원들을 대상으로 그들의 근로 생활의 질을 생각해 보고 이를 위한 다양한 긍정적 요건들 중의 하나인 물리적 환경, 그리고 그 세부 요소인 업무 공간 디자인의 역할과 혁신 방향에 대해 이야기를 펼쳐보고자 한다.

# 공무원의 삶에 대한 만족도와 삶의 질

2016년 공무원 대상으로 전반적인 삶의 만족도를 조사한 결과,[4] 전체 응답자 1,669명의 삶의 만족도 수준은 10점 만점(1: 매우 불만족, 10: 매우 만족)에서 평균 6.48점으로 나타났다([그림 11.1] 참고). 이러한 만족도 수준은 응답자 특성에 따라 차이를 보이고 있었다. 공무원 유형(중앙, 지방), 성별, 연령, 재직 기간, 혼인 여부에 따라 삶의 만족도에 유의미한 차이가 있는 것으로 확인되었다([그림 11.2] 참조). 삶의 만족도에 대한 점

그림 11.1 공무원의 삶의 만족도 수준 (단위: 명, %)

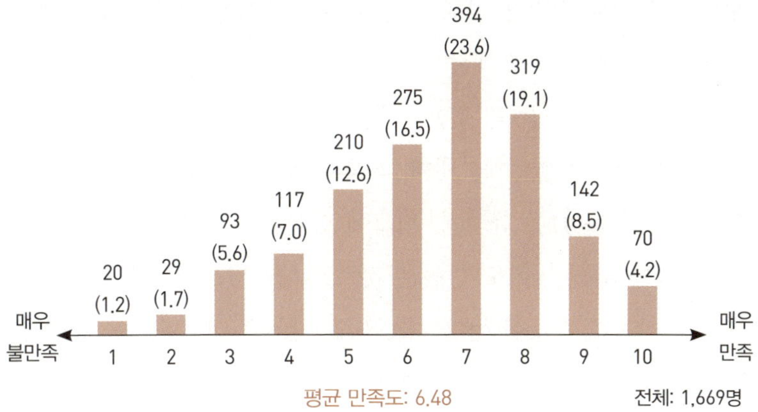


자료: 서울대학교 행정대학원 공공성과관리연구센터. (2017).

그림 11.2 공무원의 삶의 만족도 수준에 대한 집단 간 차이 (단위: 점)

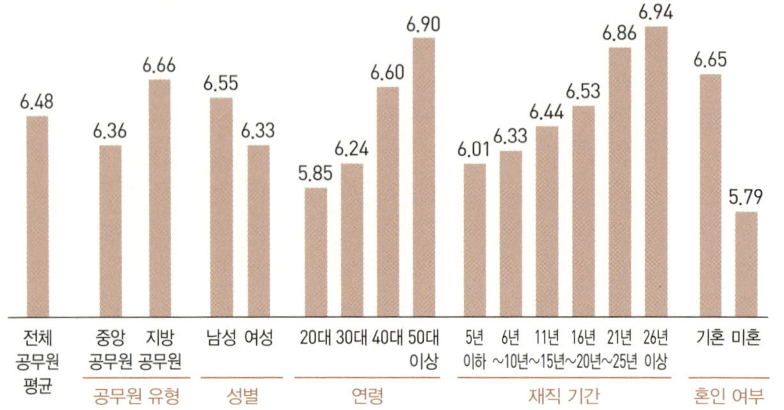


자료: 서울대학교 행정대학원 공공성과관리연구센터. (2017).

수 차이를 단순 비교해보았을 때는 다음과 같은 특징을 확인할 수 있었다. 첫째, 중앙 공무원은 삶의 만족도에 대한 점수가 평균 6.36점, 지방 공무원은 6.66점으로, 중앙 공무원이 전체 공무원과 지방 공무원의 삶의 만족도 평균 점수에 비해 낮은 수준을 보이고 있다는 것을 확인할 수 있었다. 둘째로, 성별의 경우, 남성(6.55점)이 여성(6.33점)에 비해 삶의 만족도 수준이 높았다. 셋째, 연령이 높아질수록 삶의 만족도가 높은 것을 확인할 수 있었다. 넷째, 기혼(6.65점)이 미혼(5.79점)보다 삶의 만족도 수준이 높았다. 다섯째, 직급에 있어서는 4~5급(6.61점)이 6~7급(6.43점)보다 삶의 만족도가 높은 것으로 나타났으며, 재직 기간이 길수록 삶의 만족도 수준이 높다는 것을 확인할 수 있었다. 즉, 20대 신임 여성 공무원들의 삶의 만족도가 가장 낮게 나오고 있다고 예상할 수 있고, 이는 직장 내 근로 생활의 질에도 상당히 부정적인 영향을 미칠 것으로 예측해볼 수 있다. 특히 이러한 결과들은 최근 사회적으로 대두되고 있는 저출산 문제, 초고령 사회로의 진입, 일자리 부족 등의 문제와도 맞물려, 일과 가정의 양립을 위한 근무 혁신 및 일과 휴식이 균형 잡힌 생산적인 공직 문화 조성이 시급하게 요구되는 상황이라고 해석할 수 있다.

이러한 대한민국 공무원의 삶의 만족도와 질을 감안컨대, 삶의 질 향상을 위한 업무 공간 혁신 디자인 전략은 왜 필요한 것일까? 업무 공간 혁신을 통해 일정 부분 공직자들의 삶의 질과 직장 내 근로 생활의 질을 높여나갈 수 있다면, 어떠한 함수 방정식과 전략을 통해 그 목표를 이루어나갈 수 있을까? 업무 공간의 역할과 중요성, 한국 정부 조직에서의 공간 혁신 접근 방식의 적용 가능성, 주요 사례와 예시 그리고 발전 방향 논의 등을 통해 질문에 대한 해답들을 부분적으로나마 찾아보고자 한다.

## 공공 조직 내 업무 공간 디자인의 역할

세계적으로 유명한 겐슬러Gensler 디자인 컨설팅 기관의 조사에 따르면 사람과 업무 특성에 맞지 않게 설계된 업무 공간이 미국 기업에 연간 3,300억 달러에 달하는 생산성 손실을 가져온다고 보고하고 있다.[5] 이 조사에서는 잘 디자인된 업무 공간은 근로자의 이직과 태만율을 줄이고 근로 의욕을 향상시켜 경쟁력 있는 조직을 만들기 때문이라 결론짓고 있다. 이는 업무 특성에 맞게 디자인된 업무 공간은 단지 부동산으로서의 가치만 있는 것이 아니라 인력과 관리 시스템이 최적화되어 혁신적, 창조적, 협력적 업무를 수행할 수 있다는 것을 증명하고 있다. 그간 공공기관의 건물과 업무 공간의 인테리어는 예산의 낭비라는 인식이 팽배해 있으나, 미국 조달청의 연구 결과에 따르면 혁신적 업무 공간은 연간 근무 태만율의 저하에 따른 4,300만 달러의 비용 감소, 그리고 연방정부 생산성 향상에 따른 24억 달러의 비용 감소를 가져온다고 보고하고 있다.[6] 무엇보다 중요한 것은 잘 디자인된 업무 공간은 이를 사용하고 있는 공무원의 직장 생활의 질을 높이고, 더 나아가 이 공간에서 서비스를 제공받는 국민들의 만족도 향상이라는 상생적 효과를 가져온다. 비트너Mary Jo Bitner는 이렇게 서비스가 생산되고 소비되는 공간을 '서비스케이프servicescapes'라 하여 상생의 효과를 강조하였다.[7] 세계화로 인한 국가 간 경쟁, 저출산과 인구 감소로 인한 고급 인력 유치의 어려움, 그리고 첨단 과학기술의 급속한 발전은 보다 혁신적 업무 공간에 대한 가능성과 요구를 동시에 제시하고 있다. 또한 급속하게 늘어가고 있는 지식근로자들knowledge worker은[8] 직장이 단순히 안정과 임금을 보장받는 곳을 넘어, 일과 삶의 균형을 통해 자신들의 꿈을 실현하고 더 나아가 삶의 질을 높이는 곳이 되길 원하고 있다. 이러한 환경적 변화와 요구에 부응하기 위해 업무 공간 디자인 역할에 대한 중요성을 다음과 같은 관점에서 보다 정밀하게 분석하고 그 실천적 대안들을 살펴볼 필요가 있다. 첫째, 사람에게 적절하지 않게 디자인된 업무 공간은 각종 질병이나 부상을 유발하여 업무 생산성을 저하시키고, 법적 소송을 불러와 조직에 심각한 손실을 가져온다. 실내공기, 조명, 온도, 창문의 유무, 사무기기의 인체공학적 설계의 미흡에서 오는 질병이나 부상, 즉, 새집증후군sick building syndrome은 노조의 반발과 산업재해보상 등의 문제를 가져오고, 무엇보다 개개 공무원의 직장 생활의 질을 저하시킨다. 그러므로 직장 생활의 질에 영향을 미치는 요소들의 파악과 예측 및 처방을 위한 과학적이고 체계적인 연구가 필요하다.

둘째, 현대 공공 조직 공무원의 대부분은 지식근로자로서 이들은 직장 생활에서 비단 정기적인 임금과 신분 보장만을 원하는 것이 아니라, 업무를 통해 자신들의 꿈을 실현함과 동시에 일과 삶의 균형을 통해 전반적인 삶의 질을 높이고자 한다. 잘 디자인된 업무 공간은 이들의 꿈을 실현하는 데 직접적인 도움을 줄 것이다.

셋째, 정부 업무 공간의 이용자는 공무원뿐 아니라 국민들이며, 그곳은 이들이 가장 먼저 정부에 대한 인상을 갖게 되는 곳이기도 하다. 시민들에게 대우받는다는 느낌을 주는 정부 건물과 내부 업무 공간은 시

민들의 정부에 대한 신뢰를 높이고 정부 정책에 대한 자발적 참여를 끌어낼 수 있다.[9]

넷째, 정부 생산성에 대한 그간의 연구들은 주로 '사람'과 '관리'적 요소에 치중하였고, 매일매일 사람이 관리 활동을 벌이는 업무 공간에 대한 논의는 철저히 소외되었다. 이는 잘 디자인된 업무 공간이 사람과 관리 활동을 도와 정부 생산성을 향상시키는 지렛대 역할을 한다는 사실을 인식하지 못하고 있는 것이다. 미국 조달청의 지난 20여 년간의 연구에 따르면 인력에 드는 비용이 전체 예산의 90%를 차지하고 있는 반면, 건물 신축과 유지에는 약 10%의 비용만이 들었다고 보고하고 있다.[10] 높은 인력 관리의 비용 측면에서 볼 때, 업무 공간 디자인을 통한 생산성의 향상은 매우 효율적인 생산성 향상 방안일 것이다.

마지막으로, 행정안전부에서 주도하고 있는 스마트워크 정책의 실시와 세종특별자치시로의 정부 부처 이주 사업, 지방 공공기관 이전 사업 등 한국에서 이미 대규모 차원의 디자인 실험이 행해지고 있다. 스마트워크는 유연한flexible 업무 공간의 창출로 일과 삶의 균형을 도모하고자 하는 취지로 시행되고 있으나, 대면적 행정문화로 인한 인사고과의 불이익 우려로 시행착오를 겪고 있다. 법·제도의 개선 없이 시도된 디자인 혁신의 문제점으로, 공공 부문 디자인 전략의 총체적인holistic 접근이 필요함을 시사하고 있다. 스마트워크근무제를 중심으로 하는 원격 공간 혁신 디자인에 대한 지속적인 관심과 혁신 방향을 고민해야 하는 이유이기도 하다.

## 1. 조직 변화의 지렛대로서의 디자인

공공 조직의 생산성 향상에 대한 논의는 행정학의 오랜 주제이다. 인적자원의 전략적 관리, 관리 역량의 증진은 행정학에서 정부 생산성 향상을 위해 가장 활발히 논의되어 온 분야이다. 하지만, 조직 및 개인 생산성과 업무적 효율성을 제고시키기 위한 물리적 업무 공간의 혁신 노력은 상대적으로 주목받지 못하였다. 업무적 공간은 인적자원과 관리 역량을 최적화시켜 성공적인 조직 변화와 생산성 향상을 이룰 수 있다. 이는 마치 운전 경력이 오래된 이가 페라리를 운전하더라도 해변가 모래사장에서는 잘 달리지 못하며, 잘 닦인 도로에서야 그 성능을 최대한 발휘할 수 있는 것과 마찬가지이다.

[그림 11.3]은 인적자원과 관리 역량, 그리고 물리적 업무 공간이 상호 의존적으로 작용하고 있으며, 조직성과를 최적화함에 있어 매우 중요한 요소들로서 자리매김하고 있음을 보여주고 있다. 예를 들어, 유능한 직원을 가진 조직이 좋은 지식관리시스템knowledge management system을 가졌다 하더라도, 회의실이나 다른 공용 장소open-bullpen가 마련되어 있지 않다면 지식공유의 기회는 줄어들게 되고 이는 조직성과에 부정적으로 영향을 미치게 된다고 볼 수 있다.

그림 11.3 인적자원-공간관리 삼각모형

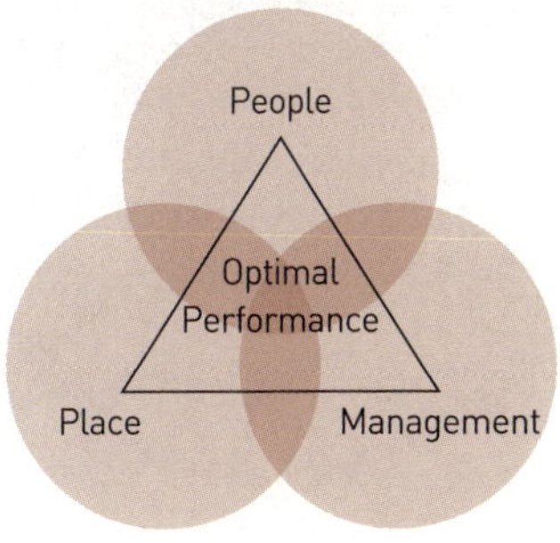


자료: Best, R., de Valence, G., & Langston, C. (2002).

## 2. 정책문제 해결 도구로서의 디자인

행정은 공공정책 문제를 해결하기 위한 정책을 제안하고 구체적인 수단을 연구하는 학문이다. 전통적으로 우수한 인력의 선발과 양성, 관리 능력의 확충 등은 대표적 정책 도구의 예이다. 그중에서도 '디자인'이라는 콘셉트가 얼마나 다양한 정책 영역에서 활용되고 있으며, 실제 정책문제 해결에 도움을 줄 수 있는지 많은 사례를 통해 알 수 있다.[11]

범죄자의 효과적 관리 또한 주요한 공공정책의 하나로 미국에서는 교도소 안에 중앙 감시 스테이션, 즉 Pie-shaped Pods를 설치해 한눈에 효과적으로 죄수를 감시하고 있다.[12] 원래 이 중앙 감시 시스템은 영국의 공리주의자 벤담Jeremy Bentham이 18세기 후반에 제시한 팬옵티콘panopticon에서 유래한 것으로, [그림 11.4]와 같이 감방을 중앙 감시 장치 주위에 반원형으로 배치한 것이다. 팬옵티콘 디자인의 원리는 한 감시자가 모든pan- 죄수들을 지켜볼 수-opticon 있도록 하는 것이다. 벤담은 이 디자인이 죄수를 관리하는 데 최적이지만 병원, 학교, 유치원 등 다른 곳에서도 사용될 수 있다고 주장하고 있다.

그림 11.4 팬옵티콘(panopticon) 디자인

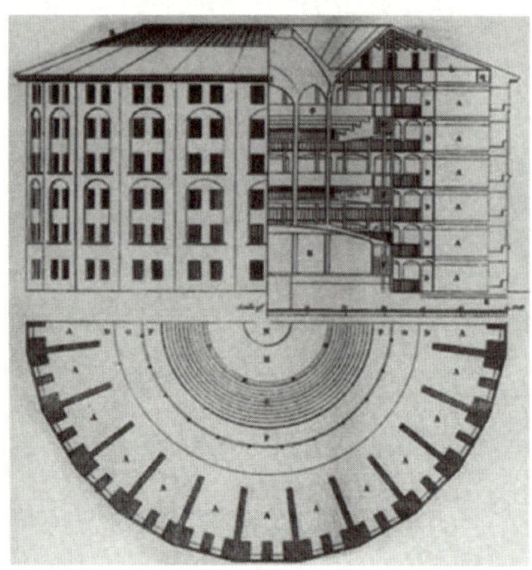

## 3. 조직관리 차원에서의 디자인 역량 인프라 구축

일과 삶의 균형은 현대 직장인들의 최대 관심사 중의 하나이다. 최근 2017년도 OECD의 더 나은 삶의 질 지수Better Life Index, BLI 조사[13]에 따르면 우리나라는 OECD 38개국 중 29위로 낮은 수준의 삶의 질 수준을 보여주고 있다고 한다. 특히 BLI 핵심 지표인 '일과 삶의 균형' 지표(38위)와 '삶에 대한 만족도' 지표(30위)는 OECD 국가 중 최하위권에 머무르고 있는데, 이러한 문제를 해결하기 위해 다양한 디자인 전략이 범정부 차원에서 실시되고 있다. 그중 하나가 스마트워크smart work 운동이다. 스마트워크란 시간과 장소에 상관없이 정보통신기술IT을 이용하여 언제 어디서나 일할 수 있는 유연한 근무 제도를 말한다. 재택근무, 스마트워크센터 근무, 모바일 근무 등 원격근무를 포괄하는 이 제도는 업무의 유연화뿐 아니라 장애인의 고용 확대, 출산율의 증가 효과도 가져온다. 문제는 지속적인 스마트워크 제도 정착을 위한 제도의 미비, 교육훈련의 부족, 대면적 행정문화, 직무분석의 미비 등으로 인해 시행착오를 거듭하고 있다는 점이다. 이는 진정한 직장 생활의 질을 제고하기 위한 디자인 전략을 위해서는 제도, 교육, 문화 및 업무와 공간과의 적합도를 위한 직무분석이 종합적으로 선행되어야 함을 시사하고 있다. 지속적인 디자인 전략은 다음과 같은 역량 인프라를 통해 보장될 수 있다.

첫째, 디자인 추진 전략 관련 법·제도의 정비가 선행되어야 한다. 디자인 혁신은 조직 변화를 자동으로 가져오는 것이 아니라 변화 관리change management 전략이 동반되어야 한다. 예를 들어, 업무 연계가 필요한 두 부서를 가까이 있도록 디자인하면 원활한 의사소통에 영향을 미치겠지만, 정보 공유에 대한 보상 제도가 마련되지 않는다면 원하는 만큼의 조직 변화는 기대하기 어려울 것이다.

둘째, 대면적 행정문화로 인해 스마트워크센터 이용자를 포함한 대안적 업무 공간의 이용자들이 실제 인사고과에서 불이익을 당하는 등 문제가 발생하고 있으므로,[14] 대안적 업무 공간이 일과 삶의 균형이라는 본래의 목적을 이루기 위해서는, 우선 기존의 인사고과 평가 기준에 대한 정비가 이루어져야 하고, 근무 성적 평정자들에 대한 교육훈련이 선행되어야 하며, 전통적 업무 공간과 원격 업무 공간의 적절한 조화가 이루어져야 한다.

셋째, UN 전자정부 발전지수 평가에서의 결과에서 알 수 있듯이 대한민국 정부는 세계적으로 최고 수준의 IT 인프라와 적용 능력을 보유하고 있다.[15] 이는 전통적 업무 공간에서 업무 능률의 향상뿐 아니라, 스마트워크나 클라우드 컴퓨팅을 통한 대안적 업무 공간을 가능하게 한다. 다만 아직도 국민들의 IT 활용 능력이 미흡하고, IT 산업 경쟁력 지수가 지속적으로 정체되어 있는 것을 감안할 때 관료제적인 대면 문화가 얼마나 IT의 발전과 맞물려 갈지는 주의 깊은 관찰이 요구된다.

마지막으로, 환경심리학은 업무 공간의 사용자에 가장 최적의 업무 공간을 창출하여 개인의 삶의 질을 향상시킴과 동시에 조직의 생산성을 제고시키는 것을 목적으로 하고 있다.[16] 즉, 업무 공간의 디자인 이전에 개개 공무원의 직무를 분석하여 공간과 사람의 적합도fit를 찾아낼 수 있다. 직무분석과 사회연결망 분석social network analysis이 활용되어 보다 심도 있는 일과 삶 균형 정책 입안과 근로 생활의 질 제고 전략 개발이 필요한 이유도 이 때문이다.

## 4. 공무원과 시민 모두를 위한 서비스케이프servicescape

공공 조직의 디자인 혁신은 서비스를 제공하는 공무원의 직장 생활의 질을 높이는 동시에 서비스를 제공받는 국민들의 만족도와 정부에 대한 신뢰를 향상시키는 상생적 효과reciprocal effects를 가져온다. 예를 들어, 비트너가 제창한 '서비스케이프(즉, 서비스가 생산되고 소비되는 공간)' 개념을 이용하여 디자인 혁신의 분석틀을 담아내 볼 수 있다. 즉, 실내 환경, 공간 배치, 상징적 공간 구조물, IT 기기의 인체공학적 배치 등을 포괄한 물리적 환경이 사용자의 인지적cognitive, 감정적emotional, 그리고 물리적physical 인식에 영향을 미치며, 이는 서비스의 제공자 또는 수혜자의 다양한 행태를 수반한다고 볼 수 있다.

첫째, 물리적 공간은 사용자의 인지cognitive 정도에 따라 다른 행태 변화를 수반한다. 공공건물과 내부의 업무 공간은 서비스 제공자와 수혜자 모두에게 암묵적 메시지tacit message를 전달한다. 예를 들어 사무실의 크기, 사무기기와 가구의 질, 사무실의 위치 등은 서비스 제공자에게는 조직 내 권위를 상징적으로 대변하며, 이는 그들의 직무만족, 이직률, 업무 생산성에 영향을 미친다. 국민과의 서비스 교류social interaction 공간에서는 국민들로 하여금 환대받는 또는 무시당하는 느낌을 상징적으로 전달한다. 따라서 물리적 공간은 암묵적nonverbal communication 소통의 수단이다.[17]

둘째, 물리적 공간의 깨끗함, 색채, 장식물 등은 물리적 공간을 사용하는 사용자의 감정emotion을 자극하여 서비스 제공자의 직무만족이나, 수혜자의 서비스 만족도를 증가시킨다.[18]

셋째, 물리적 공간은 사용자에게 물리적physical 영향을 주어 행태 변화를 유도한다. 실내 환기 상태, 온도, 소음 등 실내 환경과 매일 사용하는 컴퓨터 등 사무기기의 인체공학적 설계 여부는 사용자의 업무 집중도와 전반적인 건강 상태에 영향을 미친다. 또한, 수혜자의 입장에서는 환대받는 느낌을 주어 서비스 만족도와 정부의 이미지 제고에 영향을 줄 수 있다.

이들 물리적 환경과 사용자의 인지 정도는 분명한 인과관계에 있는 것이 아니라 상대적인 것이다.[19] 그 이유는 공간 사용자의 인지적 cognitive, 감정적 emotional, 물리적 physical 측면에서 인식되는 정도는 사람마다, 업무의 특성마다, 조직의 계층마다 다르기 때문이다.[20] 변화무쌍한 인간의 특성으로 인해 보편적 이론과 분석의 틀을 만들기 어려운 것은 사실이다. 하지만 장애인과 비장애인이 모두 사용하기 편한 유니버셜 디자인 universal design이 있듯이, 다른 모든 조건들이 같을 때, 좋은 실내 환경과 공간 배치, 상징적 장식물의 적절한 사용, 그리고 인체공학적으로 설계된 사무기기가 있는 공간에서 서비스 제공자와 수혜자 양측 모두의 만족은 매우 유의미한 수준에서 긍정적인 효과를 제공할 것으로 예측할 수 있다.

# 물리적 환경과 업무 공간 디자인 설계

호손실험Hawthorne Experiments[21] 이후 조직관리에 있어 업무적 환경과 물리적 근무 환경 요인에 대한 관심과 중요성은 인간관계 및 심리적, 행태적 요인들에 비해 상대적으로 경시되어 온 것이 사실이다. 이후의 허즈버그Frederick Herzberg의 2요인 이론Two-Factor Theory[22] 또한 동기요인motivators[23]이 아닌 위생요인hygiene factors으로서의 물리적 환경을 가설화하다 보니 조직 내 작업환경과 물리적 근무 여건의 위상과 그 중요성은 더욱 축소되어 왔다. 이러한 관리적 시각은 공공 조직에서도 동일하게 적용되어 공무원들이 자각하는 물리적 환경요인의 영향성은 다른 동기요인들에 비해 미약하게 나타난다고 볼 수 있다. 실제로 2016년 공직자의 사기를 높이기 위해 중요한 요인들을 설문으로 물은 결과,[24] 1순위는 승진, 보수, 공직자에 대한 사회적 평가 등의 순으로 나타났다. 2순위는 보수, 승진, 후생 복지, 공직자에 대한 사회적 평가 순으로 비슷한 결과를 보였다. 그러나 사무실 업무 환경을 1순위와 2순위로 뽑은 응답자는 상대적으로 적었고 이러한 결과는 물리적 공간 및 환경적 편의성 등의 조건들이 위생요인으로서의 역할에 그치고 있음을 확인해주는 것이라 할 수 있다. 이러한 해석에 대한 구체적인 증거 수치는 〈표 11.2〉에 제시되어 있다.

표 11.2 2016 공무원의 사기 증진 요인 빈도분석 결과표 (단위: 명)

| | 1순위 | 2순위 |
|---|---|---|
| 승진 | 509 | 326 |
| 업무의 사회적 중요성 | 128 | 111 |
| 사무실 업무 환경 | 32 | 67 |
| 직장 동료와의 관계 | 79 | 108 |
| 직장의 안정성 | 61 | 76 |
| 공직자에 대한 사회적 평가 | 198 | 192 |
| 후생 복지 | 98 | 197 |
| 보수 | 499 | 458 |
| 성과급 | 34 | 84 |
| 교육훈련 | 27 | 42 |
| 징계 수준 | 4 | 8 |
| 총 | 1,669 | 1,669 |

또한 2017년 공무원을 대상으로 조직 및 직무 만족도를 조사한 결과, 사무실 근무 환경에 대한 만족도는 보수, 동료와의 관계, 업무량, 업무 시간, 성과급, 후생 복지, 사무실 근무 환경, 교육훈련으로 구성된 총 8개의 요소 중 3번째로 높았으며, 5점 만점에 약 3.1점의 만족도를 나타내었다. 2016년도의 경우, 사무실 근무 환경에 대한 만족도는 약 3.06점으로 2위를 차지했다. 구체적으로, 지방 공무원은 3.19점으로 사무실 근무 환경이 2위를 차지했으며, 중앙 공무원의 경우 2.94점으로 역시 2위를 차지했으나 지방에 비해 만족도 점수가 낮은 것을 확인할 수 있다. 이러한 결과는 최근 수년간 세종시로의 중앙행정기관 이전으로 인해 발생한 다양한 문제점들에 기인한 결과로 보인다. 보다 자세한 내용은 〈표 11.3〉에서 확인할 수 있다.

**표 11.3 종합 분석 – 공무원들의 조직 및 직무 만족도 평균값**

| 구분 | 보수 | 동료와의 관계 | 업무량 | 업무 시간 | 성과급 | 후생 복지 | 사무실 근무 환경 | 교육 훈련 |
|---|---|---|---|---|---|---|---|---|
| 2017년 통합 | 2.7419 | 3.750904 | 2.919017 | 2.979393 | 2.671367 | 2.922270 | 3.097614 | 3.1193 |
| 2016년 통합 | 2.7518 | 3.69132 | 2.94036 | 2.94502 | 2.67831 | 2.81826 | 3.06184 | 3.0367 |
| -2016년 지방 | 2.84580 | 3.729771 | 3.03359 | 3.03206 | 2.67023 | 2.98168 | 3.18779 | 3.174 |
| -2016년 중앙 | 2.65779 | 3.65286 | 2.84714 | 2.85799 | 2.68639 | 2.65483 | 2.93590 | 2.8994 |

이러한 결과들은 호손실험과 연관되어 몇 가지 중요한 함의를 제공한다. 첫째, 대부분의 공무원들이 업무 환경에 만족하고 있고 거기에 큰 의미를 부여하지 않고 있다. 둘째, 업무 환경은 최소한의 불만족을 제어하는 장치는 될지언정 공무원들의 동기와 사기를 불러일으킬 만한 추동력을 제공하고 있지는 않다. 셋째, 공공기관의 특성상 업무 환경의 다양성과 혁신성이 제한되어 있고 예산 문제 등으로 업무적 환경 개선에 대한 제약요인이 많다는 것을 예상할 수 있다. 하지만 여기서 간과하기 쉬운 중요한 수치 중 하나는, 비록 전체 모수 집단 중 차지하는 비율이 작다는 한계는 있지만 사기 유발 요인 1, 2순위로 업무 환경을 선택한 공무원들이 대부분 젊은 여성 공직자라는 부분이다. 이는 근속연수가 낮은 집단, 그리고 여성 공무원들이 물리적 환경을 보다 중요한 사기 및 동기 유발 요인으로 보고 있다는 의미이고 앞으로 더 많은 비율을 차지하게 될 신세대 및 여성 공무원들의 시각을 충족시키고 업무 친화형 공간 환경을 설계하는 것이 결코 작은 의미가 아니라는 것을 각인시켜 주는 결과라 하겠다.

이렇게 새로이 유입되는 공공 영역에서의 수요자 혹은 소비자의 입장을 고려컨대, 과거의 인간관계 중심의 호손실험의 가정과 결과들을

그림 11.5 넛지 디자인의 예

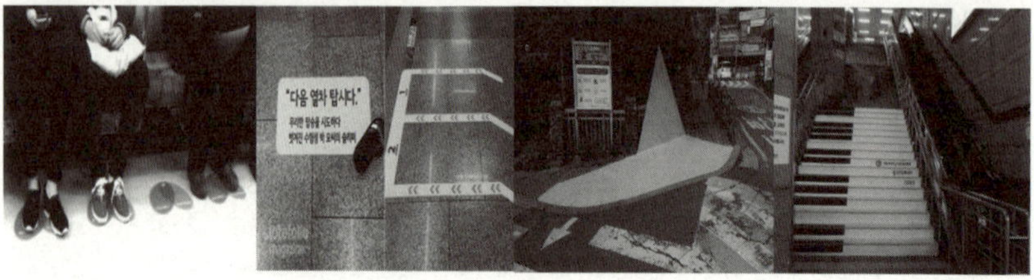


대체하면서 상기한 다양한 제약요인들을 극복하고 혁신적인 업무 환경과 공간 디자인을 이끌 수 있는 대안은 보다 적극적으로 넛지nudge형 접근 방식을 도입하여 유연하고 인간 친화적인 업무 환경 혁신을 이루어나가는 것이라 할 수 있다. 즉, 넛지 방식 디자인이란 행동 변화를 의도하거나 목표 달성을 유도하기 위해 설계자가 간접적, 암묵적 개입을 통해 이루어내는 시·공간적 디자인 방식을 말한다.

업무 환경의 공간 설계에 있어 넛지 기법의 결과들은 업무 공간 혁신의 방향성에 몇 가지 중요한 시사점을 제공하고 있다. 첫째, 소통과 협업에 적합한 혁신적 업무 공간 재구성과 디자인에 있어 공간 변화를 통하여 문화 혁신을 이룰 수 있는 가능성을 보인다는 점이다. 즉, 문화 개선을 통한 혁신은 근본적인 변화를 추구할 수는 있지만 전략 수립이 모호하고, 변화의 속도가 느리며 혁신의 실패 가능성이 높다고 하겠다. 하지만 공간 변화를 통한 혁신은 업무 환경의 변화를 통해 업무 행태와 문화를 바꾸는 빠른 혁신 방법으로 현 업무 공간에 대한 진단과 배치, 레이아웃, 구성원의 행태 변화, 조직문화 간의 연계성을 보다 시각적으로 측정할 수 있으며 미세 조정 – 행태 변화 유도 – 관찰 – 재조정 – 전면 조정 등의 순으로 단계적으로 추진하여 행태 변화와 문화 혁신 추진 과정에서의 혼란과 실패를 최소화할 수 있다고 할 수 있다.

장기적으로, 혁신적인 업무 공간의 적용과 확산을 위해서는 실험적 조직을 설치하고 넛지형 방식으로 추진하는 것이 필요하다. 영국의 행동과학 팀Behavioral Insight Team, BIT과 같은 법인화된 넛지 유닛의 설계가 하나의 좋은 예가 될 것이다. 조직 또한 시뮬레이션 기법을 이용하여 업무 환경과 사용자가 최적이 되는 디자인을 개발하고, 수정, 확장하여야 한다.[25] 이러한 넛지 시뮬레이션 실험연구는 실현 가능성의 제약으로 사회과학에서 많이 행해지지 않았던 연구 기법이다. 다행히 몇 년간에 걸친 세종시로의 정부 부처 이전 사업은 대규모 넛지형 디자인 실험을 가능케 하고 있다. 한 예로, 정부과천청사 건물의 무미건조하면서 거대하고 위압적인 대칭 구조의 직사각형 모양이 서비스 수혜자를 심리적으로 내리누르는 듯한 느낌을 준다면, 세종시 새 청사는 부드럽고 유연한 곡선으로 포근한 느낌을 주고, 옥상에 녹지공간을 만들어 공무원과 시민이 함께 즐길 수 있도록 설계되어 있다. 이러한 디자인은 정부가 시민들을 위해 일하는 것 같은 느낌을 보다 더해줄 것이다. 하지만 감성적 측면을 넘어 보다 심층적이고 미시적인 관점에서 세종시 정부기관의 근무 환경과 업무 공간에 대한 부분을 살펴본다면 보다 많은 문제점들을 발견하게 될 것이고 이에 상응하는 근본적이고 혁신적인 업무 공간 혁신 정책 방향들을 모색해볼 수 있을 것이다. 세종시 근무 여건에 대한 공무원들의 생각과 의견 분석이 필수적인 이유도 이 때문이라 하겠다.

2015년 공무원을 대상으로 한 설문조사 결과[26] "세종시 청사 이전에 따라 업무 처리의 효율성이 전반적으로 어떻게 변화하였습니까?(1점: 매우 낮다, 10점: 매우 높다)"라는 물음에 대한 응답 결과 4.99점의 평균값이

그림 11.6 세종시 청사 이전에 따른 업무 효율성 변화

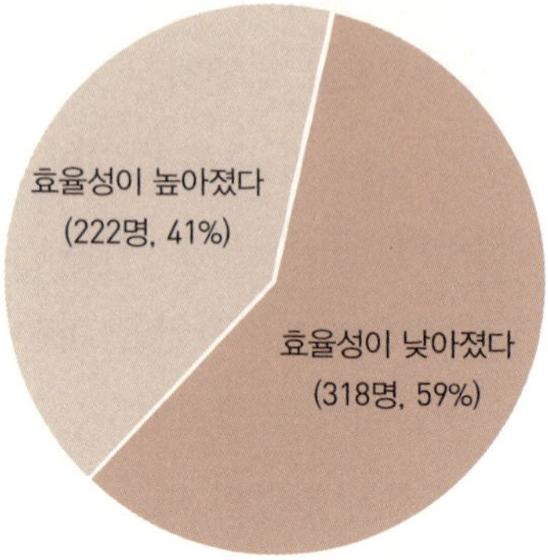


도출되었다. 즉, 청사 이전에 따라 업무 처리의 효율성이 낮아졌다고 응답한 응답자(1점~5점 사이에 응답)는 318명으로 전체의 59%를 차지하였고, 높아졌다고 응답한 응답자(6점~10점 사이에 응답)는 222명으로 41%를 차지하였다([그림 11.6] 참조).

구체적으로, 효율성이 낮아진 원인에 대해 조사한 결과는 〈표 11.4〉와 같다. 업무 공간에 해당되는 '사무실 협소 등 세종시 청사의 근무 환경 불편'을 이직 고려 원인의 1순위로 응답한 응답자는 약 3%, 2순위로 응답한 응답자는 약 8%를 차지했다. 종합하여, 전체 응답 가운데 약 5.63%가 업무 공간을 비효율성의 원인 1위 및 2위로 지목했으며 업무 공간 혁신에 대한 필요성을 제시했다고 볼 수 있다. 한편, '세종시의 정주 및 생활 여건의 미비'를 효율성 저해 요인의 1순위, 2순위로 뽑은 응답자의 수는 각각 42명, 67명으로 전체의 약 10.24%를 차지하는 것으로 나타났다.

표 11.4 세종시 이전 후 효율성 저해 요인 (단위: 명)

| 구분 | 1순위 | 2순위 |
|---|---|---|
| 장·차관실, 국장 등 서울 출장으로 인한 보고 지연 | 154(28.57%) | 102(1.43%) |
| 담당 업무 처리를 위한 서울 출장 불편 | 141(26.16%) | 93(17.71%) |
| 관련 기관이나 전문가 회의 등 전문가 활용의 어려움 | 63(11.69%) | 91(17.33%) |
| 국회 등 외부 기관의 세종시 기관에 대한 배려 부족 | 123(22.82%) | 128(24.38%) |
| 사무실 협소 등 세종시 청사의 근무 환경 불편 | 16(2.97%) | 44(8.38%) |
| 세종시의 정주 및 생활 여건의 미비 | 42(7.79%) | 67(12.76%) |
| 기타 | 0 | 0 |
| 합계 | 539(100%) | 525(100%) |

## 업무 공간 혁신 우수 사례 발굴

디자인 혁신 사례의 연구 및 발굴은 디자인의 변화가 서비스 제공자와 수혜자의 행태 변화와 생산성 향상에 기여한 것을 중심으로 한다. 한 예로 미국 미시시피Mississippi주의 한 요양원에서 시행한 그린하우스Green House 프로젝트는 요양원을 개인주택처럼 만듦으로써 노인 환자들이 시설에 수용된다는 이미지를 없애는 아주 간단한 아이디어에서 나왔지만, 요양원 환자의 만족도는 물론 건강 상태까지 좋아지고, 직원들의 직무만족 역시 동시에 향상되는 결과를 낳았다.[27] 또한 서울특별시 성동구의 한 소방서는 건물을 재밌게 디자인하여 딱딱한 이미지를 탈피하고 주변 커뮤니티와 조화시켜 시민들의 거부감을 줄였다.

최근 우리나라 정부 조직의 한 예를 들어보자. 해양수산부는 2018년 인사혁신 경진대회의 '공직 전문성 및 생산적 문화 분야'에서 '부서 간 벽을 허무는 벤처형 조직' 운영이라는 공간 혁신 상품을 출품하여 호평을 받았다. 즉, 정부 최초 '조인트 벤처 1호' 운영이라는 의미 있는 공공관리 혁신을 이루었는데 이는 민간 사기업의 사내 벤처 운영 방식을 벤치마킹하여 근무 형태·근무 공간 등을 혁신한 결과이다. 구체적인 내용을 보면, 전 직원 대상 과제 및 참여 인원 공모로 부서 간 칸막이를 제거하고, 기타 행정 업무를 최대한 배제하고 형식에 자유로운 보고 등

과중한 행정부담을 과감히 혁신하였다. 또한 유연근무제를 적극 활용하고 독립된 사무실 제공 등 근무 행태·공간 혁신을 지속하였으며 해커톤hackathon, 집중 토론, 끝장 토론 등 자유로운 토론식 업무를 지향하였다. 이러한 일련의 혁신 활동은 근본적인 업무 공간과 물리적 환경 개선 노력이 없었으면 이루질 수 없었던 부분이며, 근로 생활의 질과 일과 삶의 조화를 중시하는 관리적 전략과 리더십이 이끌어낸 결과라고 할 수 있다.

# 결론: 공공 영역에서의 업무 공간 디자인 혁신 전략과 방향

세종시 사례의 결과에서 살펴본 것과 같이 공공기관 지방 이전과 4차 산업혁명 시대에 대비하여 사무 공간을 혁신하기 위한 보다 적극적인 정책 방안이 필요하다. 지난 2016년 행정자치부는 건축 설계 분야의 자문단을 운영하고 14개 기관에 대해 공간 혁신 컨설팅을 진행, 일부 스마트오피스를 도입한 바 있다.[28] 하지만 여전히 공공기관에서의 사무 공간 디자인에 대한 관심은 몹시 미약한 수준이다. 이에 다소 폐쇄적인 공공기관의 공간을 보다 개방적이고 스마트한 사무 공간으로 탈바꿈할 수 있도록 건축, 설계 분야뿐 아니라 정보통신기술, 친환경, 조명, 가구·소품, 색채 등 다양한 분야의 전문가의 도움이 필요하다. 또한, 민간 부문의 사례를 적극 벤치마킹함으로써 사무 공간을 보다 창의적이고 혁신적으로 설계하고자 하는 의지도 필요하다. 이를 위해 공사公私 간의 '공간 혁신 사례 나눔 세미나', '4차 산업혁명과 공공기관 공간 혁신 포럼' 등의 혁신 방안 논의 공동체를 설립하여 의견을 공유하는 것이 중요하다. 또한, 스마트워크센터, 스마트오피스 등의 다양한 해외 사례를 연구하고 실제로 탐방하는 기회를 통해 공공기관의 공간 혁신 전략을 수립하여 업무 공간의 혁신화를 위해 노력하는 것도 의미가 있다고 하겠다. 이러한 관점에서 크게 몇 가지 업무 공간 디자인 혁신 방안 예시들을 제시해보고자 한다.

① 업무 집중을 위한 책상 파티션, 다양한 팀 구획으로 팀 간 소통 강화를 장려하는 다방향 소통형 책상 배열desk layout 디자인 전략이다. 가장 기본적이고 예산 절감적 접근 방식이라 할 수 있다. 특히 공공 조직 내 빅데이터big data, 인공지능AI, Artificial Intelligence 사물인터넷IoT, 5G 등의 새로운 과학기술 및 정보 지식 시스템을 활용하고 분권형 조직 관리 체계 및 협업 기반 공공 서비스 체계 공간 효율화를 위해서 가장 기본적으로 실현되어야 할 업무 공간 디자인 방식이라 하겠다.

② 중앙 집중식 회의실central meeting room 공간 디자인 전략이다. 업무 회의를 투명화, 집중화함으로써 회의의 효율성과 집중도를 높이는 의미를 담고 있다. 담당 회의 수행 규모를 적정화하고, 소음 차단 및 시각적 개방을 위한 유리 간벽, 회의 장비 및 설비를 최대한 정교화하는 작업이 필요하다. 시민과 끊임없이 소통하고 협력함은 물론 투명한 정보 공개와 참여형, 협업형 플랫폼 거버넌스를 실현한다는 미래 정부 조직 공간 디자인의 예 중 하나라고 할 수 있다.

③ 업무 공간 내부에 업무와 관련한 도서를 비치하고 분위기에 맞는 테이블, 의자를 구비함은 물론 벽면 도서관 전면 창을 활용하여 조용한 도서관 분위기를 의도적으로 연출하는 도서관library 공간 배치 디자인 전략이다. 연구 기관과 연구 직렬 업무와 부합성이 높고 단기적 업무 몰입도를 높여나갈 수 있는 업무 공간 디자인 전략이라 할 수 있다. 공직 내 상시 학습 및 자기 주도형 조직 학습 문화를 내재화시켜 줄 수 있는 전략이라고도 할 수 있으며 장기적으로는, 일-학습 연계를 통한 능동적 업무 정보 인프라를 구축하고 조직 변화에 대응할 수 있도록 구조

와 체계를 지속적으로 개발시켜 줄 수 있다고 보인다.

④ 현안 업무의 성격에 따라 팀 회의 수행 규모(테이블당 3~6명)를 조율하고 효율화함과 동시에 팀별 공간team meeting zone을 최적의 장소(예를 들면, 전망 좋은 전면 창 제공으로 소통의 기회를 확대하고 보다 긍정적 심리를 유발시키는 전략 구사)에 배치함으로써 팀 회의의 소통성과 심리적 긍정성, 그리고 효율성을 높여가는 업무 공간 재배치 전략이라 할 수 있다. 매트릭스 조직 구조 디자인matrix structure design과의 결합도가 높으며 장기적으로는 미래의 조직 모델인 홀라크라시holacracy 실현을 위한 전제적 공간 디자인 전략이라고도 볼 수 있다.

⑤ 업무 공간 외에 부서별 휴식 및 소통의 담소 공간을 제공하고 혼자 차를 마시며 쉬는 휴식의 공간chat and rest zone은 필수적이다. 창가를 깨끗이 정리하여 시원한 전망을 확보하고 휴식 친화형 탁자와 의자를 구비하여 업무 공간 내 일과 휴식의 균형을 맞출 수 있는 쉼과 담소의 미학이 필요하다.

공무원의 삶의 질 제고와 조직 내 행복감 제공을 위해 필수불가결한 조직 요소이며 궁극적으로는 휴식 공간들을 최적화하고 최고 가치화하여 공무원들의 정신적·신체적 에너지를 충전해 최고의 업무 효율과 창의성을 이끌어낼 수 있는 에너지 매니지먼트energy management의 한 유형이라고 하겠다.

# 에필로그

상기한 공간 디자인 전략의 배경과 주요 자료 및 사례 분석 결과들을 바탕으로 하여 정부 생산성 향상과 공무원의 삶의 질을 높이기 위한 방편으로서 디자인의 역할에 대한 이론을 분석하고 실천적 대안을 수립하는 것은 앞으로 매우 중요하다고 하겠다. 이를 위해 다음과 같은 공간 디자인 전략에 관한 혁신 과제들을 혁신 정책 어젠다agenda로 추진하는 것은 매우 의미 있다고 볼 수 있다.

첫째, 사람과 업무 특성에 맞게 디자인된 업무 공간 디자인 혁신은 공무원의 직장 생활의 질과 정부의 생산성 향상에 기여하고, 나아가 시민들의 정부에 대한 신뢰를 향상시키기 때문에 공공 조직에서 이론을 통해 디자인의 중요성에 대한 의의를 검토하는 것뿐만 아니라, 장기적으로 공간의 디자인이 정부 생산성이나 공무원의 직장 생활의 질을 높이고 더 나아가 삶의 질을 높이는 지렛대 역할을 함을 파악하는 것이 중요하다.

둘째, 이론적인 검토를 토대로 디자인과 공무원 직장 생활의 질 간의 관계를 경험적 데이터를 수집하여 검증하는 것이 필요하다. 먼저, 중·장기적인 관점에서 실험, 관찰, 사례연구를 통한 모델의 수립, 수정 및 확장, 대안적 업무 공간(예: 스마트워크센터 등)의 검토와 이들과 전통적 업무 공간과의 조화, 그리고 업무 공간 평가 도구의 개발이 필요하며, 장기적인 관점에서 탄력적agile 업무 공간을 창출하여 직장 생활의 질과 더 나아가 삶의 질 향상이라는 가치 창조를 위한 실천적 방안을 탐색하는 것이 필요하다. 이를 통해 소중한 우리 공무원들의 마음을 보다 세심하게 읽고 보듬어 나가면서 함께하고 있다는 행복감을 가질 수 있지 않을까 생각한다.

# PART IV
# 그들의 공과 사: 공익과 속마음

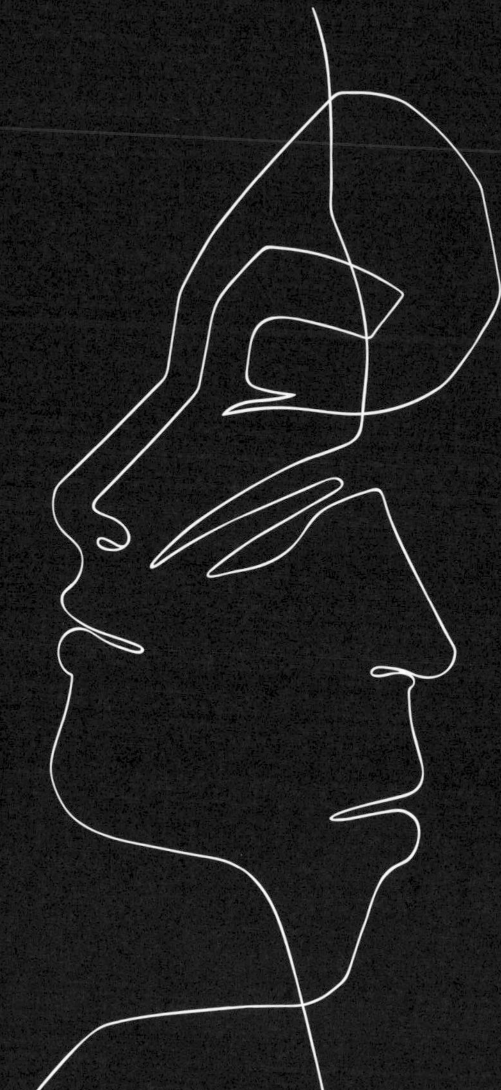

# 제12장
# 김영란법은 어떠세요?
# : 청탁금지법을 대하는 공무원들의 생각

**홍준형** 서울대학교 행정대학원 교수

## 공무원의 부패 인식과 김영란법에 대한 생각

말도 많고 탈도 많았던 「부정청탁 및 금품등 수수의 금지에 관한 법률」(약칭 '청탁금지법'), 세칭 '김영란법'이 시행된 지도 벌써 2년이 넘었다. 공무원들은 김영란법을 어떻게 생각하고 있을까. 공무원들에게 김영란법에 대해 어떤 생각을 가지고 있는지를 묻는 것은 이 문제가 부패방지 정책은 물론 공무원의 윤리 의식 문제와도 깊은 관련성을 지니고 있을 뿐만 아니라 21세기 들어 모든 정부가 공통적으로 직면한 가장 근본적이고 중대한 도전인 정부 신뢰의 위기에 대해서도 의미심장한 영향을 미치기 때문이다.

청탁금지법은 부패 방지를 위해 인맥을 통한 청탁, 대가성 입증이 곤란한 금품 수수, 음성적 접대 등 기존의 반부패정책에서 다루지 못한 우리 사회의 고질적인 비리 유발적 관행과 문화를 차단하기 위한 획기적인 법률이지만,[1] 제정 전부터 시행 과정에 이르기까지 갖가지 우려와 논란의 대상이 되었고, 그 효과에 관해서도 여전히 많은 불확실성이 상존하고 있다. 특히 그동안 법 시행 과정에서 식사·선물·경조사비 등 제한으로 농축수산물 거래가 위축되고, 요식업계가 타격을 입는 등의 경제적 부작용들이 우려되면서 논란을 일으켰다. 일례로 화훼, 그중에서도 난과 관엽식물 판매량이 줄어든 것은 청탁금지법에 따른 공직사회의 몸조심 때문이라는 불만이 터져 나왔다. 반면, 우려되었던 자영업자들의 경제적 타격은 예상보다 크지 않았다는 보고도 나왔다.[2] 주로 언론 미디어를 통한 규범과 현실의 괴리에 대한 문제 제기에 따라 몇 차례 개정 시도가 있었고, 농수산물 및 농수산가공품을 배려한다는 취지에서 농수산물 및 농수산가공품 선물의 가액 범위를 조정하는 등 식사·선물·경조사비 등 제한 관련 시행령 개정이 단행되었다. 하지만 청탁금지법은 강고한 국민 여론을 배경으로 일부 제한적 개정 외에는 큰 틀을 유지할 수 있었다. 청탁금지법이 일정액 이상의 금품 수수 관행과 청탁 행위가 허용되어서는 안 된다는 강력한 사회적 신호를 줌으로써 기업의 접대비와 교제비 부담을 감소시키고 교육 현장에서 널리 행해진 부탁·접대·선물 등 촌지 관행을 근절하는 등 사회 전반에 윤리 의식의 변화를 가져왔다는 긍정적인 의견이 널리 공유되었기 때문이다.

김영란법에 대한 공무원들의 생각은 사회 전반과 공직사회 청렴도나 부패에 대한 공무원들의 인식을 배경으로 김영란법에 대한 기대와 문제의식을 통해 드러날 수 있다. 김영란법의 시행 효과에 관해서는 그동안 많은 조사 분석이 이루어졌다. 대표적인 것으로 국민권익위원회가 현대리서치연구소㈜에 의뢰하여 실시한 「2018년도 부패인식도 조사」,[3] 2018년 「청탁금지법 인식도 조사」,[4] 2017년 「청탁금지법 시행 1년 성과 분석 및 발전방향 모색 연구」(연구수탁기관: 한국행정연구원),[5] 서울대학교 공공성과관리연구센터에서 실시한 「2016년도 공공성과 관련 중앙 및 지방공무원 인식조사」[6] 그 밖에 청탁금지법 시행 1년 또는 2년의 시행 효과를 분석한 여러 학회, 기관들의 조사 분석들이 있다.[7] 이들 조사 결과를 참고하여 공무원들의 생각을 탐색해본다.

## 공무원의 부패 인식, 일반 국민과 다르다?

국민권익위원회의 「2018년도 부패인식도 조사」 결과는 사회 전반과 공직사회의 부패 수준을 바라보는 국민과 공무원 간 인식의 괴리가 매우 크다는 사실을 보여준다.[8]

먼저, 사회 전반의 부패 수준과 관련하여, '우리 사회가 부패하다(매우 부패+부패한 편)'는 설문에 대한 응답 결과를 보면, 일반 국민의 경우 53.4%로 가장 높게 나타났고, 전문가(49.0%), 기업인(48.4%), 외국인(25.0%), 공무원(19.1%) 순으로 나타나 인식 차가 여전히 크게 나타났다. 공직사회 부패 수준에 대해서도 공무원과 일반 국민 간 인식의 차이는 매우 크게 나타났다. [그림 12.1]에서 보는 것처럼 '공무원이 부패하다(매우 부패+부패한 편)'는 응답 비율은 기업인(52.3%)이 가장 높고, 일반 국민(40.9%), 전문가(39.2%), 외국인(29.6%), 공무원(7.7%) 순으로 나타났다.

부패 수준을 10점으로 환산한 부패인식지수(점수가 높을수록 '청렴하다'는 의미)에서도 그 격차는 두드러진다. 사회 전반의 부패인식지수의 경우, 일반 국민이 3.40점('다소 부정' 수준)으로 평가한 반면, 공무원은 6.13점('다소 긍정적' 수준)으로 평가하여 공무원의 점수가 조사 대상 중 가장 높은 것으로 나타났다. 공직사회 부패인식지수 역시 일반 국민이 4.08점으로 평가한 반면, 공무원은 6.80점으로 평가하여 조사 대상 중 가장

그림 12.1 공직사회와 사회 전반의 부패 수준 (단위: %)

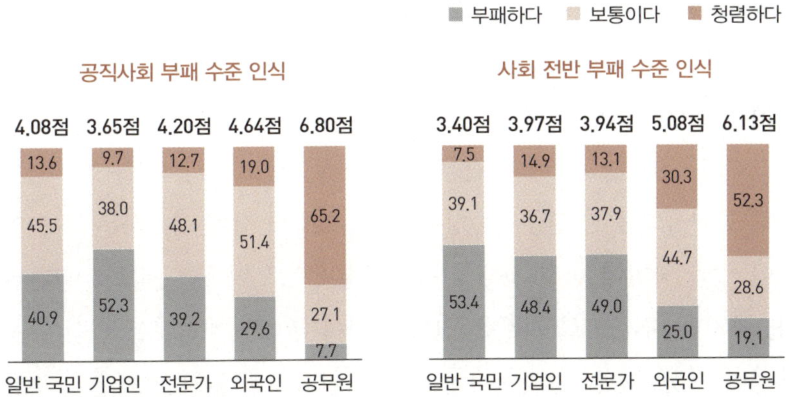


자료: 국민권익위원회. (2018: 3, 7)

높은 것으로 나타났다.[9] 이러한 결과는 무엇을 의미하는 것일까?

관심·체험의 부족, 정보·시야의 제한, 언론보도의 영향 등과 같은 요인도 작용했겠지만, 조사 자체가 부패 수준에 대한 주관적 인식을 물은 것이어서 과다 평가(일반 국민)와 과소평가(공무원), 공세적·비판적 인식(일반 국민)과 수세적·긍정적 인식(공무원) 간의 편차와 편향bias이 생기는 것은 불가피한 것으로 판단된다. 같은 조사에 따르면, 우리 사회가 부패하다고 평가하는 주된 이유로 모든 조사 대상에서 '실제 우리 사회의 부패행위가 만연하기 때문에'라는 응답이 가장 높은 비율을 차지했는데, 그다음으로 꼽은 두 번째 영향 요인을 통해 일반 국민과 공무원 간의 인식 차이가 드러난 점이 주목된다. 즉, 일반 국민, 기업인, 외국인은 '부정부패 등 언론보도의 영향'을 꼽았고, 전문가, 공무원은 '부패에 대한 인식 수준과 기대치가 높아졌다는 점'을 지목하고 있다. 나아가 공직사회 부패 수준에 대해 '공무원이 부패하다(매우 부패+부패한 편)'는 응답 비율은 기업인(52.3%)이 가장 높고, 일반 국민(40.9%), 전문가(39.2%), 외국인(29.6%), 공무원(7.7%) 순으로 나타났는데,[10] 여기서도 기업, 일반 국민에 비해 공무원의 응답 비율이 현저하게 낮게 나왔다는 점은 같은 맥락에서 시사하는 바가 크다.

그러나, 위에서 본 바와 같은 편향의 차이에도 불구하고, 공무원이 주로 공직사회를 참조할 가능성이 높고 이에 터 잡아 생각하는 부패 인식이 일반 국민에 비해 상대적으로 긍정적으로 나타난 것으로 판단된다. 하지만 더 중요한 사실은 일반 국민이 부패를 바라보는 인식이 공무원의 그것보다 더 심각하다는 것이 아닐까. 즉 내부자보다는 외부자의 시각, 국민의 눈높이, 말하자면 공직자들의 부패나 사회적 비리에 직접 영향을 받는 일반 국민이나 기업 등의 시각에서 본 부패 인식이 상대적으로 더 적실성適實性을 가질 가능성이 크기 때문이다.

# 김영란법, 공무원과 일반 국민의 인식

김영란법의 시행 효과에 관해서는 이미 앞에서 소개한 다양한 조사 분석 결과가 나와 있지만, 공무원과 일반 국민 간의 인식 차이가 그리 뚜렷한 경향성을 띠지는 않고 있다.

먼저, 시행 1년을 전후하여 실시된 조사들은 공통적으로 청탁금지법이 압도적으로 높은 국민적 지지를 받고 있고(국민 10명 중 8~9명의 비율) 법 시행 결과 실제 직무 관련 청탁이나 선물 교환이 줄어들었으며, 회식이 줄면서 '더치페이'가 늘어나는 등 회식 문화에도 영향을 주고 있다는 긍정적인 변화를 보고하고 있다.[11] 그 밖에도 김영란법 시행으로 기업의 접대비 지출이 감소했고[12] 학교에서도 긍정적인 변화가 일어났다는 보고가 잇달았다.

청탁금지법 시행 1년을 맞아 서울시교육청이 학부모 3만 6,947명과 교직원 1만 8,101명을 대상으로 실시한 온라인 설문조사 결과에 따르면, 학부모들은 95%(3만 5,259명)가 청탁금지법 시행에 찬성하며, 87%(3만 2,231명)가 '청탁금지법이 교육 현장에 잘 정착하고 있다'는 데 동의했고, 또 같은 비율로 법 시행으로 종전에 관행적으로 이뤄진 부탁·접대·선물을 '부적절한 행위'로 인식하게 됐다고 밝힌 것으로 나타났다. 사회 전반에 청탁금지법이 정착됐다고 답한 학부모 응답 비율(77%)에 비해 교육 현장에서의 정착 속도가 더 앞섰음을 보여주었다. 교직원의 경우, 95%(1만 7,092명)가 '서울시교육청에서 청탁금지법이 잘 지켜지고 있다'고 응답했고, 학부모 95%(3만 5,188명)와 교직원 92%(1만 6,572명)가 '청탁금지법이 교육 현장에 긍정적인 영향을 줬다'고 생각하는 것으로 나타났다. 학부모 76%와 교직원 82%는 청탁금지법으로 실제 부정 청탁이 사라졌다고 생각했다. 청탁금지법이 시행돼 촌지 등 금품 수수가 없어졌다는 응답자는 학부모가 83%, 교직원이 85%였다.

국민권익위원회가 법 시행 2년을 맞아 사회 전반의 변화 정도를 살펴보기 위해 실시한 청탁금지법 인식도 조사[13] 역시 큰 틀에서 동일한 결과를 보여주고 있다.

먼저, 청탁금지법의 시행에 대한 평가와 관련한 조사 결과를 살펴보면, 국민(89.9%), 공무원(95.6%), 공직유관단체 임직원(97.0%)의 절대 다수가 청탁금지법의 시행에 찬성하고 있는 것으로 나타났다. 언론사 임직원(74.5%), 영향 업종 종사자(71.3%)의 다수도 법 시행을 긍정적으로 평가하는 것으로 보고되고 있다. 그리고 청탁금지법이 안정적으로 정착되고 있다는 응답이 다수였고, 부조리 관행이나 부패 문제 개선에 청탁금지법이 크게 영향을 주는 것으로 나타났다. 다만, 청탁금지법이 '안정적으로 정착되고 있다'는 의견은 국민 75.3%, 공무원 92.6%로, '부패 문제 개선에 도움 된다'는 의견은 국민 74.9%, 공무원 91.1%로 나타나 16% 이상의 격차를 보이고 있다. 이것은 김영란법의 안정적 정착과 부패 문제 개선 효과에 관한 한, 공무원에 비해 일반 국민이 더욱 비판적·유보적으로 바라보고 있음을 잘 보여주는 것으로 앞서 본 사회 전반의 부패 수준에 대한 인식의 편향과 맥락을 같이하는 결과라고 이해할 수 있을 것이다.

반면, 청탁금지법의 사회적 영향에 관한 조사 결과는 그러한 경향과는 사뭇 다른 경향을 보여준다. 법 시행이 우리 사회에 긍정적인 영향을 주고 있고 정상적인 사회생활이나 업무 수행에 지장을 주지 않는다고 인식하고 있다는 점은 공무원이나 일반 국민이 그리 큰 차이를 보이지 않았다. 청탁금지법이 '우리 사회에 긍정적 영향을 미친다'는 문항에 대해 국민은 87.5%, 공무원은 95.0%가 동의했고, '청탁금지법 시행이 생활·업무에 지장을 주지 않는다'는 문항에 대해 국민은 90.3%, 공무원은 93.8%가 동의하였다. 또 일반 국민이나 공무원, 언론인 등 모두가 대동소이한 비율로 청탁금지법 시행으로 인맥을 통한 부탁·요청이나 직무 관련자의 접대·선물이 감소하였고 더치페이 관행이 정착되고 있다고 응답하는 등 청탁금지법 시행에 따른 부패 예방 체감 효과를 인정하고 있다. 위의 교육 현장 조사에서 학부모의 95%와 교직원의 92%가 '청탁금지법이 교육 현장에 긍정적인 영향을 줬다'고 생각하는 것으로 나타났다는 점, 학부모의 83%, 교직원의 85%가 청탁금지법 시행으로 촌지 등 금품 수수가 없어졌다고 응답했다는 점도 그와 유사한 맥락에서 이해될 수 있다.

좀 더 구체적인 실증 조사가 필요하겠지만, 이와 같이 김영란법의 안정적 정착과 부패 문제 개선 효과에 비해 그 사회적 영향에 대한 긍정적 평가 의견이 공무원과 일반 국민 사이에 큰 차이 없이 동일한 방향·비율로 나타났다는 것은 무엇보다도 청탁금지법의 규제 대상이나 방향이 일반적인 부패방지법 차원과는 사뭇 다른 특성을 지니고 있기 때문이 아닐까 추정된다.

김영란법은 부정 청탁을 받는 공직자에 대한 규제, 즉, 공직자들의 부정 청탁 수용과 그에 따른 직무수행 금지나 금품 수수 금지 등을 내용으로 하는 규제·제재 위주의 법에 머물지 않고, 부정 청탁을 배제하기 위한 유인 구조를 제도화하고 있다는 특성을 가진다. 김영란법은 이를테면 '조정 게임coordination game'의 상황을 벗어날 수 있도록 해주는 제도적 틀을 설정한다. 조정 게임이란 개인이 자신의 이익을 극대화하기 위해 다수의 선택을 따라야 하는 상황으로, 예컨대 많은 사람들이 공직자에게 접대를 하거나 선물을 주고 있어 어쩔 수 없이 다수의 선택을 따라야 불이익을 모면할 수 있는 경우를 말한다.[14] 조정 게임 상황으로부터 벗어나는 길은 무엇보다도 공직자에 대한 접대나 선물 제공과 같은 비효율적·부패 유발적 관행을 끊어내는 데 있다. 부정 청탁과 금품 수수의 금지를 통해 개인들이 다수의 선택에 따라야 하는 조정 게임 상황으로의 유인을 제거하려는 것이다.

이와 같이 김영란법은 공직자에 대한 규제뿐만 아니라 부정 청탁의 금지와 그 위반에 대한 처벌 등 주로 부정 청탁을 하거나 할 유인을 가지는 국민이나 민원인, 그 밖의 이해관계자들에 대한 제재에 초점을 맞추고 있고, 그 결과 공직자들로 하여금 부정 청탁을 거절할 수 있도록 만드는 법적 유인 구조와 거점을 제공함으로써 결과적으로 부정 청탁의 유혹이나 리스크로부터 공직자들을 보호해주는 기능을 수행할 수 있다. 특히 공직자들의 높은 호응도는 김영란법이 공직자들에게 "청탁이나 금품을 거절할 수 있는 자유를 주는 제도"임을 방증한다는 지적도 같은 맥락이다.[15]

나아가 과거 교육 현장에서 만연되어 온 촌지 수수 관행의 사례에서 여실히 나타나듯 김영란법이 교직원들의 리스크 회피 여건을 만들어주는 동시에 특히 학부모들의 촌지 부담을 덜어주는 결과를 가져올 수 있다는 점에서 교육 관계인들 모두에게 '윈윈win-win'의 상생 효과를 가져다줄 수도 있다. 건설·건축 분야의 경우처럼 종래 규제기관과 피규제자, 민원인들이 일종의 '갑을관계'로 엮이는 유착 현상에 대해서도 김영란법의 순기능이 발휘된다면, 모든 관계인들에게 상생 효과를 기대할 수 있다는 점도 그와 다르지 않을 것이다.

위에서 살펴본 바와 같이 김영란법의 안정적 정착이나 부패 방지 효과 등과 관련된 일부 측면에서 공무원들이 일반 국민에 비해 어느 정도 또는 상대적으로 높은 낙관적 견해를 보인 반면, 일반 국민은 공무원들보다 훨씬 유보적 태도를 보인 결과가 나온 것은 이미 앞에서 논의한 부패 문제에 관한 두 집단 간 인식 차이의 원인·의미와 무관하지 않을 것이다.[16] 일반 국민의 경우 특히 오랜 기간 누적되어 온 정부에 대한 불신의 기억이 김영란법의 안정적 정착이나 부패 방지 효과에 대한 지지를 상대적으로 낮추는 방향으로 작용했을 가능성이 있지 않을까.

공직의 공정한 직무수행 보장과 공공기관에 대한 국민의 신뢰 확보라는 김영란법의 목적에 비추어 보더라도 그 차이는 결국 정부 신뢰의 문제로 귀결되는 것으로 보인다. 만일 일반 국민이나 공무원 모두가 공통적으로 김영란법의 부패 방지 효과를 긍정하는 면에서 의견 수렴 경향을 보인다면 그러한 격차의 요인들이 줄어들었다고 볼 여지가 있을 것이고 상대적으로 일반 국민의 정부 불신이 그만큼 감소되었다고 해석할 수 있을지도 모른다.

김영란법의 여러 측면에 관하여 두 집단 모두가 비교적 높은 지지 성향을 보인다는 점을 소홀히 해서는 안 될 것이다. 김영란법 제정 2년을 넘는 동안 실시된 각종 조사 분석 결과를 볼 때, 바로 그러한 이유에서 조사 대상 집단 간의 격차보다는 전반적으로 매우 높은 지지율을 주목하는 것이 당연할 것이다. 따라서 김영란법이 제정, 시행 초기에 순항하고 있고, 특별한 변화가 없는 한, 향후에도 그러한 경향이 상당 기간 지속될 가능성이 높다는 엄연한 사실을 평가 절하할 수는 없을 것이다.

반면, 일반 국민과 공무원 사이의 인식 차이가 어느 정도 수준에서 용인될 수 있는 것인지, 또 향후 법 시행이 지속되는 과정에서 그 괴리가 줄어들거나 해소될 수 있는지, 반대로 두 집단 간에 공통적인 인식 수준을 보인 경우가 다른 외부적인 환경 변화나 사건·사고, 정치적 변동 등으로 인하여 격차를 확대하는 방향으로 바뀔 것인지 등 모든 것이 반드시 확실한 것은 아니다. 심지어는 김영란법에 대한 높은 국민적 지지가 지속될 것인지, 그 결과 공무원들의 생각도 바뀔 것인지조차도 예측하기 어렵다.

하지만, 공직자 등에 대한 부정 청탁 및 공직자 등의 금품 등 수수를 금지함으로써 공직자 등의 공정한 직무수행을 보장하고 공공기관에 대한 국민의 신뢰를 확보한다는 명분을 내세워 제정된 김영란법은, 그 집행의 엄정성이 유지되고 실효성이 훼손되지만 않는다면, 제정 당위성에 대한 높은 수준의 국민적 지지를 계속 확보해나갈 가능성이 크다. 그럴 경우 일반 국민과 공무원의 인식 격차는 많은 부분 점진적으로 축소 또는 해소되어 갈 공산이 크다.

그렇다면 김영란법을 바라보는 공무원들의 생각은 무엇이고 우리는 그것을 어떻게 받아들여야 할까.

## 김영란법에 대한 공무원의 생각

서울대학교 행정대학원 공공성과관리연구센터는 매년 공무원 인식 조사를 실시하고 있는데 여기에서는 그 가운데 2016년의 공무원 인식 조사 결과를 통하여 김영란법에 대한 공무원의 생각을 파악해본다.[17] 2016년 조사 설문 가운데서는 김영란법에 대한 의견을 묻는 30번 설문에 대한 응답 결과를 분석하여 김영란법에 대한 공무원들의 생각을 추적해보았다.

먼저 '한국의 청탁 문화와 스폰서 문화가 부정부패와 심각하게 연관되어 있다'라는 설문은 공무원들이 김영란법에 대하여 어떠한 문제의식을 가지고 있는지를 묻는 취지인데, 이에 대한 응답이 '동의'나 '전적으로 동의'에 미치지 못하는 수준으로 나온 것(3.741)은 다소 의외였다. 물론 보통, 즉 중립보다는 동의 쪽에 가까운 수치이기는 하지만, 청탁금지법의 부패 방지 효과에 관한 확실한 동의라고 보기에는 무리가 있다. 사실 청탁금지법은 직접적인 부패 방지를 목표로 삼기보다는 공직의 공정한 직무수행 보장과 공공기관에 대한 국민의 신뢰 확보라는 목적에 따라 부패 유발 요인이 될 수 있는 부정 청탁 관행을 근절하는 데 초점을 맞추고 있다는 점에서, 직접적인 부패 방지 장치라고 보기는 어렵다. 그런 의미에서 앞에서 본 각종 실증 조사 결과 김영란법의 안정

**표 12.1 김영란법에 대한 설문 내용**

30. 다음은 "부정 청탁 및 금품 등 수수의 금지에 관한 법률(속칭 김영란법)"에 대한 귀하의 의견을 묻는 질문입니다. 귀하의 생각과 일치하는 곳에 표시해 주십시오.

| | 문항 | 전혀 동의 안 함 | 동의 안 함 | 보통 | 동의함 | 전적으로 동의함 |
|---|---|---|---|---|---|---|
| 1 | 한국의 청탁 문화와 스폰서 문화가 부정부패와 심각하게 연관되어 있다. | (1) | (2) | (3) | (4) | (5) |
| 2 | 한국 사회의 적당한 접대 문화는 의사소통과 협력을 위해 필요하다. | (1) | (2) | (3) | (4) | (5) |
| 3 | 김영란법의 제정은 부패를 감소시키기보다 법망을 피해 가는 새로운 부패 행위들을 낳을 것이다. | (1) | (2) | (3) | (4) | (5) |
| 4 | 공직자라는 이유만으로 김영란법에 의해 과도한 규제를 받는 것은 가혹한 처사이다. | (1) | (2) | (3) | (4) | (5) |
| 5 | 김영란법에 관련된 법령 및 법규에 대해 잘 알고 있다. | (1) | (2) | (3) | (4) | (5) |
| 6 | 김영란법에 위반한 행위를 고발하는 절차에 대해 잘 알고 있다. | (1) | (2) | (3) | (4) | (5) |
| 7 | 김영란법의 시행은 행정 투명성 제고에 기여할 것이다. | (1) | (2) | (3) | (4) | (5) |
| 8 | 김영란법의 시행은 정부 신뢰도 제고에 기여할 것이다. | (1) | (2) | (3) | (4) | (5) |
| 9 | 김영란법의 시행은 국가 경쟁력 강화에 기여할 것이다. | (1) | (2) | (3) | (4) | (5) |
| 10 | 김영란법은 국민의 자유를 지나치게 침해하여 위헌 소지가 있다. | (1) | (2) | (3) | (4) | (5) |

자료: 서울대학교 행정대학원 공공성과관리연구센터. (2017: 266).

적 정착이나 부패 방지 효과 등과 관련된 일부 측면에서 공무원들이 일반 국민에 비해 어느 정도 또는 상대적으로 높은 낙관적 견해가 나타났다는 점에 비추어 볼 때, 이 부분에 대한 견해가 동의에 미치지 못한 점은, 추가적 조사가 필요하겠지만, 곱씹어 볼 만한 결과라고 생각된다.

문30 - 1 한국의 청탁 문화와 스폰서 문화가 부정부패와 심각하게 연관되어 있다. 3.741

다음으로 김영란법 관련 의견을 묻는 설문에 대한 응답을 살펴보면, 김영란법의 긍정적 역할은 행정 투명성 제고, 정부 신뢰도 제고, 국가 경쟁력 강화에 기여할 수 있는지 여부를 통해 확인할 수 있을 것으로 생각한다.

공무원들에 대한 이 부분 설문조사의 결과는 대체로 '동의'에 가까운 긍정으로 나타났다. 상대적으로 김영란법 시행이 행정 투명성 제고에 기여할 것이라는 평가가 가장 높았고, 그다음이 정부 신뢰도 제고에 기여할 것이라는 의견으로 나타났다. 반면에 김영란법 시행이 국가 경쟁력 강화에 기여할 것이라는 데 대해서는 '보통'과 '동의' 사이 중간 정도의 의견을 보여 큰 차이는 아닐지라도 국가 경쟁력 강화에 기여할 것인지에 대한 유보적 경향도 없지 않음을 드러냈다.

문30 - 7 김영란법의 시행은 행정 투명성 제고에 기여할 것이다. 3.699

문30 - 8 김영란법의 시행은 정부 신뢰도 제고에 기여할 것이다. 3.608

문30 - 9 김영란법의 시행은 국가 경쟁력 강화에 기여할 것이다. 3.542

반면, 김영란법의 부정적 효과에 관해서는 한국 사회의 적당한 접대 문화가 의사소통과 협력을 위해 필요한지 물었고, 김영란법의 제정은 부패를 감소시키기보다 법망을 피해 가는 새로운 부패 행위들을 낳는 것은 아닌지, 공직자라는 이유만으로 김영란법에 의해 과도한 규제를 받는 것은 가혹한 처사가 아닌지, 그리고 김영란법이 국민의 자유를 지나치게 침해하여 위헌 소지가 있는 것은 아닌지를 물었다. 이에 대한 응답 결과는 모두 '보통', 즉 중립에 가까운 응답률을 보였다. '동의 안 함'까지 가지 않았고 중립적 의견도 아니었다는 점에서 이 부분 다소간의 의구심을 떨치지는 못한 것이 아닐까 하는 의문의 여지를 남기고 있다. 특히 공직자라는 이유만으로 김영란법에 의해 과도한 규제를 받는 것은 가혹한 처사라는 문항에 '보통(중립)' 의견이 나왔다는 점(3.062)은 주목할 만한 결과이다. 이 문항의 경우 성별, 직급별, 근무 기간별, 중앙정부와 지방자치단체별로 별 차이가 없는 것으로 나타난 반면, 소속 기관별로 산업통상자원부(3.297), 농림축산식품부(3.263), 기획재정부(3.233), 고용노동부(3.0830), 국토교통부(3.073)가 다른 부처에 비해 중립 이상의 의견을 보였다는 점이 두드러진다.

이것은 공무원 사회에서 김영란법의 시행을 바라보는 기저 시각을 드러내준 것이 아닐까 생각된다. 또한 김영란법의 제정은 부패를 감소시키기보다 법망을 피해 가는 새로운 부패 행위들을 낳을 것이라는 의견 역시 중립 의견에 근접하는 내용으로 응답되었고(2.873), '한국 사회의 적당한 접대 문화는 의사소통과 협력을 위해 필요하다'는 문항의 경우 '동의 안 함'보다 '보통(중립)' 의견에 더 가까운 수치(2.819)로 나타난 것 역시 식사·선물·경조사비 등 제한 관련 시행령 개정을 둘러싼 논의 과정에서 표출된 다소 유보적인 의견들이 여전히 상존하고 있기 때문은 아닌지 추가적인 조사 분석이 필요하다고 판단된다. 적당한 접대 문화의 필요성에 관하여 직급이나 근무 기간별로 별 차이가 없는 것으로 나타난 반면, 여성이 남성보다 더 중립에 가까운 의견을 보인 점(남 2.758; 여 2.944), 그리고 소속 기관별로 구 국민안전처(3.139), 산업통상자원부(3.054), 국토교통부(3.049)가 다른 부처에 비해 중립 이상의 의견을 보였다는 점이 두드러진다.

문30－2 한국 사회의 적당한 접대 문화는 의사소통과 협력을 위해 필요하다. 2.819

문30－3 김영란법의 제정은 부패를 감소시키기보다 법망을 피해 가는 새로운 부패행위들을 낳을 것이다. 2.873

문30－4 공직자라는 이유만으로 김영란법에 의해 과도한 규제를 받는 것은 가혹한 처사이다. 3.062

문30－10 김영란법은 국민의 자유를 지나치게 침해하여 위헌 소지가 있다. 2.803

## 김영란법의 미래

이제까지 살펴본 바와 같이 김영란법 시행 1년 또는 2년에 걸친 시행 효과를 분석한 많은 조사 결과들이 김영란법이 당초 우려했던 것보다는 훨씬 더 안정적으로 정착돼 가고 있음을 알려주고 있다. 확실히 부정 청탁과 촌지 등 금품 수수 관행이 허용되어서는 안 된다는 강력한 사회적 신호를 주어 기업의 접대비나 교제비 부담을 감소시키고 그동안 교육 현장에서 만연되었던 부탁·접대·선물 등 촌지 관행을 근절하는 등 사회 전반에 윤리 의식의 변화를 가져왔다는 긍정적인 평가가 주조를 이룬다고 볼 수 있다. 김영란법에 대한 공무원들의 생각 역시 큰 틀에서는 그와 다름없는 경향성을 보이는 것으로 해석될 수 있다. 이것은 향후 김영란법이 지속 가능한 공직윤리를 정착시키는 데 있어 매우 긍정적인 방향으로 작용할 것이라는 전망을 뒷받침하는 신호임에 틀림이 없다. 그러나 공직자, 특히 공무원들의 생각은 김영란법에 대한 강력한 지지나 동의보다는 모호하고 불분명한 '비반대non-objection', 즉 반대하지는 않지만 크게 지지하지도 않는다는 다소 어정쩡한 태도로 나타나고 있고, 이 점은 앞서 본 바와 같은 부패 수준에 대한 일반 국민과 공무원 간 인식의 괴리가 매우 크다는 점과도 무관하지 않겠지만, 그보다는 공무원들이 공론장에서 종종 드러내온, 자신의 의견을 드러내놓고 표현하기 꺼리는 유보적 태도, 즉 '샤이 답변shy response'에 따른 결과일 가능성이 더 크지 않을까 생각한다. 그런 맥락에서 김영란법에 대한 공무원들의 태도를 상대적 통계수치만 가지고 긍정적 신호로 새기기엔 무리가 있다.

그렇다면 김영란법의 미래는 어떨까? 출범 초기의 성공적 결과를 통해 그 미래가 보장되었다고 보는 것은 성급한 판단이다. 무엇보다도 김영란법의 성공적인 출범을 가능케 했던 조건들이 앞으로도 계속되리라는 보장이 없기 때문이다. 그 조건들은 무엇이고, 어떤 요인이 그 조건의 지속 여부에 영향을 미치는가에 대한 지속적이고 체계적인 관심을 기울일 필요가 있다. 출범 초기에 작동했던 핵심 성공 요인들이 앞으로도 지속될 수 있는지를 계속 점검하여 보완해나가지 않는다면 언제 어느 순간, 부지불식간에 김영란법 역시 여론의 지탄과 냉소를 받는 종이 호랑이로 전락할지 모른다. 김영란법에 대한 공무원들의 인식은, 이 법의 제정과 시행을 반기면서도 여전히 의구심을 떨쳐내지 않고 예의 주시하고 있는 일반 국민의 관심과 지지만큼은 아닐지라도, 그 성공과 지속 가능성을 가늠해주는 유효한 척도가 될 수 있다는 점에서 지속적으로 점검해야 할 중요한 이슈이다.

다른 한편, 김영란법이 공직사회를 위시한 우리 사회 전반에 대하여 부패 방지에 기여하고 사회 전체의 청렴성을 높여주는 효과를 발휘하고 있는지에 대해서도 늘 관심을 기울이고 적극적으로 대처해나가는 실천 의지가 필요하다. 많은 긍정적 성과에도 불구하고 제도와 실제 여러 측면에서 보완해야 할 문제들이 지적되고 있는 것도 간과해서는 안 될 일이다. 가령 공직자 등이 지위·권한을 남용하여 민간 부문에 대해 행하는 청탁 행위는 법적 규제의 사각지대가 되고 있는데, 그와 같은 대민 청탁의 금지와 처벌 등 제재를 법제화하는 방안을 고민해볼 필요가 있다.[18] 시행 초기라고 하지만 김영란법의 사후 입법 평가를 통해, 특히 김영란법의 준수와 실효성 제고를 위한 유인 구조가 제대로 작동하고 있는지를 면밀히 점검하여 정책적·입법적 개선 방안을 강구하는 것이 무엇보다도 중요하다. 시작은 좋았으나 김영란법의 미래는 그것을 떠받칠 지지 요인들을 극대화하고 그 형해화形骸化를 방지하는 우리 사회의 실천 의지에 달려 있기 때문이다.

# 제13장
# 예산을 통해 본 공무원의 마음 읽기[1]

**김봉환** 서울대학교 행정대학원 교수

# 국민을 위한 예산, 공무원을 위한 예산, 국회의원을 위한 예산

예산은 국가가 국민으로부터 강제로 징수한 재원을 국민의 이익을 위해 사용하는 계획이다. 행정부에서 편성된 예산은 국회에서 심의되고 의결된다. 국회에서 확정된 예산은 행정부의 각 부처에서 집행되며, 집행된 예산에 대해 국회에서 결산심사를 거쳐 종결된다. 국가의 정책은 예산을 통해 구현되며 예산 편성과 심의는 정책목표를 달성하기 위한 구체적이고 숙고된 작업이다. 따라서 예산의 편성에서 결산까지 전 과정이 유기적으로 작동해야 하며, 어느 하나라도 제대로 작동하지 않으면 국가재정이 낭비될 뿐만 아니라 국민경제 전체에까지 영향을 미친다고 해도 과언이 아닐 정도로 예산은 국가 운영에 중추적인 역할을 한다.[2]

하지만 예산의 중요성과 관련해서뿐만 아니라 그 편성부터 결산까지의 예산 과정에는 항상 많은 논란들이 있다. 그 논란은 크게 두 가지로 나눌 수 있는데, 하나는 행정부의 공무원들이 국민들의 이익보다는 자신들의 이익을 위해 예산을 편성, 집행한다는 것이다. 이때 공무원들이 자신들의 이익을 위한다는 것은 자신의 업무 영역을 최대한 확장하는 것일 수도 있고, 혹은 자신의 승진을 위해 장관이나 대통령의 우선순위에 맞게 재원을 배분하는 것일 수도 있다. 최근 기획재정부 출신의 모 사무관이 "새로운 정부의 정치적 이익을 위해 기획재정부의 공무원들이 적자국채 8조 7,000억 원을 추가적으로 발행하여 국민들에게 불필요한 이자 부담을 안겼다."고 주장하여 논란이 된 바 있다.[3]

둘째는 정부에서 편성된 예산이 국회로 넘어가 심의되고 확정되는 과정에서 국회의원들에 의한 정치적 개입이 이루어진다는 것이다.[4] 기획재정부의 한 전직 장관은 언론과의 인터뷰에서 "정부의 예산편성 과정에서는 도저히 채택될 수 없는 예산인데, 국회에서 무리하게 옆으로 치고 들어온 예산을 '쪽지예산'이라고 한다면 그것은 대략 3,000억~4,000억 원 정도 될 것"이라고 주장했다.[5] 이러한 정치적 과정이 예산 과정에 개입되는 정황은 매년 찾아볼 수 있다. 대표적으로 당 지도부나 예산결산특별위원회(이하 '예결위')의 실세라 할 수 있는 의원들의 지역구 민원이 예산안에 반영되는 사례들이 지속해서 언론에서 언급되고 있다.[6]

이렇게 예산 과정의 주요한 두 의사결정자인 행정부 공무원과 국회의원들이 국민의 이익보다는 자신들의 이익을 위해 예산을 활용한다는 것은 많은 언론 보도와 이론을 통해 주장되고 있다. 아래에서는 행정부 공무원들과 국회의원들이 예산 과정에서 자신들의 이익을 국민들의 이익보다 실제로 앞세우고 있는지를 더 구체적으로 살펴보고자 한다.

# 예산의 효율성과 불용액

## 1. 국민을 위한 예산과 공무원들을 위한 예산의 판단 기준

국민의 이익을 위한 예산의 편성이나 집행은 분명 이상적이지만 현실에서는 과연 어떤 예산이 국민을 위한 것인지에 대해 합의하기가 쉽지 않다. 이는 국민 일반이 무엇을 원하는지에 대한 논의를 포함하는 포괄적이고 철학적인 논의이기도 하다. '국민의 이익을 위한 예산'이라는 추상적인 개념을 객관화하고 구체화하는 방법 중의 하나는 예산의 효율성에 비추어 국민을 위한 예산인지 아닌지를 판단하는 것이다. 즉 효율적인 예산을 국민 전체의 이익을 위한 예산으로 추정하는 것이다. 예산의 효율성을 '주어진 정책목표를 최소의 자원으로 달성하는 것'으로 정의한다면, 효율적인 예산 사업에 더 많은 자원을 배분하는 예산은 국민으로부터 획득한 자원을 유용하게 사용하는 것이라 할 수 있으니 이는 결국 국민의 이익을 위한 자원의 배분이라고 여겨질 수 있을 것이다.

하지만, 효율적인 예산을 어떻게 정의할 것인지도 쉬운 일은 아니다. 국가의 정책목표를 구체화할 수 있고 계량화할 수 있다면 동일한 수준의 목표를 달성한 예산 사업 중 가장 비용이 적게 든 사업이 효율적이라고 할 수 있을 것이다. 하지만, 정부의 정책목표는 추상적이거나 계량화하기 힘든 경우가 많고, 설사 구체적으로 계량화가 가능하다 하더라도 장기에 걸쳐 나타나는 경우가 많아 어떤 특정한 해의 예산 사업이 효율적인지 아닌지에 대해 판단하기는 힘든 것이 사실이다. 이러한 현실을 감안하여 예산 효율성의 사례로 거론되는 것 중의 하나가 '불용액의 다과多寡'이다. '불용액'은 계획된 예산 중 연도 말까지 집행되지 못하고 남은 예산액을 말하는데 이는 정부가 획득한 재원을 어느 곳에도 사용하지 않았다는 것을 의미하는 것으로 국민으로부터 활용되지 않을 자원을 국가로 이전시켰다는 측면에서 국가재정, 구체적으로는 정부예산의 비효율적 배분 및 집행의 결과라고 할 수 있다. 정부는 매년 불용액 최소화를 위해 적극적인 재정집행을 약속하나 불용액의 규모는 여전히 줄어들지 않고 있다.[7] 따라서 아래에서는 불용액이 적은 사업을 효율성이 높은 사업 즉, 국민을 위한 사업으로 보며, 불용액이 높은 사업을 효율성이 낮은 사업 즉, 공무원이나 국회의원을 위한 사업으로 보고 논의를 진행하기로 한다.

## 2. 불용액

예산은 한 해의 정부 수입과 지출에 관한 계획을 의미하는데, 우리나라에서는 정부가 이를 편성하면 국회에서 심의하고 의결하게 된다. 예산은 정부가 동원할 수 있는 한정된 재원을 정치적, 경제적 우선순위에 따라 배분한 계획이며 정부가 한 해 동안 추구할 정책의 표현이기도 하다.[8] 따라서 예산에 반영된 사업을 집행하지 않는 것은, 정부가 계획한 정책의 좌절 혹은 포기이자 정부가 의도한 정책 효과를 가져오지 못하는 행정 실패로 간주된다. 이렇게 계획된 예산에서 다양한 이유로 다음 연도로 이월한 금액을 제외한 잔액, 즉, 당해나 다음 해에 계획된 사업에 지출되지 못하는 금액이 불용액이다.

예산은 미래에 대한 예측을 포함하고 있기에 그것이 계획대로 모두 집행되는 것은 현실적으로 불가능하다. 이러한 계획과 집행 현실 사이의 괴리에서 오는 예산집행상의 문제를 해결하기 위해 우리나라는 다양한 제도를 채택하고 있는데, 예를 들면, 추가경정예산제도, 예산의 이용 및 전용 제도, 예산의 이월 등이다. 따라서 불용액은 이와 같은 예산 제도의 특례를 활용하고도 집행이 계획대로 되지 못해 생기는 예산의 미집행액이다.

불용액의 원인은 다양한데 예산의 과다 편성, 재원 조달이나 사업 계획 미비, 지출 계획의 변경, 예산 절감 등이 있을 수 있다. 불용액이 예산 절감의 이유로 발생하는 경우에는 불용액의 증가가 바람직한 일이어서, 불용액 자체를 단편적으로 비효율적인 예산 편성이나 집행으로 보기에는 무리가 있는 것도 사실이다. 또한, 세입 과대 추계로 세수 결손이 발생하여 사업과는 상관없이 불가피하게 불용액이 발생하는 경우도 있다.[9] 실제로 2013년도에 세수 결손이 발생하여 불용액이 그 이전보다 크게 증가했다. 하지만, 대부분의 경우, 불용액은 예산 절감보다는 사업 계획의 미비, 과도한 사업 예산 편성, 사업 계획의 변경이나 사업 수요의 부족으로 생기는 경우가 많아, 과도한 불용액 발생은 정부 재원의 비효율적 활용 내지는 간접적인 국민 부담의 증가로 여겨지고 있다.[10] 즉, 불용액은 그 금액만큼 세입은 발생하였으나 계획된 사업에 쓰이지 않았다는 것으로, 이는 국민의 불필요한 세금 부담을 의미하는 동시에 이렇게 불필요하게 거두어들인 세금을 국가에서 제때 쓰지 않아 민간에서 다른 용도로 쓰일 기회를 국가가 앗아갔다는 것을 의미한다. 또, 한편으로는 정부 내에서도 다른 곳에 배분할 수 있는 예산에 대해 그 사용 기회를 잃은 것으로, 불용액의 발생은 국가 자원의 비효율적 사용에 대한 지표로 언론이나 국회 결산 심의에서 자주 이용되고 있다.[11] 실제 기획재정부는 불용액을 최소화함으로써 불용액으로 인한 부정적인 영향을 줄이고자 적극적으로 재정을 집행하기 위해 노력하고 있으며, 불용액이 발생한 경우에는 감사원이나 국회에서 예산의 타당성과 사업 집행의 문제점을 자세히 검토한다. 검토 과정에서 불용액의 발생 이유에 대한 충분한 설명이 없을 때는 감사나 결산 심의에서 지적 사항이 된다.[12]

불용액의 발생은 다음 해 예산편성에도 영향을 미치는데, 불용액은 다음 연도 예산 삭감의 원인으로 작용한다.[13] 2018년 중증외상 전문진료체계 구축 예산의 경우 복지부가 증액을 요구했음에도, 2017년 불용액을 이유로 예산이 삭감되었다.[14] 더 나아가 불용액 발생에 대한 페널티 적용을 사전에 예고하는 방안도 시행되고 있다. 울산광역시교육청은 순세계잉여금[15]이 과다 발생한 학교에 대해 학교 운영비를 감액하는 등 불용화 최소화 방안[16]을 추진하고 있으며, 하남시는 부서별로 불용액을 평가하여 예산을 삭감하는 제도를 시행하고 있다.[17] 니스카넨 William A. Niskanen은 관료들이 자신의 승진 기회나 영향력을 확대하기 위해 예산을 극대화하는 경향이 있다고 하였다. 비효율성의 지표로 인식되는 불용액은 향후 예산 삭감의 원인이 될 수 있어 이렇게 예산의 극대화를 추구하는 관료들에게는 기피의 대상이다. 따라서 예산 증가와 예산 극대화를 추구하는 정부 관료는 불용액 증가로 인한 특정 사업의 예산 삭감을 피하고자 미집행된 예산을 연말에 집중해 집행하는 등 비효율적인 일을 반복하고 있기도 하다.[18] 권해수는 감사원의 감사결과보고서와 한국지방행정연구원의 지방재정분석진단 보고서를 토대로 연말에 미사용 예산의 지출 행위가 일어난다고 분석했다.[19] 하지만 불용액을 줄이고자 필요하지 않은 예산의 집행까지 감행하는 관료들의 이러한 노력에도 불구하고 불용액은 매년 발생하고 있다.

그렇다면 우리나라 전체 예산에서 불용액의 규모는 얼마나 될까? 보통 예산을 말할 때 세출예산과 전년도에서 이월된 금액[20]을 합한 금액을 '예산 현액'이라고 하는데 우리나라의 예산 현액은 2017년도 기준 976조 7,400억 원이었다. 이 규모는 2007년 516억 5,000억 원에서 10년 사이에 89.1% 성장한 금액이다. 같은 기간 불용액은 16조 8,600억 원에서 23조 5,600억 원으로 증가하여 39.7% 증가하였다. 예산은 경제 규모의 증가와 복지 수요의 증대로 꾸준히 증가하는 것이 자연스러운 것이지만 여러 가지 제도의 개선에도 불구하고 불용액이 줄지 않은 채 여전히 20조 원을 상회한다는 것은 불용액이 우리나라 예산의 효율성 제고 측면에서 무시할 수 없는 항목이라는 것을 보여주고 있다. 불용액의 규모를 예산 현액 대비 불용액의 비중으로 계산해보면 불용액이 많았던 해는 2009년으로 예산 대비 5.68%, 가장 적었던 해는 2017년으로 예산의 2.41%였다.

### 3. 예산심의 과정의 합리성과 정치성에 대한 이론적 논의

예산이 어떻게 결정되는지를 설명하는 이론은 예산운영의 합리성rationality에 기초한 이론과 사회집단 간 권력관계에 기초한 정치성politics에 초점을 맞춘 이론으로 나누어볼 수 있다. 루이스Verne Lewis는 예산

배분의 합리성을 강조하면서 예산에 대한 경제이론의 정립이 가능하다고 보았다.[21] 반면에 윌다브스키Aaron Wildavsky는 예산은 정치 과정의 핵심적인 사항이고, 누구의 선호가 반영될 것인지를 결정하는 과정이라고 이해하고 있다.[22] 이 이론은 사업의 필요성을 검토하고 사업에 대한 예산 배분을 결정하기 위해서는 매년 영 기준zero-base에서 사업의 타당성을 검토해야 하나, 이는 정치적으로 갈등을 일으킬 뿐만 아니라, 많은 인력과 비용, 그리고 시간이 필요하므로 예산은 합리주의적인 과정보다는 점증주의적인 과정[23]을 통해 결정된다고 보고 있다.[24] 로들라Ringa Raudla와 사비Riin Savi 또한 예산 과정에서 합리성을 따르지 않고 예산이 결정되는 상황에 대해 보고하였다.[25] 이에 따르면 예산 과정에서 불용액과 같은 비효율성 신호는 의사결정권자의 제한된 합리성이나 정치적인 이유로 무시될 수 있다.

다른 나라와 마찬가지로 우리나라의 예산 과정도 합리성과 정치성이 모두 고려되는 과정으로 보인다. 예산편성 과정에서 예비 타당성 조사, 사업의 성과 평가, 그리고 불용액에 대한 고려 등을 통해 합리성을 추구하면서도, 당정 간 예산 협의와 상임위 예비 심사 및 예결위 심사 등을 거치면서 정치적 타협을 이루어 본회의 의결을 거치는 과정을 가지고 있다. 「국회법」에 의하면 예결위는 소관 상임위에서 삭감한 세출예산 항목을 증액하거나 새로운 비목을 설치할 경우에는 소관 상임위의 동의를 얻어야 한다. 따라서 예결위는 소관 상임위에서 삭감한 예산 항목은 수정 없이 받아들이되 증액한 항목에 대해서만 감액 심사를 하는 경향이 있다. 따라서 상임위 입장에서는 예산을 삭감하면 예결위에서 그대로 받아들여지지만, 증액은 재검토 대상이기 때문에 소관 부처의 예산을 미리 삭감하기보다는 증액시키는, 소위 상임위가 소관 부처의 옹호자 역할을 하게 된다.[26] 또한, 예결위에서도 예산 증액을 요구하는 경우가 많이 있어 소위 쪽지예산이라는 이름으로 국회의원 개인이나 당의 정치적 이익이 반영되기도 하는 등 우리나라 예산 과정 역시 정치적인 과정을 거치게 된다. 현행 「국가재정법」상 국회에서의 예산 증액은 행정부의 동의를 얻도록 되어 있기에 예산의 정치성이 행정부가 추구하고자 하는 예산의 합리성과 조화를 이루도록 하고 있다. 하지만, 이러한 제도적 장치에도 불구하고 예산심의에서 정치성이 합리성을 압도하는지, 합리성이 적절한 수준에서 반영되어 예산의 효율성이 고려되는지는 실증적인 문제일 뿐만 아니라 논란이 계속되는 문제이다.

# 행정부 공무원들의 예산 편성 및 집행 행태

## 1. 회계별 불용액 차이

공무원들은 자신이 담당하는 사업의 예산이 축소되거나 폐지되면 자신들의 영향력이나 권한이 축소되었다고 생각하여 자신의 사업 예산을 가능한 확대하려는 경향이 있다. 이는 니스카넨의 예산 극대화 모델로 알려져 있다. 또한 불용액의 발생은 예산 당국이나 국회 심의 과정에서 예산 감축의 이유가 될 수 있기에 공무원들은 불용액을 최소화하기 위해 노력한다.

정부예산에는 일반회계, 특별회계, 기금이라는 세 가지 종류의 회계가 있다. 일반회계와 달리 특별회계와 기금은 특정한 사업을 추진하기 위해 특정한 세입을 확보하고 있다. 특정 사업에 지속적이고 안정적인 재원을 공급하기 위한 목적으로 설립된 특별회계와 기금의 경우 재정의 경직성으로 예산이 비효율적으로 운용될 수 있다는 문제가 지속적으로 제기되고 있다. 과연 공무원들의 이런 비효율적인 예산 행태를 불용액을 통해서 확인할 수 있을까? 즉, 이미 그 재원이 확보되어 있어 설사 사업의 효율성이 떨어지더라도 예산이 삭감될 가능성이 적은 특별회계와 기금을 공무원들이 실제로도 보다 비효율적으로 운영하고 있는가?[27]

2007년부터 2017년까지 11년 동안의 예산 현액과 불용액을 회계별로 살펴보면 기금은 연평균 473조 1,200억 원으로 예산 현액 중 가장 많은 비중을 차지했고, 불용액 중에서도 18조 400억 원으로 가장 많았다. 가장 적은 예산이 배정된 특별회계는 그 불용액 역시 3조 7,200억 원으로 가장 적게 발생했다. 하지만 예산 현액 대비 불용액 비율은 특별회계가 6.11%로 가장 높고, 다음이 3.81%인 기금이며 일반회계는 2.22%로 가장 낮았다. 특별회계와 기금의 수입은 특정 사업에만 한정되어 사용되는 경우가 대부분이며, 목적이 이미 달성되었거나 정책 우선순위에서 밀리는 사업이라 할지라도 계속 유지되는 경우가 많기 때문에 불용액이 높게 발생하게 되어 효율성이 떨어지는 것으로 보인다.

## 2. 새로운 정권의 출범과 공무원의 예산 행태

앞에서 논의된 것처럼, 불용액은 계획의 변경이나 취소, 지급 사유의 미발생, 예산 절감 등의 이유로 발생할 수 있는데, 예산 절감의 경우가 아니라면 예산편성 전에 정책의 수요에 근거하여 사업 계획을 체계적으로 수립하고, 그렇게 수립된 계획에 따라 예산과 자금을 적기에 배정하여 집행하게 된다면 불용액의 발생은 감소할 것이다. 따라서 불용액은 계획과 집행이 유기적으로 연계될 때 최소화된다. 하지만 주기적으로 이루어지는 대통령 선거는 예산 과정에서 계획과 집행 간의 유기성을 단절시킬 가능성을 가지고 있다.

특히, 선출된 대통령의 집권 첫해에 이러한 계획과 집행의 단절이 이루어질 가능성이 크다. 대통령은 정부 기관의 장관을 비롯한 고위직 공무원을 임명할 수 있는 권한을 가지고 있으며, 이는 예산편성이 대통령의 정치적 선호와 일치할 가능성이 크다는 것을 시사하기 때문이다.[28] 우리나라에서 새 정부가 들어서는 해의 예산은 지난 정부에 의해서 편성된 것인 반면 그 집행은 1월에 들어서는 새로운 정부에 의해 이루어진다. 따라서 새롭게 들어선 정부의 예산 우선순위가 이전 정부와 다를 경우, 이미 확정된 예산을 추가경정예산을 통해 변경하거나, 변경이 힘들 때에는 예산이나 자금의 배정을 늦추고, 사업 계획 수립을 지체시키거나 사업을 소극적으로 수행하는 등의 방법으로 전 정부의 예산 사업이 원활히 이루어지지 못하도록 만들 수 있다. 혹은 새로운 정부가 그들의 공약 실천을 위해 제대로 준비되지도 않은 사업을 무리하게 조기에 추진하는 과정에서, 그에 필요한 예산이 추가경정예산 등을 통해 책정되었으나 수요의 부족이나 규정의 미비로 제대로 집행되지 못하는 경우도 있다. 국회의 자료에 의하면 새로운 정부가 2018년에 정책적으로 추진한 일자리 안정자금 사업의 경우 신청률이 부진하자 8개월 동안 시행 지침을 12번이나 바꾸었는데, 바로 이러한 사례가 집권 초기, 사업의 준비 부족으로 인해 예산집행이 저조할 수 있음을 보여주는 대표적인 사례라 할 수 있다.[29] 그렇다면 과연 공무원들이 새로운 정부, 그중에서도 특히 대통령의 우선순위를 반영하여 예산을 단절적으로 집행함으로써 실제로 정권 1, 2년 차에 불용액이 증가하는가?

[그림 13.1]은 정권 연차에 따른 불용액 비율을 2007년부터 2017년까지의 자료를 통해 분석한 것이다. 각 단위 사업의 평균 예산 대비 불용액 비율은 정권 1년 차와 2년 차에 각각 6.22%와 6.52%로 정권 3~5년 차보다 높아, 새로이 들어선 정부의 경우 이전 정부의 사업을 집행함에 있어서 단절이 발생하고 있으며, 준비되지 않은 새로운 사업을 성급하

그림 13.1 정권 연차별 예산 대비 불용액 비율 (단위: %)

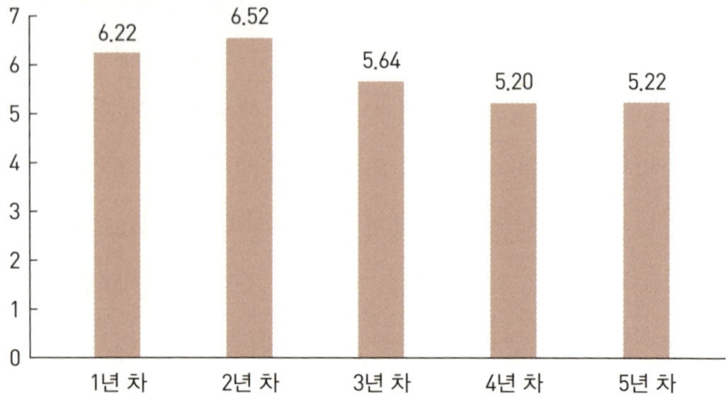


자료: 김봉환 · 이권희. (2019).

게 추진하여 많은 불용액이 발생하고 있음을 자료로 확인할 수 있다. 통계적으로 차이를 분석하여도, 1~2년 차와 3~5년 차 사이의 예산에서 차지하는 불용액 비율의 차이가 통계적으로 유의하여, 새로운 정부가 들어서면 예산 과정의 계획과 집행 간의 유기성이 단절되고 있는 것으로 보인다.[30] 이러한 결과는 위에서 살펴본 바와 같이 공무원이 새롭게 출범한 정부의 정책 우선순위를 위해 그 이전 정부에서 확정된 예산의 우선순위에 변화를 주는 예산 행태를 보이기 때문인 것으로 파악된다.

### 3. 대통령 정책과제와 공무원의 예산 행태

새롭게 들어선 대통령은 후보 시절 내세웠던 많은 공약들을 정책과제나 대통령 공약 과제라는 이름으로 예산이나 법률을 통해 시행하게 된다. 하지만 정부의 예산 사업은 수년에 걸쳐 행정부와 국회의 의사결정으로 확정된 사업들이 연속성을 띠면서 진행되기 때문에 새로운 정부가 들어섰다고 해서 쉽게 바뀔 수 있는 것은 아니다. 실제로 많은 경우 정부도 공약을 과도하게 챙긴다고 주장하는 야당에 대해 그렇지 않다는 답변을 내놓기도 한다. 과연, 대통령의 공약 사업에는 다른 예산 사업에 비해 더 많은 예산이 배정되는가? 또 공무원들은 대통령 공약 사항의 실현을 위해 관련 사업을 예산에 적극적으로 반영하는가?

서울대학교 행정대학원 공공성과관리연구센터에서 2016년도에 30개 중앙 부처 1,000명의 직원을 대상으로 실시한 2016년 중앙 및 지방공무원 인식조사[31]를 통해 살펴보면, [그림 13.2]와 같이 51.8%의 응답자가 그들 부처의 장관이 의사결정 전에 부처 외부의 국회, 대통령, 여당,

그림 13.2 중앙 행정 부처의 장으로서 장관이 부처 외부의 국회, 대통령, 여당, 언론과 의견 조정을 하는지에 대한 중앙 부처 공무원의 답변 (단위: %)

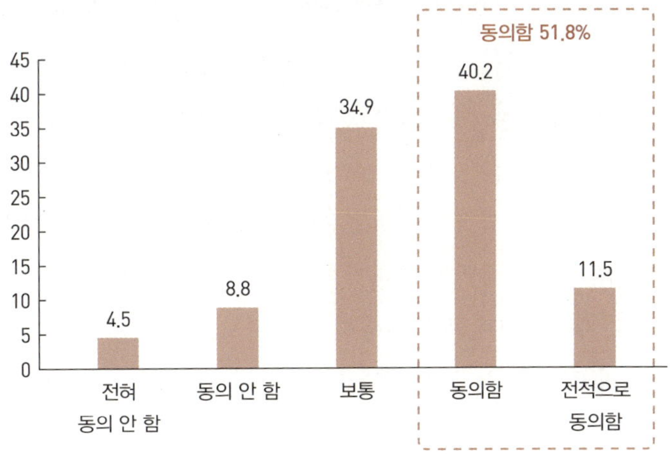


자료: 서울대학교 행정대학원 공공성과관리연구센터. (2017: 97).

언론과 의견을 조정한다는 데 동의했다. 이는 부처의 정책을 결정할 때 대통령을 비롯한 여당의 정책 우선순위를 반영할 가능성이 높다는 것을 보여주는 것으로, 예산 결정 과정에서도 역시 이러한 행태를 보여줄 가능성이 있음을 간접적으로 말해준다.

그렇다면 이제 행정부의 공무원들이 과연 대통령의 정책과제를 예산에 반영하고 있는지를 실제 사례와 데이터를 가지고 살펴보자. 이명박 정부에서 여야가 첨예하게 대립했던 4대강 사업에 대한 예산을 통해 실제로 행정부의 공무원들이 대통령의 국정 과제를 적극적으로 예산에 반영하는지를 살펴보자. 이명박 후보는 대통령 선거에서 한반도 대운하 사업을 공약으로 내걸었고 당선되었다. 당선 후 이명박 대통령은 공식적으로 한반도 대운하 사업을 추진하려고 했으며, 2008년 2월에 대통령직인수위원회에서는 한반도 대운하 사업을 국정 과제로 선정하였다. 하지만, 한반도 대운하 사업이 공식적으로 추진되려고 하자, 시민단체와 야당에서는 한반도 대운하 사업은 타당성이 부족하고 환경을 훼손할 것이라고 주장하며 반발했다. 2008년 6월에 일어난 대규모 촛불집회로 정부의 사업 추진 의지가 좌절되면서 이명박 정부는 한반도 대운하 사업을 파기하는 대신에 4대강 정비 사업으로 축소 추진하게 된다.

그러면 이렇게 야당의 반대로 축소된 4대강 사업은 다른 사업에 비해 정부예산에 더 크게 반영되었는가? 정부는 예산안을 세울 때 5개년 국가재정운영계획을 같이 발표하기 때문에 2009년도 예산을 그 이전에 발표된 국가재정운영계획을 완전히 무시하고 수립하기는 쉽지 않다. 또한, 이명박 정부의 첫 번째 편성 예산인 2009년 예산안을 발표하면서도 '대운하'나 '4대강'이라는 말은 전혀 언급되지 않았다. 그렇다면 과연 행정부의 공무원들은 이렇게 이미 발표된 국가재정운영계획으로 인한 제약과 야당의 반대로 인한 제약 때문에 대통령의 국정 과제 사업을 예산에 더 많이 반영하지 못했는가?

이를 확인하기 위해 2008년부터 2013년까지 이명박 정부하에서 대선 공약과 많이 관련되었던 국토교통부의 예산을 분석해보았다.[32] 국토교통부의 예산 사업 중 대통령 선거 공약집에 수록된 사업이나 대통령 임기 첫해인 2008년에 발표되었던 국가재정운용계획 중 대통령 공약 사업으로 표시된 사업의 예산 증가율이 국토교통부 내 다른 사업의 예산 증가율에 비해 더 높은지를 통계적인 방법으로 분석한 결과, 대통령 선거 공약집에 있던 사업이나 2008년 국가재정운영계획에 있던 사업은 5년간의 재임 기간 동안에 다른 사업에 비해 더 높은 예산 증가율을 보여주었다. 이를 통해 행정부의 공무원들이 새로운 정부의 정책과제를 실현시키기 위해 대통령 정책과제 사업의 예산을 다른 사업의 예산에 비해 큰 폭으로 확대시킨다는 것을 확인할 수 있다.

## 국회의 예산심의 형태

국회의 예산심의는 재원의 배분에 대한 정치적 타당성을 확보하는 과정임과 동시에 예산의 효율성을 제고하기 위한 과정이다. 따라서 상임위와 예결위를 거치는 예산 과정에서 국회는 우선순위가 낮은 사업이나 사업의 준비가 부족하여 사업이 효율적으로 집행되지 못할 것으로 예상되는 사업을 축소하거나 폐지하기도 하고, 반대로 사업의 우선순위가 높거나 효율성이 높을 것으로 예상되는 사업은 신설과 증액을 행정부에 요청하여 최종 예산안에 반영하기도 한다.

만일 국회가 예산의 효율적 집행 측면에서 예산심의를 진행한다면 사업의 예산 수요보다 과도하게 예산이 편성된 사업이나 사업 계획이 부족한 사업의 예산을 감액함으로써 불용액을 줄일 것이다.

또한, 예산심의 과정에서 증액된 사업의 경우에는 심의 과정에 참여하는 정치인들이 예산편성 과정에서 충분히 반영되지 않았던 정치적 요구를 수용하거나 예산의 효과성을 제고하는 과정에서 증액되는 경우가 많을 것이다. 하지만 정치인들이 예산의 효율적 집행은 고려하지 않은 채 수요가 없거나 준비가 부족한 사업 혹은 사업 계획의 실현 가능성이 낮은 사업의 예산을 정치적 이유를 들어 증액시킨다면 그 사업의 불용액은 커질 것이다. 박상원은 상임위에서는 분야별 이해집단의 영향력

이 미치고 예결위에서는 국회의원들의 지역구 챙기기가 일어나고 있다고 비판한 바 있다.[33]

과연 국회는 예산심의 과정에서 효율성이나 국민을 위한 예산보다는 정치적 목적에 더 초점을 둘 것인가?

이를 실제 데이터를 가지고 확인하기 위해서, 2007년부터 2017년까지 국회 심의 과정에서 증가한 예산 사업과 감소한 예산 사업의 불용액을 비교해보았다. [그림 13.3]과 같이 국회 심의 과정에서 예산이 증가한 사업은 불용액이 평균 76억 5,000만 원 발생하였으며, 예산 대비 불용액 비율은 3.90%였다. 반면 국회 심의 과정에서 예산이 감소한 사업의 불용액은 223억 9,000만 원, 불용액 비율은 6.77%로 국회 심의 과정에서 예산이 증가한 경우와 비교하여 2배 가까이 높았다. 반면, 국회 심의 과정에서 예산이 변화하지 않은 사업의 경우에는 불용액이 평균 50

그림 13.3 국회 심의 과정 예산 변동에 따른 불용액

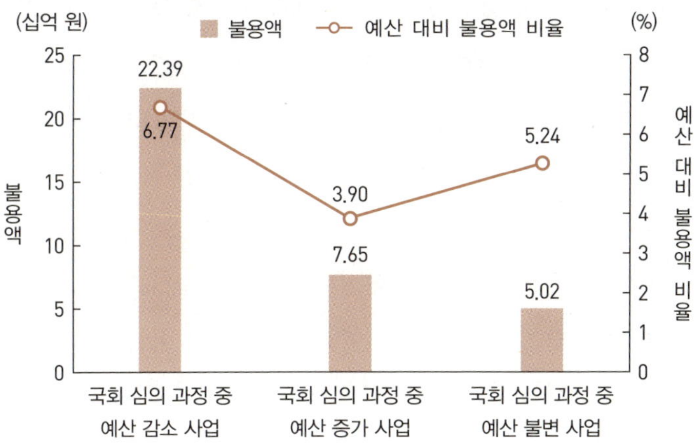


자료: 김봉환 · 이권희. (2019).

억 2,000만 원 발생하였고 5.24%의 불용액 비율을 보였다.[34]

국회 심의 과정에서 예산이 감소한 사업의 불용액이 예산이 증가한 사업의 불용액보다 2배 가까이 크게 나타난 결과는 국회가 예산심의 과정에서 불필요한 예산을 감축시켜 효율성을 높이고는 있으나 이를 충분히 걸러내지 못하고 있다는 것을 보여준다. 즉, 예산집행의 효율성 측면에서 볼 때는 충분한 삭감이 이루어지고 있지 못하다는 것을 보여준다. 만약 충분한 삭감이 이루어졌다면 불용액 비율이 예산 불변 사업의 수준이나 그 이하로 낮아질 수 있었을 것이다. 또한, 예산이 증가한 사업의 경우에도 예산이 감소한 사업만큼은 아니지만, 상당한 불용액이 발생하고 있어 국회 심의 과정에서 불필요한 예산 증액이 이루어지고 있음을 보여준다.

더 흥미로운 점은 국회 심의 과정에서 증액된 사업은 국회에서 증액된 금액이 클수록 예산의 불용액 비율이 높았다는 점이다. 이는 효율적인 사업임에도 예산편성 과정에서 여러 가지 이유로 정부의 예산 증액 대상에 포함되지 않았던 사업이 국회 심의 과정을 통해 증액 대상에 포함된다기보다는 그와 반대로 비효율적인 사업임에도 불구하고 정치적인 이유로 국회 심의 과정을 통해 증액 대상에 포함되는 경우가 더 많다는 것을 실제로 보여주는 것이다.[35] 그리고 이와 같은 데이터를 통해 언론에서 제기되었던 쪽지예산의 존재를 간접적으로 확인할 수 있다.

이러한 결과는 국회에서의 예산심의 과정이 예산집행의 효율성에 초점을 맞추기보다는 국회의 정치적 이익 달성에 목적을 두고 있다는 견해를 지지하고 있다. 즉, 예산 감소 사업의 경우 국회 심의 과정이 불필요한 예산을 충분히 삭감하여 예산집행의 비효율성을 줄이는 역할을 하지 못하고 있는 반면, 국회 승인 과정에서 예산이 증가한 사업들의 경우 예산의 증가와 함께 불용액 역시 증가하고 있다. 이것은 국회가 예산집행의 효율성을 추구하기보다는 비효율적인 사업임에도 불구하고 정치적인 목적을 위해 예산을 늘리는 경향이 있음을 보여주는 것이다.

# 결론

예산은 국가가 징세권을 활용하여 국민으로부터 거둬들인 재원을 효과적으로 배분하기 위한 계획이다. 하지만, 이러한 목적을 가진 예산이 실제로 효율적으로 편성되고 집행되는지, 아니면 예산 과정에 참여한 정치인들의 목적을 달성하기 위한 수단으로 이용될 뿐인지에 대한 학문적, 정치적 논의는 계속 진행되고 있다.

앞에서는 불용액이 정권의 1년 차에 많이 발생하고, 국회 심의 과정에서 예산이 증가한 사업의 경우 예산 증가율과 불용액의 비율이 양의 상관관계를 보여주는 것을 확인하였다. 이는 새롭게 들어선 정부가 지난 정부에서 편성해놓은 예산을 연속적으로 집행하기보다는 오히려 지연시키고 있으며, 국회 또한 정치적인 목적을 위해 준비가 미흡한 예산을 증액시키는 경향이 있음을 입증하는 증거로 보인다.

이것은 정권의 교체로 지난 정부의 사업이 제대로 추진되지 않거나, 준비되지 않은 사업을 새로운 정부가 급하게 추진하면서 불용액이 증가하고 있음을 시사하고 있다. 이렇듯 정권 교체에 따른 예산의 집행이나 추가경정예산의 편성에는 불가피한 면이 있다 하더라도 예산의 효율성 측면에서는 이를 최소화할 필요가 있다. 이를 위해 행정부는 과거 정부 정책의 급격한 퇴출보다는 점진적 변화를 추진하고, 새 정부의 정책 역시 사업 수행 절차와 사업에 대한 수요 등을 면밀히 검토한 후 예산에 반영하여 추진할 필요가 있다. 입법부에서도 새로운 정부의 탄생과 함께 관행적으로 이루어지는 추가경정예산의 편성과 심의 과정에서 추가경정예산에 새롭게 포함된 사업에 대해서는 집행 가능성과 사업의 준비 정도를 면밀히 검토할 필요가 있다고 하겠다.

또한, 앞에서는 국회 예산심의 과정에서 증액된 예산의 집행률이 증액된 금액이 커질수록 낮다는 것도 확인할 수 있었다. 이는 국회 예산심의가 예산집행의 효율성보다는 정치적인 목적 달성에 더 치중하고 있다는 것을 시사한다. 예산의 효율성 제고를 위해서는 예산심의 과정의 투명한 공개가 요구된다. 특히 예산이 최종적으로 결정되는 계수조정소위원회 내에서 위원장과 간사 간에 이루어지는 심의 과정은 예산의 최종 금액이 결정되는 과정임에도 회의록조차 공개되지 않고 있다. 따라서 예산심의 전체 과정의 공개와 의사록 공개, 그리고 예산심의 과정에서 증액된 사업에 대해 사업별 증액 규모와 증액 이유에 대한 상세한 공개가 필요하다. 예산심의 과정이 관행처럼 이어져 온 밀실 합의체를 벗어나 법적 근거를 바탕으로 제도화된 장치를 통해 진행되어야 한다. 이를 통해 예산심의 과정에서 정치성뿐만 아니라 효율성이 고려될 수 있으며, 불용액 또한 최소화될 수 있다. 그리고 국회 심의 과정에서 증가·감소된 예산에 대한 예산 집행률을 다음 해 예산심의 시에 공개함으로써 그에 대한 효율성 평가가 차기 예산심의에 체계적으로 반영되도록 하는 과정의 수립도 검토될 필요가 있다.

# 제14장
# 우리나라에서 지방분권 개혁은 가능한가?

**김순은** 서울대학교 행정대학원 교수

## 국정 체제는 시대적 상황에 따라 변화한다

중앙집권 – 지방분권의 분류는 중앙정부와 지방정부의 권한배분을 둘러싼 국가의 체제를 분류하는 방식 중 하나이다. 하지만 대부분의 국가들은 중앙집권체제 또는 지방분권체제라는 어느 한 체제에 고착되는 것이 아니라 시대적 상황에 따라 매우 유동적으로 변화하였다. 19세기 대부분의 국가들은 국민국가에 기초한 제국주의 구축을 위해 중앙집권체제를 강하게 추진하였다. 예컨대 미국은 1776년 건국 당시 주정부 간의 느슨한 연대를 바탕으로 한 지방 분권적인 「연합조항Articles of Confederation」에 기초하였으나, 현재의 연방헌법은 연합조항과는 달리 중앙 집권적인 체제의 구축을 위한 것이었다.

제2차 세계대전이 종료된 이후 영국은 '요람에서 무덤까지', 미국은 '위대한 사회의 건설', 스웨덴은 '강한 사회의 건설'이라는 기치하에 사회복지를 강화하였고, 이를 실행하기 위하여 중앙 집권적인 체제를 강화시켰다. 마침내 이는 행정국가라는 결과로 이어졌다.

1970년대에는 오일쇼크를 거치면서 중앙정부의 비대화와 중앙집권체제의 낭비적 요소가 비판의 초점이 되었고, 1980년대 이후에는 지방분권이 세계적 추세가 되었다. 미국은 '신연방제'라는 이름하에 주정부와 지방정부의 권한을 강화하였고, 영국은 1997년 노동당의 집권 이후

스코틀랜드, 웨일즈, 북아일랜드 지역에 대대적인 권한을 부여한 데 이어 2011년 이후 보수당 정부 역시 잉글랜드 지역으로까지 지방분권을 확대하였다.

일본과 프랑스는 중앙 집권적인 체제하에 발전된 대표적인 국가이다. 프랑스는 1982년 이후 지방분권을 강화하기 시작하여 2003년 분권형 개헌을 완료하였다. 일본도 1995년 지방분권특별법의 제정, 1999년 지방분권일괄법의 제정, 2001년부터 2005년까지 재정에 관한 삼위일체 개혁을 거쳐 현재까지 제8차에 걸친 지방분권일괄법의 제정이라는 성과를 거두었다. 일본은 또한 재정분권을 위하여 지방세원의 확대, 교부세와 국고보조금의 개혁을 패키지한 삼위일체 개혁을 실시하였으며, 중앙행정권한은 일괄 이양하는 방식으로 지방분권을 추진하고 있다.

# 우리나라는 중앙집권체제에 고착화되다

우리나라 역사상 중앙집권체제의 시도는 고려 4대 임금이었던 광종 시대로 거슬러 올라가 살펴볼 수 있다. 지역의 호족들이 보유하였던 노비를 해방시킴으로써 호족의 세력을 약화시키고자 했던 「노비안검법」이 바로 중앙집권체제를 구축하기 위한 최초의 제도적 시도였다.

조선 시대에는 신분제도와 잘 짜인 중앙관료제에 의해 중앙집권체제가 더욱 공고히 되었다. 조선은 국가에 대한 '충忠'과 부모에 대한 '효孝'를 강조하는 유교를 국가의 통치 이념으로 두고 이를 실현하기 위한 목적으로 중앙집권체제를 구축하였다.

조선은 1895년 8도의 지방 행정구역을 23부로 분할하는 개혁을 단행하였는데, 행정구역을 축소시킴과 동시에 지방 관리의 권한을 약화시킴으로써 조선의 중앙집권체제는 더욱 강화되었다. 그러나 조선의 지리적 특성과 문화를 고려하지 않았던 23부의 지방행정체제는 이후 1896년 13도 체제로 전환되었지만, 지방행정체제를 축소하여 중앙의 통제를 강화하겠다는 의도는 이전과 변함이 없었다.

일제 강점기하에서 식민지 지배를 위한 중앙집권체제는 당연한 귀결이었다. 독립운동을 뿌리 뽑기 위한 중앙의 감시와 통제가 매우 주도면밀하고 치밀하게 지방의 구석구석까지 파고들었다.

하지만 이후 1948년 제헌헌법의 제정으로 지방자치와 지방분권이 제도적으로 보장되었다. 그럼에도 막 시작한 지방자치의 미숙한 경험과 오래 지속되어 온 중앙집권적 관행은 지방분권체제로의 전환을 가로막았다. 결국 5·16 군사 정변 이후 1961년에 지방자치가 전면 폐지되면서 다시 강력한 중앙집권체제로 되돌아가게 되었다.

# 우리나라 지방분권의 불씨

## 1. 1952년 최초의 지방자치 선거가 실시되다

1948년 제헌헌법에 지방자치가 규정되고 이에 따라 1949년 「지방자치법」이 제정되었다. 그럼에도 이승만 정부는 지방으로 권력이 분산되는 지방자치의 실시에 소극적이었다. 이승만 정부는 법 규정이 마련되었음에도 불구하고 지방자치 선거를 차일피일 미루다가 전쟁 중인 1952년에서야 수복 지구에 한하여 선거를 실시하였다.

이승만 정부가 지방자치 선거를 실시하게 된 것은 권력분립을 통한 민주주의의 제도적 발전을 위해서라기보다는 자유당 정권을 연장하려는 의도가 매우 강했다. 중앙 정치권에서 지지가 약했던 자유당 정권은 지방에서라도 지지 세력을 확보해야 했기 때문이다. 기대한 대로 1952년 지방선거 결과에서는 친여 성향의 의원들이 전체 의석수 가운데 60%를 차지하였으며, 이들은 이승만 정권의 연장을 위하여 집단 시위를 이어갔다. 민주주의의 초석인 지방자치가 우리나라에서는 반민주적 정권 연장의 수단으로 활용되었다는 사실은 역사의 아이러니이다.

## 2. 1960년 민주당 정부가 지방자치를 확대하다

4·19 혁명 정신으로 표출된 민주주의에 대한 염원은 지방자치 및 지방분권으로도 이어졌다. 자유당 정부에 이어 들어선 민주당 정부는 1952년 도입된 지방자치와 지방분권을 한 단계 발전시켰는데, 특히 지방자치의 대상을 시·읍·면에서 시·도로 확대한 점이 가장 두드러진 성과였다. 시·읍·면장의 선거는 물론 서울특별시장과 도지사 선거가 실시되어 명실공히 지방자치의 외형적 틀이 갖추어졌다.

민주당 정부는 또한 기관 분리형의 지방정부 구조를 채택하면서 선출직 단체장의 징계제도와 의장단의 불신임제도를 도입하였다. 서울특별시장과 도지사의 위법행위에 대하여 내무부 장관이, 시·읍·면장의 부정행위에 대해서는 도지사가 징계위원회에 회부하도록 하였다. 또한 견제와 균형의 차원에서 지방의회 의장단의 일탈에 대한 불신임제도를 도입하였다. 상위 기관의 징계제도와 불신임제도는 당시 민주주의의 수준을 간접적으로 보여주는 대목으로, 주민들의 자율적인 참여와 통제로는 지방자치에 대한 민주적인 통제가 어려웠다는 사실을 보여주고 있다.

## 3. 지방자치의 암흑기에 정권교체를 위한 지방자치를 요구하다

### 1) 지방자치의 암흑기를 맞이하다

1961년 5·16 군사 정변으로 지방자치가 전면적으로 폐지됨에 따라 자치행정이 사라지고 관치행정이 본격화되었다. 자원의 선택과 집중 및 행정의 효율을 목표로 한 국정 체제는 더욱 중앙 집권적인 특성이 강화되었다.

광역지방행정체제로서 특별시와 도 이외에 직할시제가 도입되어 대도시에 대한 직할 통제가 강화되었다. 기초지방행정체제로는 읍·면을 통합하는 군郡제를 도입하였다. 모든 지방행정기관의 장은 선출직에서 임명직으로 전환함으로써 중앙정부의 직할 통제가 공고히 되었다. 지방의회는 폐지되고 내무부가 지방의회의 역할을 담당하는 중앙집권체제가 출범하게 되었다.

그러나 1961년 이후 중앙집권체제가 고착화되는 과정에서 한 줄기 지방분권의 불씨가 자라고 있었다. 공화당의 독재에 저항하였던 민주화 세력은 민주화를 위한 제도적 장치로서 두 가지 사항을 강력히 요구하였다. 그것은 국민들이 대통령을 직접선거로 선출하는 대통령 직선제와 지방자치의 부활이었다.

시·도지사와 시장·군수들이 대통령에 의하여 임명되는 지방행정체제하에서 시·도지사와 시장·군수들은 직·간접적으로 선거에 관여할 수밖에 없었다. 정당별 득표율이 행정구역별로 집계되기 때문에 집권당의 득표율이 시·도지사와 시장·군수들의 역량으로 평가되었다. 그러므로 선거의 결과가 그들의 향후 진로에 영향을 미치는 가장 중요한 요인이 되었고, 그 때문에 지방자치단체장들은 선거 때마다 선거에 관여할 수밖에 없는 무언의 압력을 받았다.

당시 야당의 김대중 대표를 비롯한 민주화 세력은 지방자치의 실시를 강력하게 주장하였고, 이러한 주장은 1987년 6·10 민주 항쟁을 계기로 결실을 맺게 되었다. 6·10 민주 항쟁의 산물로 발표된 6·29 선언을 통하여 노태우 대통령은 대통령 직선제와 지방자치의 재개를 국민들에게 약속하였다. 이를 계기로 1988년 당시 야당이었던 평화민주당, 통일민주당, 신민주공화당은 지방자치의 조기 실시에 합의하였는데, 그것은 지방자치가 민주화를 달성하는 데 가장 중요한 필요조건이기 때문이었다.

1989년 3월 야권의 3당이 합의한 지방자치법은 노태우 대통령의 재의요구로 무산되었고 1989년 12월 청와대 회담을 계기로 비로소 여야가 합의한 지방자치법이 1989년 12월 19일 통과되었다. 하지만 이후 1990년 1월 당시 여당이었던 민주정의당이 통일민주당, 신민주공화당과 통합함으로써 지방자치의 실시에 대한 합의가 물거품이 되고 말았다.

이에 평화민주당 김대중 총재의 지방자치에 대한 의지는 단식으로 이어졌고, 1990년 10월 8일부터 13일 동안 이어진 단식 중 김영삼 민주자유당 대표최고위원의 방문이 이루어졌다. 이를 계기로 1990년 12월 지방자치의 재개에 대한 정치권의 새로운 합의가 이루어져, 지방의원 선거는 1991년에, 지방자치단체장 선거는 1992년에 실시하는 것으로 합의되었다. 그러나 이후 지방의원 선거는 예정대로 1991년에 재개되었으나 지방자치단체장의 선거는 합의했던 것보다 3년 뒤인 1995년에야 이루어졌다.

### 2) 정권교체를 위한 지방자치가 부활되다

1980~1990년에 걸쳐 논의되었던 지방자치는 민주주의의 발전이라는 명분과 평화로운 정권교체라는 실질적 목표를 지향하였다. 집권 여당과 내무부는 지방자치의 재개에 수동적이고 저항적이었다. 특히 지방에 행정기관장을 파견하였던 내무부는 지방자치단체장의 선거를 연기할 수 있는 명분을 찾는 데 매우 적극적이었다.

목숨을 건 단식으로 지방자치의 재개를 이끌어냈던 김대중 총재는 이에 전략적으로 대응하였다. 그가 채택한 전략은 '양보'였다. 지방자치 제도의 내용은 각 국가의 문화와 전통에 따라 매우 상이하다. 국가마다 기관 구성, 지방자치단체의 권한과 사무, 주민자치, 중앙-지방 관계 등에 관한 제도적 내용이 상이하기 때문에 우리나라에 적합한 제도를 찾아내는 데에는 매우 다양한 쟁점이 존재할 수밖에 없고, 이들을 충분히 논의하고 합의하기 위해서는 상당한 시간이 소요된다. 이런 점을 잘 알고 있었던 김대중 총재는 지방자치단체장의 선거를 포함한 지방선거의 실시라는 점만을 제외한 대부분의 쟁점에 대해서는 집권 여당과 내무부의 의견에 동의하는 전략을 구사하였다. 이는 지방자치의 준비와 실시에 소요되는 시간을 줄이기 위해서였다.[1]

하지만 그 결과 지방자치의 기본적 원리마저 소홀히 처리되는 제도가 탄생되었다. 1991년 지방자치단체장은 임명직으로 유지하면서 대부분의 지방자치 권한을 그들에게 주는 극단체장-약의회 제도가 만들어졌다. 심지어 지방의회를 보좌하는 사무 기구의 인사권마저 단체장에게 귀속시키는 기형적인 지방자치단체가 탄생했다. 지방자치는 지방자치단체장과 지방자치단체를 중심으로 운영되는 단체자치가 중심이 되었고, 정작 지방자치의 주체가 되어야 할 주민은 객체로 전락하고 말았다. 주민이 주인이 되는 주민주권과 주민자치의 토대가 마련되지 못한 것이다.

비록 지방자치제도가 이렇듯 극히 불완전했을 뿐만 아니라 그동안 지방자치의 경험이 많지 않았음에도 불구하고 1991년 재개된 지방자치와 지방분권은 우리나라의 정치사에 굵직한 이정표를 남겼다.[2] 앞에서 논의하였듯이 이는 우리나라 민주주의의 발전에 크게 기여하는 성과를 낳았으며 이를 계기로 여야 간의 평화로운 정권교체를 통한 민주주의가 정착되었다. 지방자치제도가 구축되지 않았다면 김대중, 노무현 등의 전 대통령들은 아마도 대통령에 당선되지 못했을지도 모른다.

여야 간의 평화로운 정권교체를 낳은 지방자치는 이후 불완전한 제도의 정비를 추진하기 시작하면서 새로운 단계를 맞이하였다. 1991년의 지방자치제도는 지방선거에 있어서는 혁신적이었던 반면 중앙-지방의 권한 배분과 주민 참여 중심의 주민자치에 대해서는 매우 보수적이었다. 따라서 1999년 이후 김대중 정부, 노무현 정부, 이명박 정부, 박근혜 정부에서는 이를 개선하기 위한 지방분권을 추진하였으나 그 성과는 미미하였다. 다음에서 이를 자세히 들여다보기로 한다.

# 우리나라 지방분권의 발자취

## 1. 김대중 대통령, 중앙행정권한의 지방이양제도를 만들다

앞에서 언급했듯, 김대중 전 대통령은 우리나라의 민주화에 매우 헌신하였다. 그에게 지방자치는 여야 간의 평화로운 정권교체를 통하여 민주화로 향하는 필요조건이었다. 그는 지방자치의 재개를 미루고 있던 당시 정부·여당에 대하여 단식이라는 극단적인 방법을 택했다.

지방자치법에 대해 논의할 때에는 지방자치의 조속한 재개를 위해 대부분의 쟁점 사항에 대한 정부·여당의 안을 수용하였다. 완전한 지방자치제도의 제정보다 조속한 지방자치의 실시가 중요했기 때문이었다. 그는 불완전한 제도는 뒤에 언제든지 개정할 수 있다고 믿었으며 실제로 대통령에 취임한 이후 이를 실행에 옮겼다.

김대중 대통령은 취임 이후 지역균형발전과 지방분권 및 지방자치 등 지역정책에 적극적이었다. 이는 김대중 대통령을 정치적으로 지지하였던 호남 지역이 다른 지역에 비해 상대적으로 발전이 늦었던 데다 1990년대의 지방자치제도가 불완전했기 때문이었다. 그는 지역균형발전과 지방자치제도를 개선하는 수단으로서 지방분권개혁을 실시하였다. 1999년 「중앙행정권한의 지방이양 촉진 등에 관한 법률(이하 '지방이양

촉진법')」을 제정하여 우리나라에서는 최초로 중앙행정권한을 지방으로 이양하는 제도적 기반을 마련하였다.

김대중 정부는 위 법률에 기초하여 지방이양의 추진 주체로서 지방이양추진위원회를 설치하였다. 지방이양추진위원회는 행정사무의 총수를 조사하여 국가사무와 지방사무가 각각 3만 240개, 1만 1,363개임을 밝혔으며, 국가사무 중에서 612개의 사무를 지방으로 이양할 것을 결정하고 232개의 사무를 지방으로 이양하는 성과를 거두는 등 이후로도 이명박 정부 때까지 활동하였다. 이렇듯 김대중 정부는 중앙행정권한의 지방이양제도 등 지방분권을 위한 제도적 기초를 마련하였다.[3]

## 2. 노무현 대통령, 제주특별자치도를 만들다

노무현 대통령은 대통령 후보 시절부터 보수적 가치에 갈음하는 진보적 가치와 이념을 제시하였다. 노무현 후보의 진보적 가치는 수도권 비대화에 대한 지역균형발전, 중앙집권체제에 대한 지방분권으로 나타났다. 소외지역과 소외계층을 위한 혁신적인 지역균형발전과 지방분권을 지역정책의 양 축으로 하여 '자율과 분권의 지방화 시대'를 공약함으로써 지방화 시대를 예고하였다.[4]

대통령에 당선된 이후 소외지역의 권익을 대변하였던 노무현 정부는 지역정책을 국정 과제로 채택하는 혁신적 조치를 단행하였다. 서울 중심의 수도권에 대응하는 행정수도의 건설과 획기적인 지방분권은 기존의 질서와 기득권에 대한 변증법적 정책의 전환을 의미하였다.

노무현 정부는 지방분권의 추진을 위하여 새롭게 2003년 「지방분권

특별법」을 제정하였다. 이는 단위사무별 지방이양을 다루었던 김대중 정부의 지방이양촉진법을 3가지 측면에서 보완하였다. 첫째, 행정사무별 지방이양은 이양의 효과가 미약하다는 점을 고려하여 관련된 사무를 묶어서 포괄적으로 이양한다는 '포괄성의 원칙'을 정립하였다. 둘째, 행정사무를 지역 주민들로부터 가까운 지방자치단체에 우선적으로 이양하고 가까운 지방자치단체가 그것을 수행하지 못할 경우 그다음의 단계로 이양하는 '보충성의 원칙'을 수립하였다. 셋째, 비록 지방자치단체의 준비가 미흡하더라도 지방분권을 우선적으로 실행하고 사후에 보완하는 '선분권 후보완의 원칙'을 제시하였다.

이러한 원칙하에 설치된 정부혁신지방분권위원회는 종합적이고 포괄적인 지방분권 추진계획을 수립하여 그 개혁 과제로 7개의 방향과 20개의 과제, 47개의 세부 과제를 제시하였다. 구체적으로 중앙 – 지방의 권한 재배분, 재정분권, 자치행정 역량, 지방의정, 지방자치단체의 책임성, 시민사회의 활성화, 자치단체 간 협력이라는 7개의 방향하에 20개의 과제가 채택되었다. 자치교육, 자치경찰, 특별지방행정기관의 정비, 지방선거제도의 개선 등이 20개 과제 중에 포함되었다. 이와 같은 노무현 정부의 지방분권 종합계획은 이후의 정부들이 수립한 지방분권 계획의 모형이 되었다.

노무현 정부는 「지방분권특별법」을 제정하여 지방분권의 제도적 틀을 공고히 하고 지방분권의 일반적 원칙을 정립하였다. 또한 지방분권을 추진하는 주체였던 정부혁신지방분권위원회는 종합적인 계획을 세밀하게 마련하였다. 하지만 그러한 계획들은 국민들의 무관심과 대통령의 탄핵 정국으로 인하여 추진 동력이 급격하게 떨어져 성공적으로 마무리되지 못했다. 고착화된 중앙집권체제의 균열을 시도하였으나 지방이 체감할 수 있는 수준에는 이르지 못한 것이다.

그럼에도 불구하고 노무현 정부는 대통령의 정책적 의지를 바탕으로 제주특별자치도의 설치, 행정수도의 건설 등 가시적인 성과를 창출하였다. 노무현 정부 시기는 지방분권 종합계획을 수립하고 이를 혁신적으로 추진한 시기였다고 할 수 있다.[5]

## 3. 이명박 대통령, 지방소비세를 도입하다

이명박 대통령은 지방분권에 크게 관심을 갖지 않았다. 제17대 대통령 선거 과정에서도 지방분권이 주요 공약으로 다루어지지 않았으며 정부가 출범한 이후에도 역시 국정 과제로 논의되지 않았다. 2005년 제정된 「지방분권특별법」의 시효가 만료되고 의원 입법으로 「지방분권 촉진에 관한 특별법(이하 '지방분권촉진법')」이 2008년 6월에 시행되었지만 이 법률에 따른 추진 기구인 지방분권촉진위원회는 2008년 12월에야 구성되었다. 이는 이명박 정부 내에서 지방분권이 지니는 정책적 비중을 간접적으로 보여준다. 지방분권촉진위원회는 노무현 정부의 정부혁신지방분권위원회와 김대중 정부의 지방이양추진위원회를 통합하여 단일화된 기능이 강화되었는데 이는 지방분권의 종합적인 계획과 행정사무의 이양을 통합하면 지방분권이 효율적으로 추진될 것으로 기대되었기 때문이다. 지방분권촉진위원회는 4개 분야 20개 과제가 포함된 「지방분권 비전 및 과제별 (4개 분야 20개 과제) 추진계획」을 수립하였다.

이명박 대통령의 지방분권에 대한 인식은 2010년 「지방행정체제 개편에 관한 특별법(이하 '지방행정체제개편법')」의 제정을 통하여 확인되었다.

지방자치단체로 권한을 이양하는 지방분권의 추진보다는 지방행정체제를 효율적인 집행 기구로 개편하는 데에 정책적 비중을 두었다. 지방행정체제개편법에 따라 추진 기구로서 설치된 지방행정체제개편위원회는 기초자치단체의 통합, 대도시의 기능 조정과 사무 특례 등의 과제를 주로 다루었으며 그 결과물로서 창원·마산·진해가 통합된 인구 100만의 통합 창원시가 출범하였다.

1991년 지방의회가 출범하고 지방자치가 발전하면서 지방자치단체는 재정분권의 필요성을 지속적으로 제기하였다. 그러나 국세의 지방세화 등 실질적인 재정분권은 구호와 계획에 그치고 실제 성과로 이어지지 못했다. 그동안 중앙 집권 세력은 정치적 분권의 차원에서 도입된 지방자치단체장에 대한 권한을 재정을 통하여 통제할 수 있다고 믿었기 때문에 재정분권을 필사적으로 반대하였다.

지방분권에 미온적이었던 이명박 정부에서 재정분권을 위한 지방소비세와 지방소득세를 도입한 것은 매우 역설적이다. 노무현 정부가 도입한 종합부동산세를 감면하고 이에 따라 지방 이전이 줄어드는 부동산교부세를 보전하기 위한 수단으로서 지방소비세를 도입하였다. 우선 국세인 부가가치세의 5%를 지방소비세로 전환하여 새로운 지방세제를 도입하였고, 아울러 소득할所得割 주민세를 독립세인 지방소득세로 전환하였다. 비록 지방소득세로 명칭만 바뀐 것이라는 비판도 있었지만 지방소비세의 도입으로 지방재정이 양호해지는 성과를 낳았다. 이렇게 도입된 지방소비세는 정권이 바뀌면서 점차 지방세의 기간 세목으로 발전하는 형태를 띠게 되는데, 이에 대해서는 뒤에서 다시 살펴보기로 한다.

## 4. 박근혜 대통령, 국무회의의 의결을 거친 종합계획을 만들다

이명박 정부와 마찬가지로 박근혜 정부에게도 역시 지방분권과 관련된 기대는 크지 않았다. 대통령 선거 과정이나 당선 후 국정 과제의 논의 시에도 지방분권이 중요하게 처리되지 않았기 때문이다. 박근혜 정부는 이명박 정부 때 지방분권촉진위원회와 지방행정체제개편위원회로 이원화된 지방분권의 추진 주체를 단일화하여 정책 추진의 효율성을 제고하였다. 그러나 새로운 추진 주체는 정부가 출범한 지 6개월이 지나서야 구성될 만큼 정책적으로 비중 있게 다뤄지지 않았다. 「지방분권 및 지방행정체제개편에 관한 특별법」이 2013년 5월 제정되고 2013년 9월 이 법에 의한 지방자치발전위원회가 출범하였다.

지방자치발전위원회는 지방분권의 추진계획을 수립함과 동시에 지방분권의 분위기를 조성하는 데 노력하였다. 위원회는 기존의 정부와 유사한 내용으로 4개 분야 20개 과제를 포함한 「지방자치발전 종합계획」을 수립하였는데, 다음 두 가지 측면에서 종전의 추진계획과 차별화하려고 노력하였다.

첫째, 지방자치발전위원회는 무엇보다도 지방자치단체 및 관련 부처의 의견을 충실히 경청하려고 노력하였다. 2013년 10월부터 12월 사이에 지방자치단체의 의견을 수렴하기 위하여 자치헌장 토크쇼를 진행하였는데 이는 지방의 의견을 수렴함으로써 지방분권의 분위기를 조성하기 위한 목적도 포함하고 있었다. 위원회는 2014년 6월 20개 과제를 잠정적으로 선정한 이후에도 2차로 지방자치단체 및 관련 부처의 의견을 수렴하는 과정을 거쳤다.

둘째, 이와 같은 상향식의 절차는 지방자치발전 종합계획의 공식적

효력을 확보하기 위한 것이었다. 지방자치발전위원회는 2014년 11월 지방자치발전 종합계획(안)의 심의·의결 이후 2014년 12월 국무회의의 의결을 거쳤다. 비록 집행 성과는 크지 않았으나 이는 지방자치발전 종합계획이 국무회의의 의결을 거친 공식적인 정책이 되어 제도적 구속력을 갖게 되었다는 점에서 의의를 갖는다.

비록 박근혜 정부가 결과적으로는 지방자치발전 종합계획을 실질적으로 집행하지는 못했지만 다음의 두 가지 점만은 주목할 만하다. 우선 무엇보다도 단체자치에 머물고 있던 우리나라의 지방자치에 주민자치의 도입을 시도한 점이다. 2013년 전국 읍·면·동을 대상으로 한 응모 과정을 통하여 31개 읍·면·동에 주민자치회를 시범적으로 도입하였고, 이와 같은 시범 실시는 2015년에는 2차로 49개 지역으로 확대되어 2018년 12월 현재는 전국 95개 읍·면·동으로 확대되었다.

지방소비세율이 2013년 12월 5%에서 11%로 인상되었다는 점도 중요한 사항이다. 지방소비세의 6% 인상 뒤에는 취득세의 인하로 인한 지방세입을 보전하기 위한 수단이 필요했다는 배경이 숨어 있었지만 그러한 사정에도 불구하고 지방소비세의 단계별 인상은 지방소비세가 지방세의 중추적 역할을 담당하는 기간세로서 발전하는 계기가 되었다. 뒤이어 들어선 문재인 정부는 2018년 12월 이를 추가로 4% 인상하여 2019년 2월 현재 지방소비세는 15%로 인상되었다.

# 우리나라 지방분권의 현황에 대한 인식

## 1. 지방분권은 더욱 강화되어야 하나?

앞에서 1999년 이후부터 현재까지 역대 정부들이 추진하였던 지방분권의 내용을 살펴보았다. 대체적으로 계획에 비추어 그 실행 성과는 크게 미흡했다고 할 수 있으며, 이에 대해서는 누구보다도 지방 공무원들이 더욱 절감하고 있다.[6]

그동안 1991년 지방의회의 출범, 1995년 단체장의 직선, 1999년 이후 지방분권의 추진이 단계별로 이어졌다. 그중에서도 특히 노무현 정부는 「지방분권특별법」을 제정하여 가장 의욕적으로 지방분권을 추진하였으며, 그 뒤를 이은 이명박 정부와 박근혜 정부 역시 적어도 관련 법과 이에 기초한 지방분권의 추진 주체를 유지하며 외형적으로는 지방분권을 유지·추진하였다.

지방분권이 추진되었던 20여 년을 뒤돌아보며 이제는 과연 지방분권이 만족할 만한 수준에 있는지에 대한 의문이 생긴다. 만약 현재의 지방분권 수준이 충분히 만족스럽다면 지방분권은 더 이상 추진할 필요가 없을 것이며, 부족하다면 향후에도 지속적으로 자치분권을 강화하여야 할 것이다.

[그림 14.1]의 설문 결과를 보면 69.7%의 지방공무원 응답자가 지방분권을 강화하여야 한다고 응답했다. 반면 30%만이 지방분권의 당위성에 부정적인 응답을 보여, 현장에서 근무하는 공무원의 입장에서 볼 때 현재의 정치·행정적 상황에서는 대체로 지방분권이 필요하다고 인식하고 있는 것으로 나타났다.

그림 14.1 지방분권의 당위성 (단위: %)

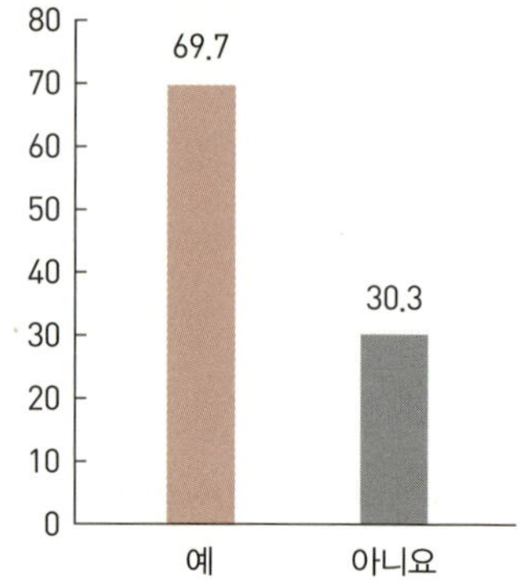


자료: 서울대학교 행정대학원 공공성과관리연구센터. (2018: 205).

## 2. 지방분권을 강화하여야 하는 이유는 무엇인가?

지방분권을 강화하여야 하는 이유는 그동안 정치적, 행정적, 경제적 관점에서 논의되어 왔다. 정치적 관점에서 지방분권은 지역의 정치적 정체성을 보장함으로써 지역의 민주주의와 주민의 인권을 보장하는 데 있어 매우 유익하다. 주민 참여를 통한 풀뿌리 민주주의의 강화는 결과적으로 지역의 사정에 적합한 정책의 수립으로 귀결된다. 지역의 사정에 부응하는 정책 집행은 물론, 행정적인 관점에서 규모의 경제를 이룩할 수도 있으며, 권한과 책임의 일치로 행정의 대응성이 제고되는 장점도 있다. 또한 재정분권은 지역 경제에도 크게 기여할 것이라는 이론적 주장이 제기된다.

[그림 14.2]를 보면 우리나라 지방공무원들이 지방분권 강화에 찬

성한 가장 큰 이유가 지방분권을 통해 지역 특성에 맞는 정책을 시행할 수 있기 때문이라는 것을 알 수 있다. 지방 공무원들의 40.7%가 '지역의 정체성을 토대로 지역의 사정에 적합한 정책을 시행하는 것'이 지방분권의 가장 중요한 이유라고 인식하고 있다. 이어서 지방 공무원의 17.6%는 '주민 참여 활성화 및 민주성 제고', 15.3%는 '자치단체의 책임성 강화', 12.4%는 '자치단체의 행정 역량 제고', 12%는 '정책에 대한 권한과 책임의 일치', 1.9%는 '지역 재원의 누수 방지'를 지방분권이 강화되어야 하는 이유로 인식하고 있다.

그림 14.2 지방분권의 강화 이유 (단위: %)

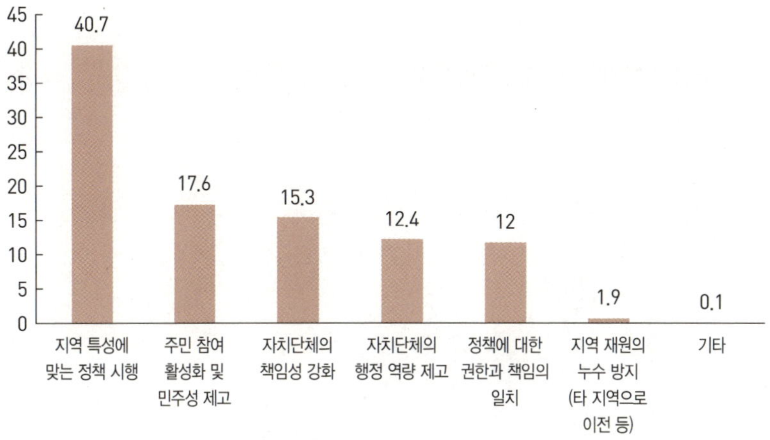


자료: 서울대학교 행정대학원 공공성과관리연구센터. (2018: 206).

### 3. 지방분권 정책(과제)의 우선순위는 어떻게 되어야 하나?

지방분권을 실현하는 다양한 정책 중에 제1순위로 선택된 정책은 26.4%의 지방공무원이 응답한 '자치재정권의 강화'이다. 그 뒤를 이어 응답자의 21.6%는 '기초자치단체의 정당 공천 폐지', 14.9%는 '권한이양 등 자치권의 강화', 11.4%는 '지방분권형 헌법 개정과 지방행정체제의 개편', 4.9%는 '자치단체 평가 제도의 개선', 4.8%는 '교육자치와 지방자치의 연계와 통합', 2.4%는 '자치 경찰제의 실시'를 제1순위의 과제로 인식하였으며, '읍·면·동 주민자치회의 도입'도 1.7%의 응답자가 최우선 과제로 응답하였다. 앞서 밝혔듯이 주민자치회는 2013년 31개의 시범 지역을 거쳐 2018년 12월 현재 전국 95개 읍·면·동에서 구성되었다.

그림 14.3 지방분권 정책의 우선순위 (단위: %)

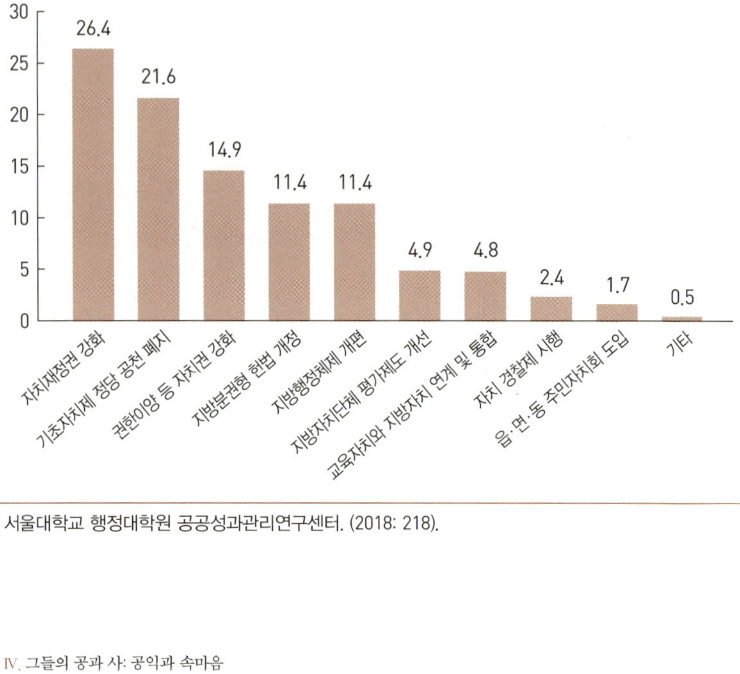


자료: 서울대학교 행정대학원 공공성과관리연구센터. (2018: 218).

## 4. 지방분권의 기능별 우선순위는 어떻게 해야 하나?

지방자치단체는 종합 행정기관으로 다양한 기능을 수행한다. 중앙부처의 기능 및 권한과 관련한 정책 결정은 중앙정부에서 이루어지지만 집행은 대부분 지방자치단체를 통하여 이루어지기 때문에 자치단체의 관점에서 살펴본 각 기능별 지방분권의 우선순위는 다소 상이하다.

[그림 14.4]에 따르면 응답자의 22.4%는 '일반 공공행정', 16.1%는 '사회복지', 13.9%는 '국토 및 지역 개발', 13.2%는 '문화 및 관광', 11.7%는 '공공 질서 및 안전', 6.2%는 '교육', 3.7%는 '산업 및 중소기업', 3.5%는 '농림·해양·수산', 3.2%는 '환경보호', 2.7%는 '보건', 2.3%는 '수송 및 교통', 0.8%는 '과학기술' 분야를 지방정부의 권한이 확대되어야 할 제1순위 분야로 응답하였다.

그림 14.4 지방분권 기능별 우선순위 (단위: %)

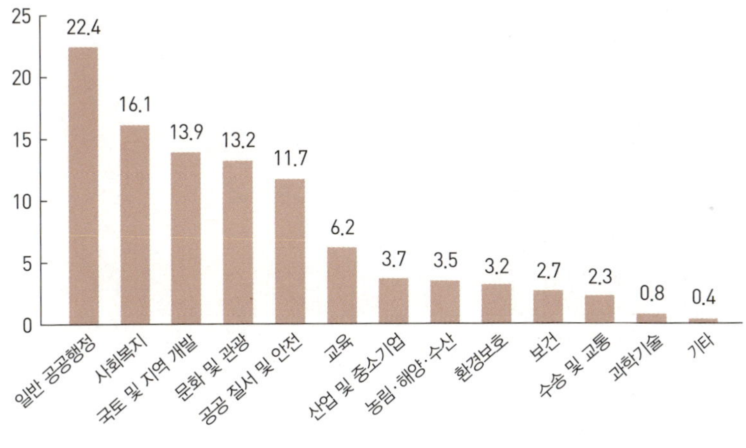


자료: 서울대학교 행정대학원 공공성과관리연구센터. (2018: 222).

## 5. 재정분권은 어떻게 이루어져야 하나?

지방분권을 논의함에 있어서 지방의 관점에서는 재정분권이 매우 중요한 부분을 차지한다. 지방재정이 확충되지 않고서는 지방의 자율적인 정책 결정과 집행이 어렵기 때문이다. 이명박 정부하에서 지방소비세가 종합부동산세 감면에 따른 부동산교부세의 감소분을 보전하는 차원에서 신설되었다. 이는 지방재정의 신장성을 고려하면 의의가 컸다. 지방재정을 확충하는 방안은 매우 다양하며, 국세의 지방세 이양, 지방교부세의 확대, 기업 유치 등 세원 확대, 자체 수익사업 확대, 지방세 신설, 지방세율의 인상, 재산세 과세 대상 확대, 공동세의 활용, 지방세 비과세 감면 축소 등이 그동안 확충 방안으로 제시되어 왔다.

[그림 14.5]를 보면 지방자치단체의 재정 확충을 위한 순위를 알 수

그림 14.5 재원 확충 방안의 순위 (단위: %)

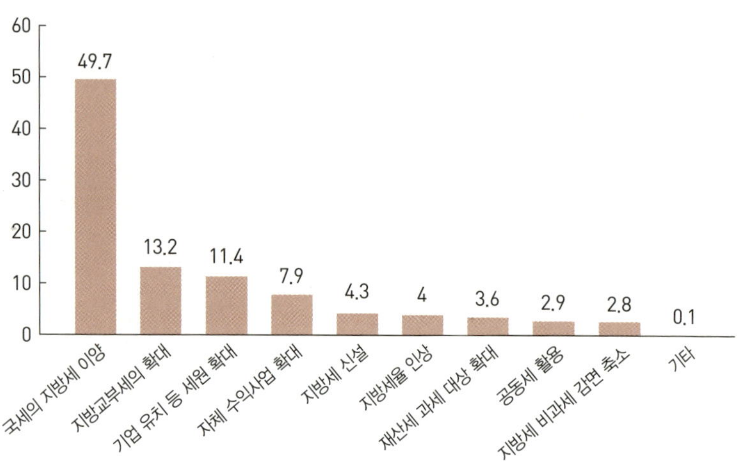


자료: 서울대학교 행정대학원 공공성과관리연구센터. (2018: 226).

있다. 일반적으로 지방의 입장에서 재정 확충을 위해 가장 선호하는 방안은 '국세의 지방세 이양'이며 실제로 응답자의 49.7%가 이 방안을 제1순위로 응답하였다. 이어서 응답자의 13.2%가 '지방교부세의 확대', 11.4%가 '기업 유치 등 세원 확대'를 제1순위 방안으로 인식하였다. 7.9%의 응답자는 '자체 수익사업 확대'라고 응답하였으며, 4.3%의 응답자가 '지방세 신설', 4%의 응답자가 '지방세율 인상', 3.6%의 응답자가 '재산세 과세 대상 확대'라고 응답하였다. 그 외 '공동세 활용'은 2.9%, '지방세의 감면 축소'는 2.8%의 응답자가 제1순위라고 인식하였다.

## 6. 국세와 지방세의 바람직한 비율은 어떻게 되나?

조사에 응한 지방 공무원의 80.6%가 현행 국세와 지방세의 비율이 적절하지 않다고 응답한 점은 향후 국세와 지방세의 비율 개선의 필요성을 보여준다. 국세의 비중을 현행 76%보다 축소하여야 한다는 데에 응답자의 95.5%가 찬성하였고, 국세와 지방세의 적절한 비율을 평균하면 현행 7.6:2.4의 비율을 5.6:4.4의 비율로 개선하여야 한다고 응답하였다.

[그림 14.6]을 보면 국세의 적정 비율에 대한 지방 공무원의 인식을 알 수 있다. '국세의 비율이 50~60%를 차지하여야 한다'는 응답자가 43.9%로 가장 많았고, 이어서 '40~50%이어야 한다'는 응답자가 26%, '60~70%이어야 한다'는 응답자가 12.9%로 뒤를 이었다. '40% 이하여야 한다'는 응답자는 12.7%였던 반면, '70% 이상이어야 한다'는 응답자는 4.5%에 지나지 않았다.

그림 14.6 국세의 적정 비율 (단위: %)

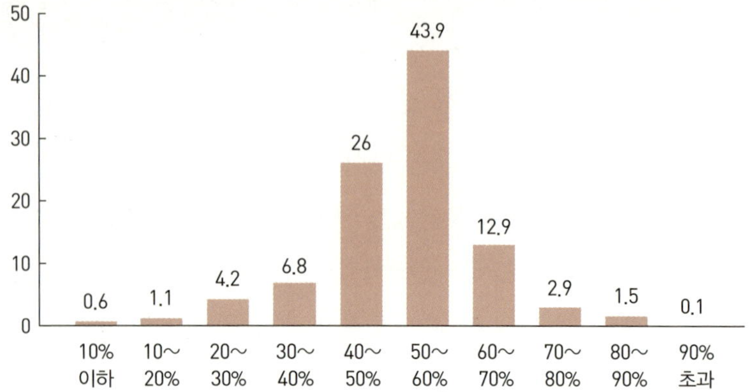

# 결론: 문재인 정부에서 지방분권의 르네상스를 열자!

위의 논의에서 보듯이 현재 우리나라의 정치적 상황을 고려할 때 지방분권은 반드시 필요한 시대적 과제라고 할 수 있다. 2017년 5월 출범한 문재인 정부가 추진하는 자치분권은 이러한 시대적 상황과 부합한다. 우리나라 국민들이 자치분권을 통하여 기대하는 실질적인 비전은 '보다 나은 삶'이다. 문재인 정부는 이런 기대를 반영하여 '우리 삶을 바꾸는 자치분권'을 자치분권 정책의 비전으로 설정하였다. 문재인 정부는 자치분권을 국정 과제로 선정하고 6대 전략과 33과제를 기초로 한 「자치분권 종합계획」을 2018년 9월 11일에 발표하였다.

우수한 계획이 수립되더라도 지방분권의 개혁이 추진되는 데에는 적지 않은 어려움이 도사리고 있음을 우리는 이미 앞에서 보았다. 그것은 지방분권이 내재하고 있는 두 가지 특성에 기인하다.

바로 지방분권의 정치성과 행정적 전문성이 그것이다. 지방분권의 정치성은 지방분권 개혁 과정에 다수의 행위자가 관련되어 있다는 것을 의미한다. 지방 공무원과 같이 지방분권에 대하여 우호적인 집단이 있는가 하면 그와 반대로 지방분권에 대하여 수동적이거나 소극적인 집단도 있다. 국회의원, 중앙 언론, 중앙 공무원, 그중에서도 특히 기획재정부 공무원이나 환경 관련 시민단체 등이 대표적인 후자에 포함되며, 이들의 주장은 매우 견고하다. 실제로 그동안 재정분권의 성과가 거의 없었던 것도 기획재정부의 반대가 주요한 원인이었다.

지방분권의 행정적 전문성은 지방분권이 내재하는 고도의 전문성을 의미한다. 행정은 그 내용과 절차에 있어서 점차 전문화되어, 전문가를 제외하고는 접근하기 매우 어려운 영역이 되었다. 종종 중앙정부가 지방분권이 시기상조라고 주장하는 근거로서 지방 공무원의 역량 부족을 제시하는 것은 지방분권의 행정적 전문성 문제에서 기인한다.

지방분권을 옹호하는 측에서는 지방분권이 지니는 이러한 특성을 파악하여 적절히 대처하여야 한다. 지금까지의 사례를 보면 지방분권을 주장하는 세력의 연대는 느슨하고 간헐적인 데 비하여 반대 세력의 연대는 견고하고 항구적이었다. 따라서 지방분권의 정치성을 타개하기 위해서는 지방분권을 옹호하는 세력의 견고하고 항구적인 연대가 필요하다.

그리고 이와 더불어 행정의 전문성에 대처하는 자치 역량을 강화하여야 한다. 지방분권의 정치성과 행정적 전문성을 감안할 때 가장 중요한 주체는 지방 공무원이다. 바로 이들이 자치분권에 적극적인 정부하에서 끊임없이 역량 강화에 전념하여야 할 것이다. 문재인 정부의 정책적 의지와 함께 지방의 역량과 책임성이 조화를 이룰 때 지방분권의 르네상스를 열 수 있을 것이다.

# PART V
# 한국 공무원의 추상화

**정용덕** 서울대학교 명예교수, 금강대학교 석좌교수

# 뒤샹의 '나부裸婦', 피카소의 '곡부哭婦'

최근에 국립현대미술관에서 뒤샹Marcel Duchamp(1887~1968) 전시회가 열렸다. 전시된 작품 중에는 「계단을 내려오는 누드 2」도 있었다. 그런데 이 작품은 우리가 흔히 생각하는 평면 화폭에 묘사된 정적인 모습의 누드nude와는 크게 달랐다. 그것은 한 여인이 계단을 내려오는 일련의 연속 동작들을 포착해서 하나의 화폭에 동시에 담아낸 추상화였다. 그림을 보면서 그와 마찬가지로 역시 전통적인 그림과는 파격적으로 다른 피카소Pablo Picasso(1881~1973)의 「우는 여인The Weeping Woman」이 떠올랐다. 이는 한 여인의 얼굴을 다양한 각도에서 바라보면서 포착한 모습들을 한 화면에 모두 담아낸 추상화다. 뒤샹은 시간차에 따른 한 여인의 다양한 모습을, 피카소는 시각차에 따른 한 여인의 다양한 모습을 각각 하나의 화폭에 담아 동태적이고 입체적인 자태를 그려낸 것이다.

공무원 혹은 공무원들의 모습은 이보다 훨씬 더 다양할 것임에 틀림없다. 그 다양한 모습들을 포착해서 묶어내는 것이 이 책의 목적이다. 그러면 공무원의 다양한 모습 가운데 특히 어떤 속성에 주목할 것이며 또 그것을 어떻게 포착해서 한 권의 책에 담아낼 것인가? 이 질문에 답하는 것이 이 글의 목적이다.

공무원은 누구인가? 특히, 한국 공무원은 어떤 사람인가? 행정과 행정학에서 가장 기본적인 이 질문에 대해 우리는 본격적으로 논의한 적이 별로 없다. 우리는 그것을 당연히 알고 있고 그 내용에 합의가 되어 있기라도 한 것처럼 전제하고 행정에 대해 얘기하는 경우가 많다. 그러나 실제로는 막연하거나 모호한 채로인 경우가 많은데도 말이다. 그러다가 막상 공무원이 누구인가라고 자문이라도 하게 되면 그에 답하기가 쉽지 않다. 특히, '한국 공무원'이 어떤 사람인가라는 질문에는 한 단계 더 어려움이 따른다.

공무원이 누구인가라는 물음에 답하기 어려운 이유는 여러 가지가 있다. 그중에서도 중요한 이유 중 한 가지로, 공무원을 이해하기 위해 우리가 적용하는 이론적 시각의 차이를 빼놓을 수 없다. 우리가 공무원을 바라볼 때 사용하는 개념 렌즈conceptual lens가 그것이다. "제 눈에 안경"이라는 말이 있듯이, 사물을 바라볼 때 우리 인간들은 각자 나름대로의 렌즈를 끼고 바라보게 된다. 따라서 제 눈에 낀 안경에 따라 서로 다른 모습으로 사물을 인지하게 된다. 공무원에 관해서도 마찬가지다. 공무원을 정의할 때 개인 수준에서 접근할 것인지, 아니면 구조 수준에서 접근할 것인지에 관한 서로 다른 시각이 있다. 여기에 더해 이를 각각 객관주의 시각에서 접근할 것인지, 아니면 주관주의 시각에서 접근할 것인지에 대한 시각 차이도 있다. 결국 같은 공무원이라도 그를 이해하기 위해 이처럼 적어도 네 가지 다른 유형의 시각을 적용하여 접근할 수 있는 것이다. 공무원이 누구인가라는 질문에 답하려고 할 때, 우리는 이처럼 서로 다른 네 가지 접근 방법에 부합하는 각각의 개념 렌즈를 끼고, 그 각각의 렌즈를 통과하는 서로 다른 모습을 포착하고 이해하게 된다.

이 글에서 나는 이 네 가지 접근 방법, 그리고 각각 그에 초점이 맞는 개념 렌즈들을 발굴해보려고 한다. 그 렌즈들을 적용함으로써 우리가 공무원의 다양한 모습을 어떻게 파악할 수 있는지 살펴보기 위한 것이다. 그리고 이 책에 실린 14편의 글에서 각각 포착된 한국 공무원의 모습을 이 네 가지 시각을 적용하여 해부해보기로 한다. 그렇게 함으로써, 마치 뒤샹과 피카소처럼 우리도 한 폭의 한국 공무원 추상화를 그려볼 수 있기를 기대한다.

이야기를 더 끌어가기에 앞서 개념 정리부터 해야겠다. 가장 좁은 의미의 '공무원civil servant'은 정부에서 일하는 인사 가운데에서도 특히 공식적으로 '공무원' 신분이 주어진 사람을 의미한다. 흔히 선거직보다는 임명직 공직자들, 그중에서도 정치적으로 임명된 '정무직'보다는 전문성을 바탕으로 임명된 '직업공무원'을 가리킨다. 선거직이거나 정치적 임명직이 아니면서도 공무원 신분은 아닌, 이른바 '준공무원'에 해당하는 사람들도 있다. 흔히 '공공 기관'이라고 칭하는 조직에서 일하는 사람들이 일차적으로 여기에 해당한다. 이 밖에도 군인을 비롯하여 넓은 의미의 정부, 즉 국가the state 업무에 종사하는 다양한 사람들이 있다.[1] 특별히 구분하여 지적하지 않는 한, 이 글에서는 넓은 의미의 '공직자(public official 또는 public servant)'로 그 범위를 넓혀보기로 한다.

# '개념 렌즈' 투사해보기

## 1. 모습 1: 객관적 개인으로서의 공무원

공무원 하면, 우리는 우선 개인으로서의 공무원을 떠올리는 경우가 많다. 그것도 객관적으로 나타나는 '개인으로서의 공무원' 모습이다. 또한 개인으로서의 공무원이 직무수행 과정에서 보여주는 의사결정 등의 '행태behavior'가 그것이다. 여기서 '객관적'이란 그 개인으로서의 공무원의 행태에 대해 우리 모두가 동일한 인식과 서술을 할 수 있다는 의미다.

이 시각 가운데에는 어느 나라의 공무원이든, 그리고 그가 어떤 행정조직에 속하든, 공무원은 동일한 행태를 보일 것으로 전제하는 이론 모형들이 있다. 대개는 그것을 몇 가지 유형으로 나누어 이해하는데, 행정인을 'X형' 대 'Y형'의 이분법으로 나누어 이해하는 맥그리거Douglas McGregor가 고전적인 예다. 전자는 외부로부터의 자극에 따라 피동적으로 직무를 수행하는 행정인, 후자는 스스로 일을 찾아 능동적으로 직무를 수행하는 행정인으로 각각 분류한다. 이를 통해 한국 행정인 혹은 한국 행정 내 특정 조직의 구성원들이 어느 형에 더 가까운지 경험적으로 입증해보려고 한다. 궁극적으로는 보편타당한 이론의 정립에 도움을 주려는 것이 목적이다. 그 경험적 분석 결과를 바탕으로 한국의 행정 발전을 위한 전략을 세울 수도 있다. 공무원을 채용할 때 가급적 'Y형'의 인재들을 충원하는 것이 바람직할 것이다. 이미 공무원이 된 사람들의 경우는 각 유형에 적합한 관리 방식을 각각 적용하는 전략을 처방한다. 전자에 해당하는 공무원은 하향식 관리, 후자에 해당하는 공무원은 상향식 혹은 위임형 관리 방식을 적용하는 식이다.

개인으로서의 공무원을 이분법이 아닌, 좀 더 다양한 유형으로 구분해서 이해하려는 시도도 있다. 공무원의 성격을 다섯 유형으로 구분해서 이해해 보려는 다운스Anthony Downs의 시도가 좋은 예다.[2] 출세가clime, 현상 유지자conserver, 열성가zealot, 창도자advocator, 그리고 경세가statesman로 나눈다. 개인으로서의 공무원이 이 가운데 어느 유형의 개성을 지녔는지에 따라 그의 행태는 다르게 나타날 것이다. 그리고 그가 속한 행정 기구의 특성에도 영향을 미칠 것이다. 따라서 한국 공무원들 혹은 한국 행정의 특정 조직에 속한 구성원들은 주로 어느 유형에 더 가까운지 경험적 연구를 통해 밝혀보려고 한다. 그리고 그에 따라 차별화된 행정 관리 전략을 발굴하여 적용할 필요가 있다.

한국 행정사에서는 드문 '경세가'의 전형으로 서애 류성룡(1542~1607)을 꼽을 수 있다. 그는 임진왜란(1592~1598)의 전 과정을 최고 공직자로서 지휘하거나 무관無冠으로 백의종군하면서 나라를 지켜낸 인물이자 이순신을 발탁해 온갖 모략을 물리치고 그가 해전에서 승리를 이끌어 내도록 끝까지 지원한 걸출한 인물이다. 전쟁이 끝나자 스스로 물러나 자기반성과 아울러 미래를 대비토록 『징비록懲毖錄』을 펴낸 지식인이다. 전쟁 중(1593년 11월)에 왜군과 강화하라는 명 황제의 지시에 따르지 않는 선조를 "여차하면 갈아치우라."는 특명을 받고 파견된 사신, 즉

사헌司憲이 류성룡을 만나본 뒤 평한 말이 전해온다. "서애西厓 류성룡柳成龍은 굳세고 정도正道를 잡아 모든 신하의 으뜸이 되고 있으니, 왕은 참으로 모든 국정國政을 그에게 전임시키면 그는 반드시 왕을 위하여 근심을 나누고 일을 맡아서 어려움을 물리치고 어지러움을 진정시켜 사직社稷을 안정시킬 것이며 산하山河를 중흥[再造]할 것입니다."(『선조실록』, 선조 26년, 1593년 윤11월 16일).[3] 유명한 '재조산하再造山河'가 나오게 된 배경이다.

다운스가 공무원을 다섯 유형으로 구분한 배경에는 공무원이 이기적인 이유(예: 자신의 권력, 소득, 명성, 편의 등 획득)뿐만 아니라 이타적인 이유(예: 국가에 대한 충성, 사명감, 긍지, 봉사 등)에 의해서도 동기가 부여된다는 전제가 있다. 이와는 달리, 개인으로서의 공무원을 항상 자기 이익을 추구하는 '합리적 행위자'인 것으로만 전제하고 그의 행태를 설명하고 예측하려는 시각으로 공공 선택public choice을 들 수 있다. 이 이론은 공무원은 누구든지 자신의 혹은 소관 정부 조직의 예산을 필요 이상으로 극대화하려고 한다는 니스카넨William Niskanen의 '예산 극대화 관료Budget-maximizing bureaucrats' 모형의 토대 이론이다.

정부 규제의 경우도 마찬가지 논리를 적용할 수 있다. "20년째 '시범사업'만 하고 있는 원격 진료[는] (…) 정부가 2000년부터 추진한 (…) 이후 네 번의 정권 교체를 거치는 동안 한 발짝도 전진하지 못했다." 규제개혁 과정에서 "관료가 규제를 다루는 방식[은] 절대 나서지 않고 정도껏 하기, 핵심은 놔두고 쉬운 일부터 하며 시간 벌기, 그리고 '해봤자 되겠느냐'는 패배주의" 등으로 이어진다. "공무원들은 최소한 규제 문제에 있어서는 국민의 이익보다 자기 안위를 위해 움직인다."고 한다.[4]

공공 선택의 시각에서는 굳이 나라별로 공무원의 차이를 분석할 필요가 없다. 만일 한 나라의 공무원이 '합리적'이라면, 그들은 모두 소관 조직의 예산이나 규제를 극대화하려고 할 것이다. 개인 차원에서는 '합리적'인 행동을 하는 것이지만, 나라 전체 차원에서는 '비합리적'인 결과를 가져오는 역설이 발생하는 것이다. 그렇다면 굳이 나라에 따라 구분할 것도 없이, 동일한 행정 관리 전략을 적용할 수 있다. 되도록 (비합리적으로 예산과 규제 등을 늘리는) 공무원들이 일하는 공공 조직의 기능과 규모를 아예 줄이는 것이 상책이다.[5]

'자익 추구적'이고 '합리적'인 공무원의 모습을 이 책에서 고길곤 교수가 쓴 글에서 발견할 수 있다. 고 교수는 한국 공무원의 이직 동기에 대해 서울대학교 행정대학원 공공성과관리연구센터의 공무원 인식 조사 결과 등의 통계자료를 토대로 이해하기 쉽게 풀어 설명한다. 이 글에 의하면, 이직을 원하는 공무원들이 예상 외로 많다. 그들이 이직을 원하는 가장 중요한 이유는 낮은 보수 때문이다. 이해하기 어렵지 않다. 그들이 애초에 직업으로 공직을 택한 가장 중요한 이유가 무엇이냐는 문항에 "직업의 안정성" 때문이라는 답변이 절대 다수를 차지한 것이다. 반면에 "사회 봉사"나 "국가에 대한 충성"이라는 답변은 가장 적었다. "애초에 공직에 입직하는 이유가 대부분 직업의 안정성 때문이라는 점과 이직을 고려하게 되는 주요 원인이 낮은 보수와 낮은 성취감 때문이라는 점에서, 입직과 이직을 결정할 때 공공봉사동기가 상대적으로 덜 고려되고 있음"을 입증하는 것이라고 해석한다.

이 책에 실린 글에서 김순은 교수는 한국에서 지방자치가 제도화된 혹은 지연된 이유를 정당의 집권전략 차원에서 설명한다. 공직자들의 객관적 행동을 전제로 접근하는 다음과 같은 대목이 그것이다. "1948년 제헌헌법에 지방자치가 규정되고 이에 따라 1949년 「지방자치법」이 제정되었[음] … 에도 이승만 정부는 … 지방자치 선거를 차일피일 미루다가 전쟁 중인 1952년 수복 지구에 한하여 실시하였다. … 중앙 정치권에서 지지가 약했던 자유당 정권은 지방에서라도 지지 세력을 확보해야 했기 때문"으로 해석한다. 이어서 "김대중 대통령은 … 지방자치[가] 여야 간의 평화로운 정권교체를 통하여 민주화로 향하는 필요조건이었다. … 1991년 재개된 지방자치와 지방분권[으로] … 여야 간의 평화로운 정권교체를 통한 민주주의가 정착되었다. 지방자치제도가 구축되지 않았다면 김대중, 노무현과 같은 전 대통령들은 아마도 대통령에 당선되지 못했을지도 모른다."고 해석한다.

이 책에 실린 글에서 김영미 교수는 한국에서 이루어진 놀라운 수준의 정보통신기술ICT 및 전자정부 발전에 대해 분석한다. 사실 한국이 세계적 수준의 정보화 선진국이 된 데에는 객관적 개인으로서의 공직자들의 노력이 크게 기여했다. 행정개혁위원회(1988~1989)에서 행정 업무에 컴퓨터를 도입하여 활용토록 하는 안을 다룰 때, "타이피스트들을 두는 편이 비용편익 면에서 더 효율적"이라면서 반대한 당시 국장급 공무원도 있었다. 그러나 선견지명 있는 소수 공직자들이 '광케이블'을 비롯한 하부 구조 확충 등의 정보화 정책을 획기적으로 추진했고, 정보통신부, 정보화추진위원회, 정보화평가위원회, 한국정보화진흥원(구 한국전산원) 등의 행정 기구를 설립하여 이를 뒷받침하도록 했다. 김 교수가 기술하는 것처럼, "행정학 교과목에도 없었던 '정보체계론'이 공무원 시험에 적용되면서 모든 행정학과 커리큘럼에도 정보체계론, 정보정책론, 정보기술론 등의 과목이 개설되었고, 이후 전자정부론으로 이어지면서 그 학문적 깊이가 한층 심화"되도록 이끌었다. 이와 같은 공직자들의 노력에 의해 정보화가 추진되면서 정부 업무 또한 "정보화 패러다임에 맞춰 진화되[고] … 전자정부를 통한 서비스 지원 체계와 일하는 방식의 변화를 통한 정부 혁신의 기제"로 작용했다. 한국 행정의 높은 정보화 수준은 "UN의 전자정부 준비지수 세계 1위라는 평가 결과"를 통해서도 짐작할 수 있게 되었다.

## 2. 모습 2: 주관적 개인으로서의 공무원

개인으로서의 공무원을 이해하려면 객관적으로 드러나는 그의 겉모습, 즉 행태를 분석하여 설명explanation하는 것만으로는 부족하다. 그의 내면 의식 속으로 들어가서 주관적인 생각을 이해verstehen할 필요가 있는 것이다.

이해를 돕기 위해 (공무원은 아니었지만) 이태석 신부(1962~2010)의 경우를 예로 들어볼 수 있다. 그는 의과대학을 졸업하고 군의관으로 근무했던 의사였다. 그러나 '뜻한 바' 있어 다시금 신학을 공부하여 천주교 사제가 되었다. 그 후 사제 겸 의사로 아프리카 수단 남부에 있는 작은 마을 톤즈Tonj에 머물면서 가난한 이들을 위해 교육과 의료 활동을 펼쳤다. 그러던 중에 병을 얻어 2010년 47세의 젊은 나이로 선종한다. 이처럼 특별한 이태석 신부의 일생을 우리가 흔히 적용하는 객관적 시각에서 설명하기란 쉽지 않다. 그가 스스로의 삶에 의미를 부여하고 선택한 주관적인 내면의 세계에 대한 이해가 필요한 것이다. "나로 하여금 소중한 많은 것들을 뒤로한 채 이곳까지 오게 한 것도, 후회 없이 기쁘게 살 수 있는 것도 주님의 존재를 체험하게 만드는 나환자(한센인)들의 신비스러운 힘 때문이다. 그것을 생각하면 그들에게 머리 숙여 감사하게 된다."는 것이다.[6] 한 개인을 제대로 이해하려면 이처럼 그가 스스로 추구하는 주관적인 가치와 그것을 위해 시도하는 '행위action'를 이해할 필요가 있음을 알 수 있다. 그 개인의 주관적 가치관은 그가 신뢰하는 관념idea에 의해 영향을 받을 것이다. 이태석 신부의 행위는 그가 믿는 가톨릭 신앙과 깊은 관계가 있을 듯하다.

앞에서 예로 든 서애 류성룡의 경우를 다시 살펴보기로 한다. 그는 임진왜란을 치르면서 당시 대부분의 사대부들과는 매우 다른 의사 결정을 하였으며 또한 매우 다른 리더십을 발휘했다. 오만하기 이를 데 없는 명나라 사신조차도 그의 인품을 알아보고 존중하도록 만들었다. 그와 같은 류성룡의 리더십을 본질적으로 이해하려면 그의 내면적 의식세계를 들여다볼 필요가 있다. "조선의 5대 명재상으로 꼽히는 사람은 세종 때 황희, 선조 때 류성룡, 광해군 때 이원익, 인조 때 김육, 정조 때 채제공인데, 명재상의 첫째 요건이 선공후사先公後私라는 것이다. 그런데 공적인 것을 우선시하고 사적인 것을 뒤로하는 정도의 개념으로는 그의 리더십과 업적을 설명하기에 충분하지 않다. (…) 류성룡은 자신의 사념과 사익을 후순위로 한 정도가 아니라 자기를 초월한 경지의 사람이다."[7] 그러했기에 그는 임진왜란의 처음에서 끝까지 발생한 모든 문제들을 자기 책임으로 돌리면서, 조선인들이 미래를 대비토록 하기 위해 『징비록』을 집필할 수 있었다. 류성룡이 자기 초월의 경지에 도달할 수 있었던 배경에는 그가 젊은 시절 독학으로 익힌 양명학陽明學의 핵심사상, 즉 '인욕을 제거하고 천리를 보존한다'는 관념이 자리 잡고 있다.

서울대학교 행정대학원은 관악캠퍼스로 옮긴 지 20년이 지난 1995년에야 비로소 독자적인 건물로 입주하게 되었다. 그곳은 재미 교포 건축사가 미래 지향적 이미지를 담아 설계한 신축 건물이었다. 그런데 이

건물을 두고 서울대 안팎에서 온갖 말들이 많았다. 고풍스러운 유럽 중세 시대 건축 양식을 선호하는 법대 교수 출신 총장은 날아가는 우주선 모양에 혀를 찼고, 울긋불긋한 색채에 인문대 교수 한 분은 '주문진 횟집'으로 평가 절하했다. 원래 '21세기 인공지능형' 건물을 주문했던 행정대학원 교수들로서는 외모에 대한 평가는 '그러려니' 하면서 넘길 수 있었다. 하지만 막상 우리가 당황했던 것은 교실을 비롯한 거의 모든 공간이 구불구불한 곡선으로 돼 있어 효율적인 공간 활용이 여의치 않은 내부 구조 때문이었다. 입주가 마무리된 뒤, 건축사를 위로慰勞하는 자리에서 이 문제가 거론됐다. 그는 "현직 공무원과 미래 공무원 및 학자를 교육하는 행정대학원이 '각角진' 사고보다는 '유연한' 사고를 배양할 수 있기를 바랐다."고 응답했다. 이 말에 모두들 고개를 숙였으며, 그 후 이 문제를 재론하는 사람은 아무도 없었다.

이 책에 실린 박성민 교수의 글은 공무원들의 근무 환경, 특히 공간의 문제에 초점을 맞춘다. 비록 관료제라는 온갖 법 규정의 틀 속에서 하나의 톱니바퀴같이 일상 반복적인 일을 하는 공무원이지만, 그들도 사람이다. 당연히 근무 환경으로부터 (자신도 모르게 내면적으로) 영향을 받는 '사회적' 인간인 것이다. 박 교수가 인용한 최근의 한 설문조사에 의하면, 공무원들은 "공직자의 사기를 높이기 위해 중요한 요인"으로 "승진, 보수, 공직자에 대한 사회적 평가 등"을 중시한다. 반면, "사무실 업무 환경"이라는 "물리적 공간 및 환경적 편의성 등의 조건들"은 단지 "동기요인" 아닌 "위생요인" 정도의 의의를 지닌다. 이 결과에 대해서는 적어도 두 가지 다른 해석이 가능하다. 첫째, 한국에서 적어도 최근까지는 공무원이 근무 환경, 특히 업무 공간의 질에 대해 거론하는 것은 자칫 '사치스러운' 것으로 비칠 수 있기 때문에 그에 대한 언급을 자제했을 가능성이다. 둘째, 행정대학원 원사院舍 사례로부터 시사받을 수 있는 것처럼, 근무하는 공간이 공무원들에게 미칠 수 있는 영향은 사뭇 주관적인 것이라는 점이다. 다만 몇 개의 설문을 통한 서베이를 통해 객관적으로 이를 일반화하기는 어렵고, 향후 그에 대한 질적 연구가 필요함을 시사하는 대목이다.

김영미 교수는 세계 최고 수준의 전자정부를 성취했음에도, 국민 개개인의 특수성을 고려하기보다는 획일적인 대응이 이루어지는 한국 행정의 "일선에서 나타나는 (…) 현실"을 지적한다. 담당 직원에게는 매뉴얼대로 수행해야 하는 책임이 우선"할 수밖에 없을 것임을 이해하면서도, "찾아오는 민원인의 사정은 그와는 달리 천차만별일 것이다. 사정이 여유 있는 경우도 있겠지만, 무척 급한 경우도 있고 그것이 매우 난처한 상황으로 이어질 수도 있다."는 점을 강조한다. 이제 "지능정보가 강조되고 강화되는 사회"를 맞이하는 시점이지만, "여전히 인감증명서"가 필요한 사회에서 "실물 신분증이 없다는 이유만으로 본인 확인을 외면하는 상황과 같은 민원 현장"을 지적한다. "어느덧 국민 각자의 생활 여건에 맞춰 혜택을 받을 수 있도록 한 생애 주기형 맞춤형 서비스, 개인별 맞춤형 서비스 등 서비스의 고도화에 집중하고 있다." 그러나 이것이 과연 국민 개개인의 특수성이 얼마나 고려되는 '맞춤형'인지는 의문이다. 정보통신기술 혁명이 공무원과 민원인 간의 상호 주관성 inter-subjectivity에 의한 '이해'를 바탕으로 이루어지는 행정이 구현되기 위한 고민이 필요한 시점인 것이다.

## 3. 모습 3: 객관적 구조 속의 공무원

행정에서 공무원은 가장 핵심적인 기초 단위다. 그렇다고 공무원을 개인 수준에서만 접근해서 설명하거나 이해하려고 하는 경우에는 한계가 따른다. 개인으로서의 공무원은 독자적인 주체로서 행동할 수 있는 존재이지만, 그는 자신을 둘러싼 구조structure로부터 늘 영향을 주고받는 존재이기도 하다. 이것이 바로 공무원을 이해하려 할 때 개인 수준에서뿐만 아니라 구조 수준에서도 접근하여 분석할 필요가 있는 이유다. 개인으로서의 공무원을 이해함에 있어서 객관주의와 주관주의 시각을 모두 적용한 것처럼, 구조를 통해 공무원을 이해할 경우에도 주관적인 것과 객관적인 것으로 구분해서 살펴보는 것이 가능하고 또 바람직하다.

공무원을 둘러싸고 있는 객관적인 구조의 전형적인 예로 정치 경제 체제를 들 수 있다. 자본주의 국가의 경우, 정책 과정에서 공직자들이 자본가의 이익에 편향되어 있다는 마르크스Karl Marx의 명제는 사회과학에서 여전히 중요한 논제 가운데 하나로 남아 있다. 공직자들이 자본가에게 편향돼 있을 수 있는 구조적 이유에 적어도 세 가지가 포함될 수 있다. 첫째, 막대한 돈이 필요한 선거 구조 등으로 인해 (혹은 개인 자산을 불리기 위해) 공직자들이 자본가의 자금과 로비에 종속되기 때문이다. 둘째, 공직자 자신이 자본가 계급 출신이거나 혼인 등을 통해 이미 그들과 연계되어 있기 때문이다. 정책에 영향을 미칠 수 있는 엘리트 공직자가 되려면 공부를 많이, 그것도 좋은 학교에서 해야 하는데, 자본가들일수록 그것을 뒷받침하기에 유리하다. '강남 학군'의 고교 졸업생들이 서울대 등 소위 'SKY 대학' 합격률이 높다는 사실을 언론에서 민감하게 다루는 것이 바로 이 때문이다. 셋째, 마르크스 계열의 이론 중에서도 가장 구조적인 설명 방식인, '자본주의 경제' 자체의 특성에서 원인을 찾는 경우다. 자본주의 경제 체제에서는 국가가 '생산 혹은 축적(즉, 경제성장)' 기능을 우선적으로 지원하고, 그 바탕 위에서 여력에 따라 '통합 혹은 정당성 확보(즉, 복지와 재분배)' 기능을 수행할 수밖에 없다는 것이다. 공직자들이 정책 결정에서 경제성장을 우선하는 것은 이러한 자본주의 정치 경제의 구조적 특성 때문일 뿐, 국가 기구에서 종사하는 공직자들의 개인적 특성과는 무관하다는 것이다.

이 책에 실린 글에서 이창길 교수는 한국에서 공직자들은 "혁신적 사고와 행동을 모두 갖춘 관료들이 많지만 그들이 가진 혁신적인 생각과 판단이 혁신적인 정책 선택과 결정으로 이어졌는지는 의문"이라고 본다. 그는 "경제부총리를 개혁적 인물로 임명하지 않은 잘못을 경제개혁 실패의 시작"으로 꼽은 "진보 경제학자" 김태동 교수의 견해를 소개한다. 이어서 "김동연 부총리에게 '흙수저' 출신의 개혁 마인드를 기대했지만, '재벌에 포획된 영혼이 없는 예산 관료일 뿐'"이었으며, "홍남기 경제부총리[는] … 전형적인 관리형 관료 출신으로 '국민들이 명령했던 경제구조 개혁을 포기한 인사'"라는 한 시민단체(경실련)의 비판을 소개한다. 만일 이들의 주장처럼, 두 부총리가 "경제개혁[에] 실패"한 것이라면, 두 가지 객관적 구조가 원인인 것으로 설명할 수 있을 것이다. 이들이 무슨 이유에서인지 "재벌에 포획"되었기 때문이다. 아니면, 국가는 축적(성장)을 우선하고, 그 여력 위에서 정당성(복지) 확보를 수행해야 하는 자본주의 정치 경제의 구조적 특성 때문일 것이다.

정치적 구조의 차이로 인해 공무원들의 행동이 영향받는 예를 통일 독일에서 찾아볼 수 있다. 1989년 10월 3일 동·서독이 공식적으로 '한

나라로 통일Einhait'되었다. 구舊동독Deutche Demokratische Republik의 중앙정부는 구서독의 중앙정부가 '흡수'함으로써 소멸되었으며, 구동독의 지방정부들은 분단되기 이전의 행정 권역으로 회귀하는 방식으로 재편성되었다. 이처럼 재편성된 구동독 지역의 지방정부에는 이전부터 그 지역의 공무원이었던 사람들이 대부분 그대로 근무했다. 악명 높던 국가 정보기관(슈타지, Stasi)에 협력한 인사 정도가 제외된 것으로 전해진다. 그런데 구동독 지역의 지방정부에서 근무하는 (구동독 지방정부 출신) 공무원들이 (구서독 중심으로) 통일된 중앙정부와의 관계에서 전혀 앞뒤를 가리지 못하고 우왕좌왕하는 상황이 벌어졌다. 과거에 (구동독) 중앙정부의 세세한 하향식 지시에 따라 행동하던 지방정부 공무원들이 통일된 중앙정부와의 새로운 정부 간 관계를 학습하기까지는 오랜 세월이 필요했던 것이다. 당시 구동독 지역 지방 공무원들을 면담한 자유베를린대학FU, Freie Universität Berlin의 볼만Hellmut Wollmann 교수는 이 상황을 정부구조의 "격변turbulence"에 따른 "패러다임 변화paradigm change"로 표현한 바 있다.[8]

앞에서 소개한 것처럼, 류성룡의 국가 개혁 시도는 실패했다. 실패하게 된 이유로 전상인 교수는 국가 내부 권력 구조의 특성을 지적한다. 류성룡은 서구의 근대화를 가능케 했던 "계몽 군주"와는 거리가 먼 "용렬한 왕" 선조를 정치적 주인principle으로 섬겨야 했던 신하agent에 불과했기 때문이다. 더욱이 그가 "붕당정치와도 거리를" 두었기 때문에 개혁을 주도할 혹은 최소한 지지할 정치 권력 기반이 없었다는 것이다.[9] 7년 전쟁을 치르면서 그가 "분골쇄신 고전하였던 전쟁[은] ① 왜군과의 전쟁, ② 조선을 분할 지배하고자 하였던 명군과의 전쟁뿐 아니라 ③ 우리 조선의 지배계급이었던 사대부 관료들의 이기주의와의 전쟁이었다. ① 왜와의 전쟁, ② 명과의 외교전에서는 과정이 매우 힘들긴 하였으나 결국 승리하였지만, ③ 양반 사대부 지배계급의 이기주의와의 전쟁에서는 결국 패하였다."고 분석한다.[10]

앞에서도 소개한 것처럼, 이창길 교수는 한국에서 일반인들이 생각하는 것과는 달리, 공무원들이 의외로 혁신적이라고 본다. 그럼에도 불구하고 개혁이 되지 않는 "조직 내부로부터 어떠한 제약"들이 있다. 즉, "상사가 혁신을 원하지 않는다(리더십 환경). (…) 제도가 혁신을 허락하지 않는다(업무적 환경). (…) [그리고] 조직 문화가 혁신을 좋아하지 않는다(문화적 환경)."는 것이다. 이 세 가지 제약 요인들은 결국 계층제 구조라는 관료제의 역기능적 특성으로 수렴될 수 있을 것이다.

앞에서 예로 든, 한국 정부에서 규제개혁이 실패하는 이유를 자익을 추구하는 공무원 개인 수준이 아니라 구조 수준의 특성에 의해서도 설명할 수 있다. "역대 정권마다 되풀이되는 '규제개혁 쇼'에는 일정한 공식이 있다. 임기 초에 대통령이 나서서 규제완화를 역설하면 당장에라도 암 덩어리 같은 규제가 혁파되고 새 세상이 열릴 것만 같다. 하지만 이는 잠깐이다. (…) 공무원들은 이때부터 책상 위 달력을 넘겨보기 시작한다. 정권이 저물어갈 즈음 일단 뭐든 뭉개고 보는 본능을 발현하려는 것이다. 이런 공회전이 5년마다 무한 루프로 반복된다." 즉, '5년 단임 대통령'이라는 한국 정부의 제도적 구조가 규제개혁에 방해가 된다는 것이다. 게다가 "관료는 정치인, 이익집단과 함께 규제를 공고히 하는 '철鐵의 삼각형'을 이룬다. 규제 혁파는 이들만이 할 수 있지만 그게 이들 중 어느 누구에게도 득이 되지 않는다는 게 문제의 본질이다."[11] 관료제가 이해관계로 연결된 권력 연합체(즉, 정치 구조)의 일부로서 정책을 좌우하기 때문에 그의 정치적 주인인 대통령조차 어쩔 수 없다는 의미다.

앞에서 살펴본 '예산 극대화 관료' 모형에 대한 반명제로 던리비Patrick Dunleavy의 '관청 형성bureau-shaping' 모형이 있다. 후자 역시 자익 추구적이고 합리적인 공무원을 기본 전제로 하는 점에서는 전자와 같다. 다만, 후자의 경우, 국가기구의 유형이라는 중범위 수준의 구조 차이를 고려해 모형에 포함시킨다는 점에서 차이가 있다. 즉, 공무원들은 소관 조직의 전체 예산 규모를 극대화하는 무모한 전략보다는, 그 조직의 구조적 특성(즉, 전달 기관, 규제 기관, 이전 기관, 계약 기관, 통제 기관, 조세 기관, 거래 기관, 봉사 기관 가운데 어디에 속하는가)에 따라 각각 다르게 그들 조직에 유리한 유형의 예산(즉, 핵심 예산, 관청 예산, 사업 예산, 초사업 예산)을 극대화하려고 한다는 것이다.[12]

'예산 극대화 관료' 모형의 또 다른 반명제를 민주주의 정치 과정이라는 객관적 구조에서 찾을 수 있다. 오늘날 대부분의 나라에서는 만약 전년도 예산에 불용액이 발생하는 경우에는 다음 연도 예산편성에서 그만큼 줄임으로써 불이익을 주는 관행이 생겼다. 공무원들의 예산 극대화 행태를 억제하기 위한 조치다. 따라서 '합리적'인 공무원이라면 소관 조직의 예산을 극대화하면서도 (연말에 지출을 대폭 늘리는 등) 어떻게 해서든 불용액은 극소화하려고 노력할 것이다. 그럼에도 불구하고, 이 책에 실린 김봉환 교수의 글에 의하면, 한국에서 공무원들은 매년 "예산의 효율성 제고 측면에서 무시할 수 없는" 규모의 불용액을 발생시킨다. 그 원인을 김 교수는 민주주의 정치 과정의 두 단계 특성에서 찾는다. 첫째, 5년마다 새로 집권한 대통령이 자신의 공약 사업을 예산에 반영하려고 노력하는 과정에서 불용액이 발생한다. "행정부의 공무원들이 새로운 [행]정부의 정책과제를 실현시키기 위해 [특히 새 행정부 초기 1년 차에] 대통령 정책과제 사업의 예산을 다른 사업에 비해 큰 폭으로 확대시킨다는 것"이다. 그러나 "정부의 예산 사업은 수년에 걸쳐 행정부와 국회의 의사결정으로 확정된 사업들이 연속성을 띄면서 진행되기 때문에 새로운 정부가 들어섰다고 해서 쉽게 바뀔 수 있는 것은 아니다.". 이러한 상황에서 새 행정부는 지난 행정부의 "예산을 [폐기하지는 못하더라도] 연속적으로 집행하기보다는 오히려 지연"시키는 행동을 하게 된다. 결국 "정권의 교체로 지난 정부의 사업이 제대로 추진되지 않거나, 준비되지 않은 사업을 새로운 정부가 급하게 추진하면서 [비효율적인] 불용액이 증가"한다. 둘째, 국회에서도 의원 혹은 정당의 "정치적인 목적을 위해 준비가 미흡한 예산을 증액시키는 경향"이 있다. "예산심의 과정에서 증액된 예산의 집행률이 증액된 금액이 커질수록 낮다."는 사실이 이를 입증한다. 이는 국회 예산심의가 예산집행의 효율성보다는 정치적 목적 달성에 더 치중하고 있음을 시사한다. 이와 같은 정치 과정의 구조적 문제들은 민주주의 국가의 '정치적 합리성'을 위해 치러야 하는 부득이한 '경제적 합리성'의 비용인 것으로 간주할 수도 있다. 그러나 김 교수는 이러한 비효율을 최대한으로 축소하기 위한 개선 방안을 다음과 같이 제시한다. 행정부의 경우, "과거 정부 정책의 급격한 퇴출보다는 점진적 변화를 추진하고, 새 정부의 정책 역시 사업 수행 절차와 사업에 대한 수요 등을 면밀히 검토한 후 예산에 반영하여 추진"한다. 국회의 경우, 예산심의(특히 계수조정위원회의 심의) 과정의 "투명한 공개"가 필요하다.

이 책에 수록된 글에서 이근주 교수는 한국 공직사회에서 남녀 균등 인사에 큰 진전이 이뤄지게 된 이유를 객관적 구조의 시각에서 설명한다. 1970년대의 '산아 제한' 정책에 의해 자녀 수가 줄어들면서 아들과 딸을 모두 학교에 보낼 수 있는 경제적 여력이 생겼다. 1980년대의 '과외 금지' 정책에 의해 사교육비가 감소되고, '졸업정원제' 실시로 입시 경쟁이 크게 줄면서, 여성의 고등교육 기회가 확대됐다. 이와 같이 "사회 진출과 경제활동을 위한 여성의 잠재력이 점점 커져가고 있는 상황에서" 「여성발전기본법」(1995년)에 의거하여 1996년에 도입된 '여성채용목표제'는 공직에서의 성평등 실현에 "기폭제로 작동"하였다. 여성채용목표제가 '양성평등채용목표제'로 전환된 2003년 이후부터는 "30%의 혜택을 여성이 아니라 남성이 받고 있는 상황"이 되었다.

앞에서 예로 든 공무원의 이직 동기에 대한 글에서 고길곤 교수는 성gender 및 중앙-지방이라는 구조적 요인에 의해 응답에 차이가 있음을 분석한다. "남성은 낮은 보수를 압도적으로 중요한 이직 이유"로, 여성은 "남성에 비해 미흡한 승진 기회와 낮은 성취감을 중요한 이직 이유로" 각각 제시했다. 여성 공무원들은 "맞벌이를 하는 경우가 많기 때문에 남성에 비해 보수에 대한 (…) 절박감이 떨어지기 때문에 보수보다는 다른 요인에 대한 불만이 클 수 있다."는 가설을 제기한다. 또한, "이직하고 싶다는 중앙 공무원의 응답률이 지방 공무원에 비해 두 배 가까이 더 큰 것"으로 나타났다. 이에 대해 고 교수는 "열악한 근무조건 때문에 (…) 중앙 공무원의 경우 근무조건에 대한 불만이 상대적으로 큰 것"으로 해석한다.

김순은 교수는 지방자치 제도화가 객관적인 정치구조에 의해 영향받을 수 있음을 다음 사례를 통해 보여준다. 1960년에 집권한 "민주당 정부는 1952년 도입된 지방자치와 지방분권을 한 단계 발전시켰는데, 특히 지방자치의 대상을 시·읍·면에서 시·도로 확대[하여] (…) 시·읍·면장의 선거는 물론 서울특별시장과 도지사 선거가 실시되어 명실공히 지방자치의 외형적 틀이 갖추어졌다. [그러나] 기관 분리형의 지방정부 구조를 채택하면서 선출직 단체장의 징계제도와 의장단의 불신임제도를 도입하였다. (…) 상위 기관의 징계제도와 불신임제도는 당시 민주주의의 수준을 간접적으로 보여주는 대목으로, 주민들의 자율적인 참여와 통제[만으]로는 지방자치에 대한 민주적인 통제가 어려웠다."고 해석한다. 더 나아가 "지방분권의 개혁이 추진되는 데에는 적지 않은 어려움"이 있는 이유를 "지방분권이 내재하고 있는 (…) 지방분권의 정치성과 행정적 전문성"이라는 객관적 구조 때문인 것으로 해석한다.

김영미 교수는 정보통신기술 발전이라는 객관적 구조 변화가 한국의 행정 업무 수행에 미친 영향을 분석한다. "지난 1980년대 행정 전산화 사업 이후 (…) 특히 전자정부의 개념이 명확해진 1990년대 이후에는 기존의 오프라인 정부가 가지고 있던 시간적·물리적 제약들을 극복하고 행정기관 간 또는 행정기관과 국민 간의 행정 업무를 효율적으로 수행하는 정부의 모습을 갖추게 되었다." 다만, 이와 같은 변화는 ① 공직자들(객관적 개인)의 자세 및 행동, 혹은 ② 정보통신기술 발전(객관적 구조)이라는 가설 설정을 통해 설명할 수 있다. 그러나 김 교수는 여기서 한 발자국 더 나아간다. 즉, ③ 이들 다양한 구성 요인들이 서로 뒤엉킨 생태계에서 자기 조직화와 공진화가 이루어진 결과라는 제3의 가설 설정도 가능함을 암시하는 것이다. "정책의 창" 모형에서도 시사받을 수 있는 것처럼, "새로운 기회는 늘 먼 곳에서 치밀하게 계획하고 합리적으로 결정함으로써만 만들어지지는 않는다."고 한다. 그 연장선상에서, 인공지능의 시대에 바람직한 행정이 이뤄지려면, 그에 부합하는 생태계, 즉 "적당한 환경이 필요"함을 강조한다.

### 4. 모습 4: 주관적 구조 속의 공무원

주관적 구조란 공무원이 속해 있는 공동체에 배어 있는 가치체계를 의미한다. 그가 속해 있는 공식 혹은 비공식 집단, 조직, 정부, 혹은 사회 전체에 내재되어 있으면서 그의 행위에 영향을 미치는 공통의 가치체계가 그것이다. 주관적 구조는 흔히 '문화' 혹은 '헤게모니' 개념을 통해 이해할 수 있다. 전자는 공동체를 위해 긍정적인 기능을 하는 것으로써 '사회화'를 통해 유지 강화할 필요가 있는 것으로 여기는 사람들이 즐겨 쓰는 개념이다. 후자는 공동체를 위해 부정적인 기능을 하는 '제3차원의 권력'으로 작용할 수 있는 것으로 경계하는 사람들이 즐겨 쓰는 용어다.

흔히 한국에 배어 있는 전통적인 행정문화로 "권위주의, 집단주의, 연고주의, 계서주의, 온정주의, 사인주의, 운명주의, 비물질주의, 일반주의" 등을 든다. 이와 같은 문화적 특성들은 근대 행정의 가치체계와는 부합하지 않는 것으로 지적돼 왔다. 한국 행정에서 긍정적으로 작용하는 고유의 행정문화를 발굴하여 소개하는 연구 결과들도 있다. "민본주의(홍익인간), 덕치주의, 충효 사상, 집합주의, 도덕주의, 근검주의(청백리 사상)" 등이 그것이다. 최근에는 서양에서 개발된 문화 이론들(예: Hofstede, Hood 등)을 적용하여 한국의 행정문화를 경험적으로 검증하는 연구도 이뤄지고 있다.[13] 이처럼 우리가 행정문화에 관심을 기울이는 이유는 한국 행정에 배태된 문화가 공무원들의 행위에 긍정적으로 혹은 부정적으로 영향을 미칠 것으로 보기 때문이다.

앞에서 예로 든 서애 류성룡이 활동했던 16세기는 세계사에서 바야흐로 근대성modernity이 싹트던 '근대의 여명기'였다. 조선의 걸출한 경세가 류성룡은 임진왜란을 치르는 과정에서 줄곧 국가 개혁을 시도했으나 이 시도는 실패했다. 전상인 교수는 그 이유를 당시의 문화적 특성에서 찾는다. 류성룡이 "계몽된 유학자이긴 했지만 여전히 성리학 세계 속의 인물"이었다는 것이다. 당시의 "세계사를 기준으로 볼 때 그는 '보편적 근대인'이라기보다 '재생적 근대인'에 더 가까웠다."고 해석한다.[14] 유교문화의 담지자로서 류성룡이 지향한 '재조산하'의 국가 개혁은 서구인들이 지향한 근대성과는 차이가 있었던 것이다.

앞에서 공직자들이 자본가 이익에 편향성을 지니도록 만드는 객관적 구조의 예를 몇 가지 들었다. 그러나 이와 관련된 주관적 구조도 있을 수 있다. 비록 그 자신은 자본가 출신이 아니지만, 자본가 자녀들이 다니는 학교, 그것도 옥스퍼드나 케임브리지에 있는 기숙사 학교college를 같이 다니는 등, 성장 과정에서 혹은 직장에서 의식의 동질화가 이루어질 수 있는 기회는 얼마든지 있다. 앞에서 이창길 교수가 소개한, 문재인 행정부의 "'흙수저' 출신"인 김동연 경제부총리에게 "개혁 마인드를 기대했지만 (…) 재벌에 포획된 영혼이 없는 예산 관료일 뿐"이며, 홍남기 경제부총리도 "전형적 관리형 관료 출신"이기 때문에 "경제구조 개혁을 포기한 인사"라는 일부 지식인이나 시민단체의 비판은 이와 같은 주관적 구조에 초점을 맞춘 것으로 보인다.

이 책에 수록된 글에서 김준기 교수는 장래 공무원이 되기를 희망하는 많은 '취준생(취업 준비생)'들이 기대하는 공무원상像이 현실과 매우 다름을 지적한다. 이직률과 근무 환경 등 구체적인 통계자료를 바탕으로 김 교수는 다음과 같은 결론을 내린다. 한국에서는 "공무원도 평범한 사람이다. 일반적으로 직장인들이 일터에서 흔히 갖는 고충을 똑같이 겪으며 살아가고 있다. 얇은 월급봉투에 늘 아쉬워하며, 감사 준비와 민원 대응에 시달리며 스트레스를 받기도 하고, 좁은 승진 자리를 두고 치열하게 경쟁"한다. 그렇다면 "공무원이 수행하는 일의 본질에 대해 깊이 고민"해 볼 필요가 있다. "공익을 위해 헌신하는 일이 생각만큼 쉬운 일이 아님"을 직시할 필요가 있다. 현직 공무원이든 앞으로 공무원이 되기를 희망하는 젊은이든, 공익을 위해 헌신할 생각이 아니라면, 굳이 공직에 머물러 있거나 공직에 들어오려고 애쓸 일이 아니라는, 완곡하지만 따끔한 암시다.

앞에서 예로 든 이직 동기 관련 글에서 고길곤 교수는 "유리천장glass ceiling으로 표현되는 승진에서의 여성 차별 문제가 이직 의도와 상당히 관련" 있을 수 있다는 가설 설정이 가능하다고 본다. 그러면서도 "공직 내부에서 여성의 승진과 관련된 차별을 철폐한 데다, 오히려 고위직의 여성할당제 등을 통해 승진을 배려"하고 있음을 감안할 때 "적절하지 않은 가설일 수 있다."고 분석한다. 이와 같은 객관적 구조의 변화에도 불구하고, 여성 공무원들이 내면적으로는 여전히 성차별이 존재한다고 믿게끔 하는 어떤 형태의 주관적 구조가 존재하는지 여부는 앞으로의 좋은 연구 주제가 될 것이다.

'민족주의'니 '세대 차이'니 하는 관념이 한 사회에 실제로 존재하는지 여부는 구성원들이 그것을 자주 거론하는지 여부에 달렸다는 설이 있다.[15] 객관적으로 실재하는 현상이라기보다는 사회에서 주관적으로 구성되는 현상이라는 의미다. 이 책에 실린 글에서 이수영 교수는 한국 공무원들의 의식이 "세대에 따라 분명한 차이"가 있음을 소개하고 있다. "전통적·유교적 가치관을 갖고 있으며, 과거 권위주의 정부를 경험한 기성세대"와는 달리 "탈권위주의·개인주의적 성향이 강한 젊은 세대"는 공직에 들어올 때 그들이 고려한 동기, 즉 '입직 동기'에 차이가 있었다는 것이다. 소위 'Y세대'(1977~1997년 출생)에 해당하는 공무원들의 경우, '베이비붐세대'(1955~1964년 출생)는 말할 것도 없고 'X세대'(1965~1976년 출생)와도 다르게, "국가에 대한 애국심이나 충성심 또는 공무원의 사회적 권위를 중요한 직업 선택 요인으로 생각하지" 않는 것이다. 이는 "전통적·유교적 사고방식 혹은 행정부 우위의 권위주의적 사고방식을 품고 있는 베이비붐세대와 그렇지 않은 젊은 세대 간의 가치관 차이 때문"이다. 따라서 "국가에 대한 충성심이나 공무원의 권위 의식만으로는 젊고 유능한 인재가 공무원 조직에 들어와 만족해하며 헌신할 것을 기대하기가 어렵다." 다행스러운 것은 모든 세대에 걸쳐 공무원들은 "공무원의 직업 안정성" 그리고 "연금 등 경제적 보상"을 입직 시에 중요하게 고려하지만, X세대와 베이비붐세대에 비해 Y세대는 경제적 보상을 덜 고려한다는 대목이다. 대신에 이들은 기성세대와 마찬가지로 "이웃과 사회에 대한 봉사심"을 높이 고려했다. 앞으로 행정을 짊어질 젊은이들에게 아직은 희망을 걸어볼 여지가 있다는 암시다.

앞에서 소개한 글에서 이근주 교수는 과거에 한국 공직사회에 여성의 진출이 쉽지 않았던 이유로 부모들의 경제적 어려움을 든다. "없는 살림에 많은 자녀를 모두 학교에 보낼 수는 없는" 상황에서, "공부는 아들만 시키고, 딸은 가족과 아들을 위해 희생하는 것이 당연"하게 인식되는 "남아선호사상에 의해 아들만이 공부를 할 수 있는 혜택을 누릴 수 있었다." 한국 사회에 배태된 이와 같은 주관적 구조로서의 '남존여비' 문화는 조선 시대 성리학 이데올로기의 산물이다. 그러나 일단 형성된 문화는 쉽게 바뀌지 않는다. 이 교수에 의하면, "정책적 변화로 여성들이 교육을 받을 수 있는 기회가 대폭 넓어[진] 1980년대[조차] 여성의 사회 진출은 원활하지 못했다. 당시는 경제 상황이 매우 좋아 대학을 졸업하기만 해도 대기업에서 앞다투어 뽑아 가는 시절이었지만 여성들은 아무리 좋은 대학을 졸업해도 취업하기가 쉽지 않았다." 서울대학교 행정대학원 공공성과관리연구센터의 공무원 대상 설문조사에 의하면, 남녀 공무원 간의 인식 격차는 여전히 남아 있다. "여성 공무원들은 성과평가의 합리성과 공정성에 동의하지 못하고 있으며 (…) 고위직일수록 여성이라는 이유만으로 성과평가에서 불이익을 받는다고 인식"하고 있다는 것이다.

이 책에 실린 글에서 홍준형 교수는 「청탁금지법」(세칭 '김영란법')에 대해 공무원들이 스스로 어떻게 생각하는지에 대해 분석한다. 시행 효과 분석 결과들을 인용하면서, 홍 교수는 김영란법이 "당초 우려했던 것보다는 훨씬 더 안정적으로 정착돼 가고" 있는 것으로 평가한다. 여기서 우리가 주목하는 것은 한국에서 공무원의 부패 수준에 대한 인식에서 공무원 자신과 일반 사회인 간에 적지 않은 차이가 있는 대목이다. 우선, 한국 사회 전반의 부패 수준에 대해 일반 국민, 전문가, 기업인, 외국인에 비해 공무원(19.1%)은 훨씬 낮게 인식하고 있다. 공직사회의 부패 수준에 대해서도, 기업인, 일반 국민, 전문가, 외국인에 비해 공무원(7.7%)은 훨씬 낮게 인식한다. '부패인식지수'에서는 그 격차가 좀 더 심하다. 사회 전반의 부패인식지수에서 일반 국민에 비해 공무원은 두 배 가까이 높게, 즉 부패 정도가 낮은 것으로 평가한다. 공직사회의 부패인식지수에서도 일반 국민에 비해 공무원 자신은 높게, 즉 부패 정도가 낮은 것으로 평가한다. 이처럼 공무원 자신들과 그들의 '정치적 주인' 혹은 '고객'인 일반 국민, 기업인, 외국인 간에 현격한 인식 차가 존재하는 원인은 무엇이고 그것의 함의는 무엇인가? 단기적 원인은, 한국에서 부정부패가 많이 해소되고는 있지만 근절은 되지 않고 있다는 사실에 있다. 공직자의 부정부패 관련 언론 보도는 끊임없이 나오고 있고, 그 때마다 일반인들의 인식도에도 큰 변화가 나타난다. 중기적 원인은 사회발전과 민주주의 공고화에 따라 일반인들의 기대치도 상승하기 때문이다. 아시아에서 민주주의 수준이 높은 나라들(한국, 일본, 타이완, 인도 등)의 경우에 낮은 나라들(중국, 몽골, 싱가포르 등)에 비해 국민의 정부 신뢰도가 더 낮은 현상에 유비類比될 수 있다.[16] 장기적 원인은 공직자들이 국민으로부터 신뢰를 쌓을 만한 시대가 극히 드물었던 한국사에서 찾을 수 있다. 1990년대 중반에 도쿄대학교 행정학과 교수들이 서울대학교 행정대학원을 방문해 행정(학)에 대해 공동 세미나를 열었던 적이 있다. 일본 공무원들의 부패 수준에 관한 나의 질문에 니시오 마사루西尾勝 교수는 "일본에서 공무원 부패는 없다."라고 잘라 말했다. 그것은 일본에서 직업공무원에 대한 신뢰도가 어느 정도인지 짐작할 수 있는 계기였다. 객관적 측정이 어렵기 때문에, 공무원의 부패 수준은 주관적일 수밖에 없다. 그리고 나라마다 국민의 주관적 인식에는 의미 있는 차이가 있다. 대체로 영국과 미국에 비해 독일과 프랑스에서는 공무원에 대한 존중과 신뢰가 상대적으로 높다. 한국 공무원들은 그다지 신뢰와 존중을 받지 못하는 주관적 구조 속에서 근무하고 있는 것이다.

앞에서 김순은 교수는 한국 지방자치 제도화 과정에서 정치 지도자들의 집권 전략이 작용했음을 보여주었다. 그렇기는 해도, 그들은 지방자치의 시행 혹은 유보에 대한 그 나름대로의 대의명분을 내걸어야 한다. 실제로 정치인들은 한국이 처한 특정 시기의 상황에서 민주주의와 경제성장과 국가안보 등의 공공 가치 가운데 어느 것이 좀 더 시급하게 요청되는지, 그리고 그것을 위해 지방자치와 분권화가 어떻게 유익(혹은 불리)한지에 대해 각자 나름대로의 설명을 제기한다. 그래야 국민들의 마음을 움직여 지지를 얻을 수 있고, 국민의 지지를 얻어야 지방자치와 분권화 정책은 물론이고 정치권력의 획득과 유지도 가능하기 때문이다. 실제로 한국에서 지방자치와 분권화는 관념idea을 둘러싼 담론 경쟁의 산물이었다. "노무현 대통령은 대통령 후보 시절부터 보수적 가치에 갈음하는 진보적 가치와 이념을 제시하였다. 노무현 후보의 진보적 가치는 수도권 비대화에 대한 지역균형발전, 중앙집권체제에 대한 지방분권으로 나타났다." 반면에 "이명박 대통령은 (…) 대통령 선거 과정에서도 지방분권이 주요 공약으로 다루어지지 않았으며 정부가 출범한 이후에도 역시 국정 과제로 논의되지 않았다. (…) 결과물로서 창원·마산·진해가 통합된 인구 100만의 통합 창원시가 출범하였다." 이어서 김 교수는 2003년에 "정부혁신지방분권위원회는 종합적인 계획을 세밀하게 마련하였다. 하지만 그러한 계획들은 국민들의 무관심과 대통령의 탄핵 정국으로 인하여 추진 동력이 급격하게 떨어져 성공적으로 마무리되지 못했다."고 분석한다. 한국에서 지방분권 촉진에 중요한 주관적 구조 가운데 하나인 일반 국민의 주관적 의식은 여전히 무덤덤한 상태에 있는 것으로 보인다.

# 추상화 그리기

지금까지 서로 다른 네 가지 개념 렌즈를 끼고 한국 공무원의 다양한 모습을 투사해보았다. 그것은 마르셀 뒤샹이 계단을 내려오는 나부의 시간차에 따른 각기 다른 모습을 따로따로 스케치해 본 것에 비유될 수 있을 것이다. 혹은 파블로 피카소가 여러 각도에서 우는 여인을 (마치 달의 앞면뿐만 아니라 뒷면과 옆면도) 바라보고 그 각각의 모습을 따로따로 스케치해 본 것에 비유될 수도 있다. 우리는 이론적 시각차에 따라 다르게 포착되는 한국 공무원의 다양한 모습들을 각각 스케치해 보려고 했다. 마치 네 사람의 시각장애인이 코끼리의 서로 다른 부분을 만져보고 서로 다른 네 가지 느낌을 가져본 것과도 같다.

이제 이들 공무원의 다양한 모습들을 종합하여 하나로 융합해볼 차례다. 뒤샹과 피카소가 여인의 동적이고 입체적인 모습을 하나의 화폭에 각각 담아내 본 것처럼, 우리도 공무원의 동적이고 입체적인 모습을 한 폭의 추상화抽象畫로 그려낼 차례다. 시각장애인들이 둘러앉아 각자가 만져보고 느낀 코끼리의 모습을 이제 담론을 통해 하나로 융합하는 과정에 해당한다.

행정학이 기예craft냐, 과학science이냐, 혹은 예술art이냐의 논의가 있다.[17] 이론 렌즈별로 포착된 다양한 공무원의 모습을 어떻게 융합하여

하나의 화폭에 담아낼 것인가는 그 비유가 말해주듯이 좀 더 예술에 해당하는 부분이다. 한국 공무원의 추상화 그리기의 이 마지막 붓질은 독자에게 맡긴다.

# 주(註)

## 제1장

1. 김신복. (1990)·감사원. (2015). 「감사결과 보고서-소극적 업무처리 및 국민부담 유발행위 점검」, p.19. 재인용.
2. 영어로는 'self-limiting'이라 표현할 수 있는데, 이는 '안 하던 일은 새로이 만들지 않고, 힘들거나 욕먹을 일은 우선하지 않는, 수동적인 업무 태도'를 의미한다. 이에 관하여는 Veiga, J. F. (1991). The frequency of self-limiting behavior in groups: A measure and an explanation. *Human Relations*, 44(8), 877-895. 참조.
3. 한국행정연구원. (2016). 「행정에 관한 국민인식 보고서」.
4. 감사원. (2015). 「감사결과 보고서-소극적 업무처리 및 국민부담 유발행위 점검」; 『동아일보』. 「'공무원 갑질' 그냥 놔두곤 규제개혁 성공 못한다」, 2015. 8. 5.
5. 『경향신문』. 「伏地不動(복지부동)의 공직사회 中(중) 司正(사정) 강풍에 피해의식 확산」, 1994. 5. 13.
6. 『한겨레』. 「공무원 '복지부동' 여전」, 1994. 4. 28.
7. 어원은 17세기 영국의 관청에서 공문을 붉은 끈으로 묶어 보관했던 것에서 유래되었고, 19세기에는 직무 태만으로 인한 '지연' 또는 '무행위'라는 뜻으로 쓰였다. 이에 관하여는 William and Mary Morris. (1971). *Morris Dictionary of Word and Phrase Origins*. New York: Harper, p.483. 참조.
8. Changler, R. C. & Plano, J. C. (1982). *The Public Administration Dictionary*. New York: Wiley, p.217.
9. 『연합뉴스』. 「트럼프, 규제철폐 '레드 테이프' 커팅식」, 2017. 12. 5., https://www.yna.co.kr/view/PYH20171215234000340 에서 검색.

10. 서울대학교 행정대학원 공공성과관리연구센터. (2019). 「2018년도 공공부문 성과에 대한 공무원 인식조사 결과보고서」.

11. 『한국경제』. 「"영혼 없는 공무원" 자처하는 식약처」, 2018. 10. 21.

12. 『동아일보』. 「이낙연 총리와 공무원 망국론」, 2019. 3. 22.

13. 「헌법」 제1조 제2항 "대한민국의 주권은 국민에게 있고, 모든 권력은 국민으로부터 나온다."는 주권재민(主權在民) 조항이 오래전부터 존재해왔지만 실질적인 의미를 찾은 때는 1980년대 후반으로 볼 수 있다.

14. 서울대학교 행정대학원 공공성과관리연구센터. (2016). 「2015년도 공공성과 관련 중앙공무원 인식조사사업 결과보고서」.

15. 박흥식. (2016). 「한국 행정책임 연구 60년」. 『한국행정학보』, 50(5), 358.

16. Thompson, D. F. (2017). Designing Responsibility: The Problem of Many Hands in Complex Organizations. In The Design Turn in Applied Ethics, eds. Van den Hoven, J., Miller, S., & Pogge, T., 32-56. Oxford: Oxford University Press; 한승주·최흥석. (2018). 「공직자의 집단적 책임감과 영향요인 탐색」. 『행정논총』, 56(2), 55-82; 오석홍. (2019). 『통치하기 어려운 나라』. 법문사.

17. 박천오. (2011). 「공무원의 정치적 중립」. 『행정논총』, 49(4), 27.

18. Romzek, B. S. & Ingraham, P. W. (2000). Cross pressures of accountability: Initiative, command, and failure in the Ron Brown plane crash. *Public Administration Review*, Vol. 60, No. 3, 240-253.

19. 『프레시안』. 「'가짜 신약'인보사, 결국 허가 취소, 검찰 고발」, 2019. 5. 28., http://www.pressian.com/news/article/?no=242681#09T0 에서 검색.

20. 14번 문헌과 같음.

21. Terry L. Cooper, The Responsibility Administrator: An Approach to Ethics for the Administrative Role(John Wiley & Sons International Rights, Inc, 2012), 행정사상과 방법론 연구회 역. (2013). 『공직윤리: 책임있는 행정인』. 조명문화사.

22. Appleby, P. H. (1965). Public Administration and Democracy. In R. C. Martin (ed.), *Public Administration and Democracy: Essays in Honor of Paul Appleby*. Syracuse, N. Y.: Syracuse University Press.

23. 21번 문헌과 같음.

24. Osborne, D. & Gaebler, T. (1992). Reinventing Government: How the Entrepreneurial Spirit is Transforming the Public Sector. Reading, Mass.: Addison-Wesley; 박순애. (2013. 10. 25.).「세종시 공무원을 춤추게 하라」,『동아일보』. 재인용.

25. 한승연. (2018).「동양사의 유능하고 책임 있는 공무원」.『한국행정학보』, 52(4), 3159-3180. 재인용.

26. Chun, Y. H. & Rainey, H. G. (2005). Goal Ambiguity and Organizational Performance in U.S. Federal Agencies. Journal of Public Administration Research and Theory. 15(4), 529-557.

27. 박순애·이영미. (2018).「성과관리의 역설」.『한국행정학보』, 52(4), 151-176.

28. 오석홍. (2019).『통치하기 어려운 나라』, p.160. 법문사.

29. 박순애·이영미·이혜연. (2018).「공공부문 성과보상의 효과성에 관한 연구」.『한국행정학보』, 52(3), 123-149.

30. 박순애. (2013. 10. 25.).「세종시 공무원을 춤추게 하라」,『동아일보』.

31. 성과 평가 결과로 등급(고성과자, 중간 성과자, 성과 부진자)을 나누어, 고성과자에게는 큰 보상을 주고, 성과 부진자는 해고하는 등 성과 평가 결과에 따라 성과 보상의 큰 차별을 두는 방식을 의미한다.

32. 『Economic Review』,「주태산 서평, "왜 GE는 잭 웰치의 '상대평가제'를 버렸나?"」, 2018. 5. 19., http://www.econovill.com/news/articleView.html?idxno=338114 에서 검색.

33. LG경제연구원. (2015).『LG Business Insight』, 2015. 1. 28.

34. 유발 하라리. (김명주 역). (2017).『호모 데우스』. 김영사.

그림 1.1: 한국행정연구원. (2016).『행정에 관한 국민인식 보고서』, p.12.

그림 1.2: 서울대학교 행정대학원 공공성과관리연구센터. (2019).「2018년도 공공부문 성과에 대한 공무원 인식조사 결과보고서」, p.169.

그림 1.4: 서울대학교 행정대학원 공공성과관리연구센터. (2016).「2015년도 공공성과 관련 중앙 공무원 인식조사사업 결과보고서」, p.18.

그림 1.6: 한국행정연구원. (2007).『행정에 관한 국민인식 조사보고서』, p.88; 한국행정연구원. (2016).『행정에 관한 국민인식 조사보고서』, p.354.

그림 1.7: 서울대학교 행정대학원 공공성과관리연구센터. (2016). 「2015년도 공공성과 관련 중앙 공무원 인식조사사업 결과보고서」, p.186.

## 제2장

1. 2019년 3월 5일 자 한국은행 발표에 따르면 우리나라의 2018년 1인당국민총소득(GNI, Gross National Income)은 3만 1,349달러로 전년(2만 9,745달러) 대비 5.4% 포인트 상승했다. 이로써 한국은 세계 7번째로 1인당 GNI가 3만 달러 이상이면서 인구는 5,000만 명 이상인 '30-50 클럽'에 진입했다.

2. 『주간동아』, 2019. 3. 1.

3. Johnson, C. (1982). *MITI and Japanese Miracle: The Growth of Industrial Policy, 1925-1975*. Stanford: Stanford University Press.

4. 윤상우. (2001). 「동아시아 발전국가론의 비판적 검토」. 『경제와 사회』, 50, 158-185; 강동훈. (2011). 「발전국가론과 한국의 산업화」. 『마르크스 21』, 11, 134-173; 문상석. (2016). 「관료의 국가제도 전용과 발전국가의 종언」. 『사회이론』, 33.

5. '경험치(經驗値, experience point)'는 원래 비디오 게임 용어이다. 롤플레잉 게임(RPG)과 롤플레잉 비디오 게임에서 플레이어 캐릭터가 게임을 진행한 정도를 측량하는 단위가 경험치이다. 경험치는 보통 임무 완수, 적이나 장애물의 극복, 롤플레잉의 성공에 대한 보상으로 주어지며 충분한 경험치를 얻으면 캐릭터는 '레벨 업'을 하고, 캐릭터가 성장하는 다음 단계를 달성하게 된다(『위키백과』). 질적 연구를 수행하는 연구자의 경우에도 연구 경험과 심도에 따라 경험치가 다 다르며 연구가 진행될수록 '레벨 업' 할 수도 있고 그러지 못할 수도 있다. 이처럼 주어진 한 시점의 연구 역량을 경험치에 빗대어 이해할 수 있다면, 질적 연구의 완성도는 연구자의 경험치에 비례함이 물론이다. 이 글이 재구성하고자 하는 공무원들의 '마음'이 현장 공무원들의 그것과 유리되어 있다면 그것은 전적으로 필자의 경험치가 부족하기 때문임을 미리 고백한다.

6. 여기에서 '상상력'이란 밀스(Wright Mills)의 사회학적 상상력을 의미한다. 사회학적 상상력은 사회학의 핵심 용어로서 거시적인 사회현상과 미시적인 개인의 행동 사이에 형성되는 관계를 추적하고 인지하는 능력이다. 사회와 개인이 맺는 관계를 파악하기 위해서는 개인의 생애와 주어진 사회의 역사, 그리고 그에 잠복하는 사회구조를 함께 봐야 하며, 그럴 때만이 특정 사회와 개인에 대한 이해가 총체적일 수 있다는 것이 밀

스의 주장이다. 프랑스 사회학자 부르디외(Pierre Bourdieu)는 이를 일컬어 역사적으로 구조화되고 사회적으로 조건 지어진(historically structured and socially conditioned) 특정 맥락에 대한 이해가 사회현상에 대한 분석을 가능하게 한다고 말했다.

7. "내 언어의 한계가 내 세계의 한계"(비트겐슈타인, 2015: 126)라면 행정 현장에서 사용되는 언어야말로 행정에 대한 한국 관료 집단의 지각과 인식을 드러내는 표상일뿐더러 현상에서 구조로, 미시에서 거시로 들고 나는 유용한 나룻목이 될 것이다. 궁극적으로 이 글이 겨냥하는 것은 이해적 접근(comprehensive approach)을 취하는 문화기술지(文化記述誌, ethnography)이다. 따라서 이 글은 근대화 과정에서 구조화된 한국 공무원들의 사회적 지위(positioning) (또는 전략적 행보(strategic manoeuvres)) 나 행태(behavior)에 대한 본격적인 분석을 지향하지 않는다. 이에 관하여는 비트겐슈타인·루트비히. 변영진 역. (2015). 『비트겐슈타인 철학일기』, 책세상. 참조.

8. 서울대학교 행정대학원 공공성과관리연구센터. (2017). 「2016년도 공공성과 관련 중앙 및 지방공무원 인식조사 결과보고서」.

9. 이 조사는 그 대상을 전체 인구의 13%를 차지하는 여론 주도층(informed public)과 이를 제외한 일반 대중(mass population)으로 나눠 진행한다. 에델만(Edelman)은 1952년에 설립된 세계 최대 규모의 글로벌 PR 컨설팅 업체다.

10. 한완상. (2019). 「3.1 정신과 공공리더십: 사자가 소처럼 여물을 먹고」. 경제인문사회연구회, 세종국가리더십위원회 공공리더십 포럼 발제문.

11. 서울대학교 행정대학원 공공성과관리연구센터. (2016). 「2015년도 공공성과 관련 중앙 공무원 인식조사사업 결과보고서」.

12. Sabatier, P. A., & Jenkins-Smith, H. C. (1999). The Advocacy Coalition Framework. An Assessment. In *Theories of the policy process*, edited by P. A. Sabatier. Boulder: Westview Press.

13. 은재호. (2009). 「프랑스 복지행정 이념과 실용주의: 신자유주의의 수용과 전유를 통한 대안적 모델의 건설과정」. 『한국행정학보』, 43(1), 69-96.

14. Jobert, B., & Muller, P. (1987). *L'Etat en action. Politiques publiques et corporatismes*. Paris: PUF.

15. 서울대학교 행정대학원 공공성과관리연구센터. (2017). 「2016년도 공공성과 관련 중앙 및 지방공무원 인식조사 결과보고서」.

16. 공무원들의 정치화 경향에 관한 보다 자세한 논의는 13번 문헌의 pp.88-90을 참조.

17. Mayntz, R., & Derlien, H. (1989). Party Patronage and Politicization of the West German Administrative Elite 1970-1987. Towards Hybridization? *Governance*, 2.

18. Chevallier, J. (1997). L'élite politico-administrative: Une interpénétration discutée. *Pouvoirs*, 80, 89-100.

19. 이 개념은 조직 내 의사결정론을 연구한 마치(James March)와 사이먼(Herbert Simon)(1958)의 저작(1957)에서 연원한다. 제한된 합리성 개념은 의사결정자를 최고의 능력을 지닌 경제인(economic man)으로 간주하지도 않을뿐더러 의사결정자가 모든 정보를 파악한 후 가장 최선의 대안을 선택하는 방식으로 의사결정이 진행된다고 가정하는 완전히 합리적인 의사결정 모형을 부정한다. 오히려 의사결정자의 정보처리 능력은 개인마다 다 다르고 일정하게 제한되어 있는데 그것도 인지적, 심리적, 환경적 제약 등으로 인해 합리성이 더욱 제한된 상태에서 의사결정을 하게 된다고 주장한다. 그래서 의사결정은 최적 대안이 아니라 만족스러운 대안을 찾는 데 그친다고 지적한다. 제한된 합리성 이론은 이처럼 의사결정자의 합리성이 제한된 상태에서 가급적 합리적인 과정을 성실하게 이행하는 것을 의미할 뿐, 매 순간 최적 대안을 제시할 수 있다는 것을 인정하지 않는다.

20. 신광영은 오늘날 한국 사회에서 유통되는 공공성의 의미를 세 가지로 구분해 설명한다. 첫째는 특정 개인이나 집단에 한정되지 않고 모두에게 적용되는 보편적 속성을 의미한다. 두 번째는 특정한 집단에만 이익이 되는 것이 아니라 모든 사람들에게 이익이 되는 것, 즉 공익의 동의어다. 세 번째는 공정성 혹은 형평성이다. 한완상(2019)이 지적한 바와 같이 국가가 특정 집단이 아니라 모든 국민에게 고르게 배분되는 이익을 위해 기능하는 경우 권력의 정당성을 확보할 수 있는데, 이때 국가가 내세우는 공공성의 의미는 공정성과 직접 관련되어 있다. 이에 관하여는 신광영. (2002). 「노동운동과 공공성」. 『문화과학』, 23. 참조.

21. 정태인. (2014). 『공무원U신문』, 2014년 11월 17일 자 기고 칼럼.

22. 은재호. (2008). 「공공성 개념 연구: 프랑스 공공서비스 개념을 중심으로」. 『한국거버넌스학회보』, 15(3), 213-240.

23. 조원희. (2007). 「공공성의 경제학: 자유주의 대 진보적 공공성」. 『비평』, 2007. 11월호.

그림 2.1: 인사혁신처. (2015. 8.).「공직가치체계」.

그림 2.2: 그림 2.2: 서울대학교 행정대학원 공공성과관리연구센터. (2017).「2016년도 공공성과 관련 중앙 및 지방공무원 인식조사 결과보고서」, p.166.

그림 2.3: 한완상. (2019).「3.1 정신과 공공리더십: 사자가 소처럼 여물을 먹고」. 경제인문사회연구회, 세종국가리더십위원회 공공리더십 포럼 발제문.

그림 2.4: 서울대학교 행정대학원 공공성과관리연구센터. (2016).「2015년도 공공성과 관련 중앙 공무원 인식조사사업 결과보고서」, p.142.

그림 2.5: 서울대학교 행정대학원 공공성과관리연구센터. (2016).「2015년도 공공성과 관련 중앙 공무원 인식조사사업 결과보고서」, p.143.

그림 2.6: 서울대학교 행정대학원 공공성과관리연구센터. (2017).「2016년도 공공성과 관련 중앙 및 지방공무원 인식조사 결과보고서」, p.97.

## 제3장

1. 이창길. (2012).「기획논문: 관료제와 관료의 탈일체화: James Q. Wilson의 관점을 중심으로」.『정부학연구』, 18(3), 5-33.
2. 『한겨레신문』, 1989. 10. 6.
3. 『서울신문』, 2017. 5. 21.
4. 김대원. (2014).「관료들의 혁신행동 의지 영향요인 분석: 임파워링 리더의 행동과 셀프리더십을 중심으로」; 정석환. (2014).「상사유머가 공무원의 혁신적 업무행동에 미치는 영향」.『한국콘텐츠학회논문지』, 14(12), 733-743.
5. 서울대학교 행정대학원 공공성과관리연구센터. (2017).「2016년도 공공성과 관련 중앙 및 지방공무원 인식조사 결과보고서」.
6. Janssen, O., Van de Vliert, E., & West, M. (2004). The bright and dark sides of individual and group innovation: A special issue introduction. *Journal of Organizational Behavior*, 25(2), 129-145.
7. 『경향신문』, 2019. 1. 19.
8. 이창길 외. (2015).『대한민국 정부를 바꿔라』. 올림. (제2장: 권한위임을 둘러싼 오해와 진실), pp.34-54.

9. 이창길. (2017). 「고위공무원의 성격유형과 직위변화-관료제와 관료의 디커플링(de-coupling)」. 『한국정책학회보』, 26(4), 35-64.

10. Westby, E. L., & Dawson, V. L. (1995). Creativity: Asset or Burden in the class-room? *Creativity Research Journal*, 8(1), 1-10.

11. 서울대학교 행정대학원 공공성과관리연구센터. (2018). 「2017년도 공공부문 성과에 대한 공무원 인식조사 결과보고서」.

12. 김병섭. (1995). 「경찰공무원의 심리적 탈진 원인분석」. 『한국행정학보』, 29(2), 449-467.

13. Newsom, G. (2014). *Citizenville: How to take the town square digital and reinvent government*. Penguin.

14. 5번 문헌과 같음.

15. 임도빈·조원혁·정현정. (2012). 「공무원의 탈관료적 규정변용(rule bending) 행태에 관한 연구」. 『한국정책연구』, 12(4), 473-495.

16. 위의 문헌.

17. Teodoro, M. P. (2011). *Bureaucratic ambition: Careers, motives, and the innovative administrator*. JHU Press.

18. 김호정. (2002). 「행정조직문화가 조직몰입과 직무만족에 미치는 영향」. 『한국행정학보』, 36(4), 87-105.

19. 윤견수. (2018). 「한국 행정의 오래된 미래」. 『한국행정학보』, 52(2), 3-35.

20. 한주희·황원일·박석구. (1997). 「조직문화 인식유형이 조직몰입 유형에 미치는 영향에 관한 연구」. 『인·조직연구』, 5(2), 95-134.

21. 한기순·유경훈. (2013). 「우리는 진정 창의성을 원하는가?」. 『창의력교육연구』, 13, 53-70.

22. Staw, B. M. (1995). Why no one really wants creativity. In C. Ford & D. A. Gioia (Eds.), *Creative action in organizations: Ivory tower visions and real world voices*. Thousand Oak, CA: Sage Publication, Inc.

23. Mueller, J. S., Melwani, S., & Goncalo, J. (2012). The bias against creativity: why people desire yet reject creative ideas. *Psychological Science*, 21(1), 13-17.

24. 5번 문헌과 같음.

25. 김철. (2013). 「정부 1.0도 못하면서 정부 3.0 비전 선포식?」. 『미디어스』, 2013. 6. 23.

26. 11번 문헌과 같음.

27. 인사혁신처. (2016). 『인사비전 2045』.

## 제4장

1. 국가통계포털, http://kosis.kr/statHtml/statHtml.do?orgId=101&tblId=DT_1SS-LA020R 에서 검색.

2. 『한국경제』. 「[이슈+]'캠퍼스 낭만'은 옛말...입학 전부터 취업준비하는 새내기 대학생」, 2017. 2. 20., http://www.hankyung.com 에서 검색. (2019년 2월 13일 확인)

3. 『조선일보』. 「취업난 속 서울대 졸업생, 눈높이 낮춰 9급 공무원 시험에 뛰어들다」, 2016. 3. 31., http://www.chosun.com 에서 검색. (2019년 3월 5일 확인)

4. 서울대학교 행정대학원 공공성과관리연구센터. (2017). 「2016년도 공공성과 관련 중앙 및 지방공무원 인식조사 결과보고서」, p.181.

5. 김미숙·조경호. (2000). 「공무원의 삶의 질에 영향을 주는 요인 연구」. 『보건사회논집』, 20(2), 86-122.

6. Work and Life Balance, 즉 '일과 삶의 균형'을 의미하는 신조어.

7. 『한국정신건강신문』. 「보건복지부 여 사무관 사망, 업무 과중에 따른 과로사?」, 2017. 1. 18., http://www.mentalnews.kr 에서 검색. (2019년 5월 11일 확인)

8. 『세종포스트』. 「복지부 30대 여성 사무관 '과로사 논란' 확산」, 2017. 1. 17., http://www.sjpost.co.kr 에서 검색. (2019년 2월 13일 확인)

9. 서울대학교 행정대학원 공공성과관리연구센터. (2017). 「2016년도 공공성과 관련 중앙 및 지방공무원 인식조사 결과보고서」, p.139.

10. 서울대학교 행정대학원 공공성과관리연구센터. (2017). 「2016년도 공공성과 관련 중앙 및 지방공무원 인식조사 결과보고서」, p.124.

11. 경찰, 세관 등과 같이 상시 근무 체제가 적용되거나 토요일, 공휴일에도 정상적으로 근무할 필요가 있는 공무원을 말한다.

12. 『연합뉴스』. 「공무원 초과근무, 시간으로도 보상... 동계휴가제 도입키로」, 2018. 1. 16., http://www.yna.co.kr 에서 검색. (2019년 5월 16일 확인)

13. 인사혁신처·행정안전부. (2018). 『정부기관 근무혁신 종합대책 보도자료』.

14. 대한민국 정부. (2017). 『100대 국정과제』.

15. 『연합뉴스』. 「공무원도 주 52시간 근무제 합류하나... 대책마련 착수」, 2018. 7. 3., http://www.yna.co.kr 에서 검색. (2019년 5월 11일 확인)

16. 『매일경제』. 「靑"매주 수요일 가정의 날 칼퇴근"」, 2017. 8. 24, http://www.mk.co.kr 에서 검색. (2019년 5월 11일 확인)

17. 『KBS』. 「공무원 초과근무 단축... 연차휴가 모두 사용 목표」, 2017. 8. 24., http://www.kbs.co.kr 에서 검색. (2018년 12월 28일 확인)

18. 『이투데이』. 「공무원 업무혁신·근로시간 단축방안 이달안 발표」, 2017. 11. 6., http://etoday.co.kr 에서 검색. (2018년 12월 30일 확인)

19. 서울대학교 행정대학원 공공성과관리연구센터. (2017). 「2016년도 공공성과 관련 중앙 및 지방공무원 인식조사 결과보고서」, p.167.

20. 무언가가 되고 싶다는 영어 'want to be'를 연음으로 발음한 말(출처: 『네이버 국어사전』)

21. 인사혁신처. (2018). 『2017년 행정부 국가공무원 인사통계』.

22. 9번 문헌과 같음.

23. 『뉴시스』. 「[2015국감] 후배 퇴직압박에 고위공무원단 정년 못채워」, 2016. 12. 28., http://www.newsis.com 에서 검색. (2019년 3월 7일 확인)

24. 『법률저널』. 「고위공무원 8.8%만 정년 채워」, 2015. 10. 1., http://www.lec.co.kr 에서 검색. (2019년 3월 7일 확인)

25. 『서울경제』. 「[사설]성과 낮은 공무원 퇴출하는 美-철밥통 강화하는 韓」, 2018. 5. 28., http://www.sedaily.com 에서 검색. (2019년 3월 11일 확인)

26. 『조선일보』. 「'철밥통'손보는 마크롱, 공무원 명퇴·성과평가 동시 추진」, 2018. 2. 3., http://www.chosun.com 에서 검색. (2019년 3월 11일 확인)

27. 인사혁신처. (2015). 『능력과 성과중심 인사관리 강화방안』.

28. 『연합뉴스』. 「업무평가서 저조한 성적 받은 고위공무원 2명 자진사퇴」, 2018. 1. 4., http://www.yna.co.kr 에서 검색. (2019년 5월 22일 확인)

29. 『매일경제』. 「인사처"9급 공무원 발탁승진"... 실제성과 보여야」, 2018. 1. 29., http://www.mk.co.kr 에서 검색. (2019년 5월 21일 확인)

30. 10번 문헌과 같음.

31. 19번 문헌과 같음.

32. 서울대학교 행정대학원 공공성과관리연구센터. (2017). 「2016년도 공공성과 관련 중앙 및 지방공무원 인식조사 결과보고서」, p.197.

33. 『중앙일보』. 「국정감사 앞두고 피감기관 직원들은 '추석앓이'중」, 2017. 10. 1., http://news.joins.com 에서 검색. (2019년 5월 24일 확인)

34. 『중앙일보』. 「[포토사오정]'국회의 꽃'국정감사-공무원들의 전쟁터」, 2017. 10, 12., http://news.joins.com 에서 검색. (2019년 5월 24일 확인)

35. 『매일경제』. 「"진상민원인 무서워요"공포에 떠는 구청 공무원」, 2018. 12. 11., http://www.mk.co.kr 에서 검색. (2019년 5월 24일 확인)

36. 『대한민국 정책브리핑』. 「성희롱·폭언 등 특이민원으로부터 민원공무원 보호한다」, 2018. 5. 9., http://www.korea.kr 에서 검색. (2019년 5월 24일 확인)

그림 4.1: 국가통계포털자료 재구성, http://kosis.kr/statHtml/statHtml.do?orgId=101&tblId=DT_1SSLA020R 에서 검색.

그림 4.2: 서울대학교 행정대학원 공공성과관리연구센터. (2017). 「2016년도 공공성과 관련 중앙 및 지방공무원 인식조사 결과보고서」.

그림 4.3: 그림 4.2의 자료와 같음.

그림 4.4: 그림 4.2의 자료와 같음.

그림 4.5: 인사혁신처. (2018). 『2017년 행정부 국가공무원 인사통계』, p.9.

그림 4.6: 그림 4.2의 자료와 같음.

## 제5장

1. 『조선일보』. 「[흔들리는 공무원] ① 10명 중 9명 "정년 전에 이직하고 싶다"」, 2015. 8. 17.

2. 『중앙일보』. 「공무원 이직률의 증가」, 1968. 6. 19.

3. 『서울Pn』, 2015. 3. 26., http://go.seoul.co.kr/news/newsView.php?id=20150327002009 에서 검색.

4. 이 설문의 특징은 이직 의도와 이직 사유를 함께 물어보고 있다는 점이다. 이직 사유를 먼저 물어보고 있기 때문에 상대적으로 이직을 고려한 사람의 비율이 과대 측정될 수 있는 한계가 존재한다는 점에 유의할 필요가 있다. 그럼에도 불구하고 공무원의 이직 사유가 무엇인지를 살펴보는 데는 여전히 유용한 자료이다.

5. 일반적으로 조직 및 직무 만족을 측정할 때는 보수, 동료와의 관계, 업무량, 업무 시간, 성과급, 후생 복지, 사무실 근무 환경, 교육훈련 등의 차원을 측정하는데 공무원의 경우 가장 만족도가 낮게 측정되는 것이 보수와 성과급 부분인 것으로 나타나고 있다.

6. 『e-나라지표』. 「공무원 보수 추이」, http://www.index.go.kr/potal/main/EachDtlPageDetail.do?idx_cd=1021 에서 검색.

   이 자료에서 공무원 보수 추이는 공무원 연금을 비롯하여 직장 안정성까지 고려한 평생 임금 수준을 측정하지 못한다는 한계가 있다.

7. 인사혁신처의 『2017년도 민관 보수수준 실태조사』에서는 이직 사유의 항목을 '보수, 사회적 기여도, 직업의 안정성, 발전 가능성, 업무 환경과 시간적 여유, 조직문화, 기타'로 제시하고 있는데 그 결과는 보수 68%, 발전 가능성 16%, 조직문화 11%, 시간적 여유 3%의 순서로, 서울대학교 행정대학원 공공성과관리연구센터가 실시한 조사의 결과와 다소 차이가 있지만 보수와 발전 가능성(낮은 성취감)이 중요한 요인이라는 점에서는 유사하다.

표 5.2: 인사혁신처. (2017). 『2017년도 민관 보수수준 실태조사』, p.41.

그림 5.1: 서울대학교 행정대학원 공공성과관리연구센터. (2017). 「2016년도 공공성과 관련 중앙 및 지방공무원 인식조사 결과보고서」.

## 제6장

1. 인사혁신처. (2016). 「사이버국가고시센터 시험 통계」.
2. 한국고용정보원. (2015). 「2015 고용패널브리프-최근 대졸자의 공시 준비 현황 및 특성」.
3. 한국경제연구원. (2018). 「2018년 대학생 취업인식도 조사 보도자료」.

## 제7장

1. 김성현. (2008. 1. 21.). 「5년 방치된 '관료주의'가 뽑혔다」. 『조선일보』.

표 7.6: 서울대학교 행정대학원 공공성과관리연구센터. (2017). 「2016년도 공공성과 관련 중앙 및 지방공무원 인식조사 결과보고서」.

## 제8장

1. 15세 이상 인구 중 수입이 있는 일에 종사하고 있거나 취업하기 위하여 구직활동 중에 있는 사람
2. 여성의 비율이 남성에 비해 높아지는 현상
3. 6세 이상의 대한민국 국민 중에서 각 연령별로 학교에 재학하고 있지 않은 국민이 받은 공교육 연수의 평균
4. 2014년 전부개정 되어 현재의 이름은 「양성평등기본법」이다.
5. Kingsley. D. (1944). *Representative Bureaucracy*. Yellow Springs, OH: Antioch Press.
6. 서울대학교 행정대학원 공공성과관리연구센터. (2017). 「2016년도 공공성과 관련 중앙 및 지방공무원 인식조사 결과보고서」.

그림 8.1: 한국여성정책연구원. (2015). 「성인지통계DB」.

그림 8.2: 인사혁신처. (2018). 『2018 균형인사 연차보고서』.

그림 8.3: 그림 8.2의 자료와 같음.

## 제9장

1. 『파이낸셜뉴스』. 「직장인 10명중 8명, '상사·부하직원과 세대차이 느껴」, 2018. 8. 1., https://news.naver.com/main/read.nhn?mode=LSD&mid=sec&sid1=101&oid=014&aid=0004067981 에서 검색.

2. Schaie, K. W. (1965). A general model for the study of developmental problems. *Psychological bulletin*, 64(2), 92; Kupperschmidt, B. R. (2000). Multigeneration employees: Strategies for effective management. *The health care manager*, 19(1), 65-76.

3. 김우성·허은정. (2007). 「베이비붐세대, X세대, Y세대 소비자들의 소비관련가치관과 라이프스타일의 비교」. 『소비문화연구』, 10, 31-53.

4. 구자숙·한준·김명언. (1999). 「세대격차와 갈등의 사회심리적 구조」. 『심리과학』, 8, 123-139; 박선경·양승범. (2011). 「한국지방공무원의 직무관련 동기부여 요인에 관한 연구: 세대차이를 중심으로」. 『한국인사행정학회보』, 10(3), 53-74.

5. 예컨대 '88만원세대'와 '촛불세대' 등과 같이 동일한 연령 집단에 대해 여러 가지 세대 명칭을 부여하게 되면 세대 정체성이나 구분 기준, 상호 배타성 등이 문제될 수 있다. 이에 관하여는 Cennamo, L., & Gardner, D. (2008). Generational differences in work values, outcomes and person-organisation values fit. *Journal of managerial psychology*, 23(8), 891-906; 김영곤·강제상. (2016). 「소방조직 내 한국적 조직문화가 세대 간 갈등에 미치는 영향」. 『행정논총』, 54(2), 233-264. 참조.

6. 미국 등 다른 나라들 역시 중요 사건과 출생 연도 등을 기준으로 베이비붐세대, X세대, Y세대 등으로 세대를 구분한다(예: Kupperschmidt, 2000; Cennamo & Gardner, 2008).

7. 이혜정·유규창. (2013). 「Y세대의 일과 삶의 균형」. 『노동정책연구』, 13(4), 1-31; 오세영·권영상·이수영. (2014). 「중앙정부 공무원의 자화상: 세대 간 조직몰입 영향요인에 대한 비교 연구」. 『한국인사행정학회보』, 13(1), 31-62.

8. Collins, J. (1998). Why we must keep Baby Boomers working. *New Zealand Business*, 12(8), 53.

9. Yu, H. C., & Miller, P. (2003). The generation gap and cultural in fluence – a Taiwan empirical investigation. *Cross Cultural Management: An International Journal*, 10(3), 23-41.

10. 김미령. (2011). 「베이비붐세대, X세대, 준고령세대 여성의 삶의 질 구성요소 비교 연구」. 『노인복지연구』, 51, 7-34.

11. 이혜정·유규창. (2013). 「Y세대의 일과 삶의 균형」. 『노동정책연구』, 13(4), 1-31.

12. Lyons, S. (2004). An Exploration of Generational Values in Life and at Work. *Dissertation Abstract International*, 3462A.

13. 김우성·허은정. (2007). 「베이비붐세대, X세대, Y세대 소비자들의 소비관련가치관과 라이프스타일의 비교」. 『소비문화연구』, 10, 31-53.

14. Smola, K. W., & Sutton, C. D. (2002), Generational differences: revisiting generational work values for the new millennium. *Journal of Organizational Behavior*, 23, S1, 363-382.

15. 예지은·진현. (2009). 「신세대 직장인의 특성에 관한 연구」. 『인적자원개발연구』, 12(2), 67-86.

16. 김영곤·강제상. (2016). 「소방조직 내 한국적 조직문화가 세대 간 갈등에 미치는 영향」. 『행정논총』, 54(2), 233-264.

17. 입직 동기로는, 공무원을 직업으로 선택하는 이유라고 생각해볼 수 있는 다양한 내·외재적 요인들을 포함하였다.

18. 공공봉사동기는 공공 부문과 관련된 고유한 동기를 의미한다. 페리(James Perry)와 와이즈(Lois Wise)에 따르면 공공봉사동기는 세 가지 이론적 기반을 가진다. 정서적 동기는 이타심과 자기희생, 애국심과 관련되며 규범적 동기는 국가에 대한 충성과 의무감, 공익에 대한 헌신과 연관된다. 합리적 동기는 정책 과정 참여에 대한 개인의 선호 등을 반영한다. 이에 관하여는 Perry, J. L., & Wise, L. R. (1990). The motivational bases of public service. *Public administration review*, 367-373. 참조.

19. 중요하게 고려함(35.11%) + 매우 중요하게 고려함(20.44%).

20. 전혀 고려 안 함 + 거의 고려 안 함.

21. 중요하게 고려함 + 매우 중요하게 고려함.

22. 약간 고려함 + 중요하게 고려함+매우 중요하게 고려함.

23. 세대별로 각 문항에 대한 평균값을 구해보았을 때, 유일하게 Y세대의 국가에 대한 충성심(2.99점)과 공무원이 갖는 사회적 권위(2.96점)가 평균 3점 미만으로 나타났다.

24. 김병섭·하태권. (1997). 「세대간 의식구조 차이와 조직관리방안 경찰공무원을 중심으로」. 『행정논총』, 35(1), 129-158.

표 9.1: 박재흥. (2009). 「세대명칭과 세대갈등 담론에 대한 비판적 검토」. 『경제와 사회』, 10-34; 이혜정·유규창. (2013). 「Y세대의 일과 삶의 균형」. 『노동정책연구』, 13(4), 1-31. 등 참고.

그림 9.1: 서울대학교 행정대학원 공공성과관리연구센터. (2017). 「2016년도 공공성과 관련 중앙 및 지방공무원 인식조사 결과보고서」.

그림 9.2: 그림 9.1의 자료와 같음.

그림 9.3: 그림 9.1의 자료와 같음.

그림 9.4: 그림 9.1의 자료와 같음.

그림 9.5: 그림 9.1의 자료와 같음.

그림 9.6: 그림 9.1의 자료와 같음.

## 제10장

1. 한국정보화진흥원. (2017). 『국가정보화백서』.
2. 이민화·이진호. (2017). 「4차산업혁명과 국가정책 방향 연구」. 2017년 한국중소기업학회 하계통합학술대회 발표문.
3. 한국정보화진흥원. (2018). 『국가정보화백서』.
4. 서울대학교 행정대학원 공공성과관리연구센터. (2016). 「2015년도 공공성과 관련 중앙 공무원 인식조사사업 결과보고서」.
5. 류석상. (2000). 「미국의 정보격차 해소 추진 정책과 전망」. 한국전산원.
6. '본인서명사실확인서'를 새로 적용하면서 기존 인감증명서를 대체하는 민원 업무가 새롭게 시행되고 있다.
7. 김학래. (2018). 「공공데이터활용의 현황과 품질관리」. 한국행정학회 동계학술대회 발표논문.
8. 김영미. (2018). 「데이터를 통한 생산성 경쟁력 확보」. 미래생산성포럼, 2018. 12.
9. 성욱준. (2016). 「4차산업혁명과 정보통신 거버넌스」. 한국행정학회 동계학술대회 발표논문.

10. 손연기. (2015). 「한국의 IOT추진현황과 지방거버넌스」. 지방인재개발원 한중세미나 발표자료.

11. 김영미. (2018). 「국민의 마음 담은 따뜻한 전자정부 돼야」. 『공공정책』, 2018. 12., 158.

그림 10.1: 서울대학교 행정대학원 공공성과관리연구센터. (2016). 「2015년도 공공성과 관련 중앙 공무원 인식조사사업 결과보고서」, p.197.

그림 10.2: 서울대학교 행정대학원 공공성과관리연구센터. (2016). 「2015년도 공공성과 관련 중앙 공무원 인식조사사업 결과보고서」, p.198.

그림 10.3: 서울대학교 행정대학원 공공성과관리연구센터. (2016). 「2015년도 공공성과 관련 중앙 공무원 인식조사사업 결과보고서」, p.199.

그림 10.4: 서울대학교 행정대학원 공공성과관리연구센터. (2016). 「2015년도 공공성과 관련 중앙 공무원 인식조사사업 결과보고서」, p.206.

그림 10.5: 서울대학교 행정대학원 공공성과관리연구센터. (2016). 「2015년도 공공성과 관련 중앙 공무원 인식조사사업 결과보고서」, p.207.

## 제11장

1. 박성민 · 김선아. (2015). 『조직과 인간관계』. 박영사.

2. '사회자본'이란 다양한 수준의 인적 네트워크를 기반으로 구성원 상호 간의 신뢰를 형성 · 내재화하고 조직 내 협력을 강화해나가고자 하는 노력을 의미한다. 이에 관하여는 유민봉 · 박성민. (2013). 『한국인사행정론』. 박영사; 박성민. (2017). 『인사혁신론: 이론과 실제』. 박영사. 참조.

3. UN. (2013). World Happiness Report 2013. The Earth Institute Columbia University.

4. 서울대학교 행정대학원 공공성과관리연구센터. (2017). 「2016년도 공공성과 관련 중앙 및 지방공무원 인식조사 결과보고서」.

5. Gensler. (2016).

6. GSA. (2015).

7. Bitner, M. J. (1992). Servicescapes: The impact of physical surroundings on customers and employees. Journal of marketing, 56(2), 57-71.

8. Rayo, L., & Becker, G. S. (2007). Habits, peers, and happiness: an evolutionary perspective. American Economic Review, 97(2), 487-491.

9. Goodsell, C. T. (1977). Bureaucratic manipulation of physical symbols: An empirical study. American Journal of Political Science, 79-91.

10. 6번 문헌과 같음.

11. 과거 수원토막살인사건으로 인해 경찰 인력에 대한 교육훈련, 새로운 범죄 수사 기법에 대한 요구가 늘고 있지만, 범죄 환경 전문가 박경래 씨에 의하면 정작 사건의 주원인은 도로 양쪽으로 빽빽하게 주차된 차들 때문에 1미터 남짓의 인도에서 피해자가 도망칠 수 있는 충분한 공간이 확보되지 않았던 것이었다고 한다. 그는 "전체 도로폭을 넓히는 게 여의치 않다면 차도를 일방통행으로 하고 보행로를 확보해야 한다."고 주문했다(『중앙일보』. (2012. 4. 20.). 「수원 살인사건 현장 가니'주차된 차 사이로..'」. 이가혁 기자). 여기서 그가 사용한 디자인 전략은 셉테드(CPTED, Crime Prevention through Environmental Design)로서 이것은 특정 공간을 구성하는 다양한 요소들을 효과적으로 활용해 범죄 발생을 줄이려는 예방 전략을 말한다.

12. Dolloff, J. H. (2004, March 12). No ordinary lockup: Prison design evolves to meet changing needs. *Wichita Business Journal*.

13. OECD. (2017). Better Life Index.

14. 김성태. (2011). 「스마트 코리아를 위한 국가정보화 전략」. 『한국통신학회지 (정보와통신)』, 29(1), 38-47; 이혜정. (2010). 「공교육 내실화를 위한 교사 전문성 신장방안 탐색」. 『열린교육연구』, 18, 77-102.

15. UN. (2018). UNITED NATIONS E-GOVERNMENT SURVEY 2018: E-GOVERNMENT IN SUPPORT OF SUSTAINABLE DEVELOPMENT.

16. Oldham, G. R., Cummings, A., Mischel, L. J., Schmidtke, J. M., & Zhou, J. (1995). Listen while you work? Quasi-experimental relations between personal-stereo headset use and employee work responses. *Journal of Applied Psychology*, 80(5), 547.

17. Goodsell, C. T. (1977). Bureaucratic manipulation of physical symbols: An empirical study. *American Journal of Political Science*, 79-91; Goodsell, C. T. (1988). *The social meaning of civic space: Studying political authority through architecture*. Lawrence, Kan.: University Press of Kansas.

18. 7번 문헌과 같음.

19. Goodsell, C. T. (1988). *The social meaning of civic space: Studying political authority through architecture*. Lawrence, Kan.: University Press of Kansas.

20. Fischer, G. N., Tarquinio, C., & Vischer, J. C. (2004). Effects of the self-schema on perception of space at work. *Journal of Environmental psychology*, 24(1), 131-140; Kenreich, M. E. (2001). Physical settings and organizational success. *Library Collections, Acquisitions, and Technical Services*, 25(1), 67-79; Vischer, J. C. (2007). The effects of the physical environment on job performance: towards a theoretical model of workspace stress. *Stress and health: Journal of the International Society for the Investigation of Stress*, 23(3), 175-184.

21. '호손실험'은 본래 생산성 향상을 목표로 물리적, 공간적 작업환경을 개선하기 위한 방법을 고안하기 위해 시도되었던 연구였으나 이러한 연구를 진행하는 과정에서 연구팀은 조직의 생산성과 효율성 제고에 있어 작업환경 개선과 같은 물리적 요인뿐만 아니라, 작업자 간의 인간관계, 관리자의 감독 방식, 조직 구성원들의 사기, 감정 등과 같은 심리적 요인이 중요하다는 점을 발견하였다.

22. Herzberg, F., & Hamlin, R. M. (1961). A motivation-hygiene concept of mental health. *Mental Hygiene*, 45, 394.

23. 허즈버그의 2요인 이론은 만족을 유발하는 동기요인(motivation factors)과 불만족을 막아주는 위생요인(hygiene factors)의 두 가지 요인을 분리하여 제시하고 있다. 먼저 만족을 유발하는 동기요인은 직무 자체가 주는 즐거움, 직무를 수행함으로써 느끼는 성취감, 타인 및 자신으로부터의 인정, 책임감, 승진 기회, 성장과 같은 요소를 포함한다. 반면 불만족을 막아주는 위생요인은 조직의 정책과 관리 방식, 감독 및 관리자의 특징, 작업환경, 보수, 인간관계, 직위, 직무 안정성 등과 같은 요소를 포함한다. 이 이론의 핵심은 조직관리 및 인사관리 차원에서 조직 구성원들이 불만족을 느끼는 특정 조건을 충족 혹은 제거시켜 준다고 할지라도 이것이 반드시 만족을 유발하는 요인이 될 수는 없다는 것이다(박성민·김선아. (2015). 『조직과 인간관계』. 박영사, pp.118-119).

24. 서울대학교 행정대학원 공공성과관리연구센터. (2017). 「2016년도 공공성과 관련 중앙 및 지방공무원 인식조사 결과보고서」.

25. 시뮬레이션은 실제 상황과 비슷한 업무 공간을 만들어야 하기 때문에 비용의 제약이라는 한계가 있지만, 유연한 가구(flexible furniture)를 사용하여 비용을 줄이고, 다양한 디자인 시도로 변화를 예측하고 검증할 수 있는 도구를 제공하리라 기대된다. 또한 사진, 비디오, 슬라이드 등을 이용해 시뮬레이션 효과를 창출하여 실험을 병행하는 것도 좋을 것이다.

26. 설문의 총표본 수는 1,350명이지만 세종시 청사 이전을 경험한 응답자의 총수는 540명이다.

27. Wallace, N. (2006, June 1). Building with a mission. *The Chronicle of Philanthropy*.

28. 『연합뉴스』. (2017. 1. 18.). 「민간 전문가 '폐쇄적 이미지' 공공기관 사무공간 새로 디자인」. https://www.yna.co.kr/view/AKR20170118045500004?input=1195m 에서 검색.

표 11.1: OECD. (2017). Better Life Index.

그림 11.1: 서울대학교 행정대학원 공공성과관리연구센터. (2017). 「2016년도 공공성과 관련 중앙 및 지방공무원 인식조사 결과보고서」.

그림 11.2: 그림 11.1의 자료와 같음.

그림 11.3: Best, R., de Valence, G., & Langston, C. (2002). *Workplace Strategies and Facilities Management*. Routledge.

## 제12장

1. 국민권익위원회(연구수탁기관 한국행정연구원). (2017). 『청탁금지법 시행 1년 성과 분석 및 발전방향 모색 연구』, 3.
2015년 3월 27일 제정된 청탁금지법의 제정 이유는 다음과 같다: 최근 지속적으로 발생하고 있는 공직자의 부패·비리 사건으로 인하여 공직에 대한 신뢰 및 공직자의 청렴성이 위기 상황에 직면해 있으며, 이는 공정사회 및 선진일류국가로의 진입을 막는 최대 장애 요인으로 작용하고 있으나, 이를 효과적으로 규제하기 위한 제도적 장치가 미비한 상태인바, 이에 공직자 등의 공정한 직무수행을 저해하는 부정 청탁 관행을 근절하고, 공직자 등의 금품 등 수수 행위를 직무 관련성 또는 대가성이 없는 경우에도 제재가 가능하도록 하여 공직자 등의 공정한 직무수행을 보장하고 공공기관에 대한 국민의 신뢰를 확보하려는 것임.

2. 2017년 9월 20일 서울대학교 아시아연구소에서 한국사회학회 주최로 열린 '청탁금지법 1년과 한국사회 학술대회' 발표자 임동균 서울시립대학교 교수의 조사 결과에 따르면, 자영업자인 응답자의 70%가 '수입이 예전과 별 차이 없다'고 답했고, '약간 감소했다'는 18.8%, '크게 감소했다'는 8.8%에 그친 것으로 나타났다.

3. 국민권익위원회. (2018). 「2018년도 부패인식도 조사」.

4. 국민권익위원회. (2018). 「2018년 청탁금지법 인식도 조사」.
국민권익위원회는 2018년 8월 27일부터 9월 10일까지 일반 국민, 공직자, 영향 업종 종사자 등 총 3,016명을 대상으로 지난 2년간 시행된 청탁금지법에 대한 각계의 인식도를 조사(조사 기관: 한국리서치)하여 발표한 바 있다, https://www.acrc.go.kr/acrc/board.do?command=searchDetail&menuId =050505&method=searchDetailViewInc&boardNum=70837&currPageNo=1&confId=4& conConfId=4&con TabId=0&conSearchCol=BOARD_TITLE&conSearchSort=A.BOARD_REG_DATE+DESC%2C+BOARD_NUM+DESC 에서 검색.

5. 국민권익위원회(연구수탁기관 한국행정연구원). (2017). 『청탁금지법 시행 1년 성과 분석 및 발전방향 모색 연구』, http://prism.go.kr/homepage/researchCommon/downloadResearchAttachFile.do;jsessionid=2D99F79 FD 72111D59076CED67F2B538F.node02?work_key=000&file_type=USR&seq_no=001&pdf_conv_yn=N &research_id=1140100-201700003 에서 검색. 또한 박준. (2017). 「청탁금지법 시행 1년, 주요 주체들의 인식조사 결과: 일반국민, 법적용대상, 영향업종」. 『청탁금지법 시행 1년의 성과와 과제 토론회 자료집』, 2017. 9. 26.을 참조.

6. 서울대학교 행정대학원 공공성과관리연구센터. (2017). 「2016년도 공공성과 관련 중앙 및 지방공무원 인식조사 결과보고서」.

7. 서울지방변호사회·청탁금지법연구회, '청탁금지법 시행 1년, 법적 과제와 주요 쟁점에 관한 심포지엄'(2017. 9. 20.); 길준규. (2017). 「청탁금지법 시행에 따른 법적 쟁점과 입법평가」. 『입법평가연구』, 제12호, 2017년 10월, 181-226; 한국사회학회. (2017.

9. 20.). '청탁금지법 1년과 한국사회: 투명성, 공정성, 신뢰성에 미친 효과' 학술대회; 문화체육관광부. (2017). 『청탁금지법 시행 이후 인식 및 행태 변화 조사보고서』(한국리서치, 2017. 9.) 등. 또한 서울시교육청은 청탁금지법 시행 1년을 맞아 서울시교육청 홈페이지 온라인 설문시스템(enews.sen.go.kr)을 통해 학부모 3만 6,947명, 교직원 1만 8,101명의 자율적 참여로 부정 청탁 및 촌지 등 금품 수수 관행 감소에 대한 교육현장의 인식도 등을 조사한 바 있다. 서울특별시교육청. (2017). 「청탁금지법 1년, 학부모·교직원 설문결과 발표: 서울시교육청 조사…학부모 83%, 교직원 85% "촌지 사라졌다" 인식」, 서울교육소식 보도자료, 2017년 9월 24일, http://enews.sen.go.kr/news/view.do?bbsSn=147864#none 에서 검색.

8. 국민권익위원회. (2018. 12. 10.). 「2018년도 부패인식도 조사 종합 결과」. https://www.acrc.go.kr/acrc/file/file.do?command=downFile&encodedKey=Mzc3ODNfMQ%3D%3D 에서 검색.

9. 한편 전년 대비 부패 인식이 크게 개선된 것으로 나타났는데, 일반 국민, 전문가의 경우, '우리 사회가 부패하다(매우 부패+부패한 편)'는 응답이 전년 대비 각각 13.4%p, 9.9%p 감소하였다. 반면, 공무원의 경우, 전년에 비해 부패 수준이 다소 악화되었다고 보았는데(1.1%p 증가) 이는 기업인의 경우에서 약간 악화되었다고 응답한 비율(0.2%p 증가)보다 오히려 더 높게 악화 쪽으로 기울었다는 점에서 눈길을 끈다.

10. 국민권익위원회. (2018. 12. 10.). 「우리 사회 '청렴해질 것' 전망, '부패 늘 것' 전망 앞서... 국민 생각 들여다보니 - 국민권익위, 2018년도 부패인식도 조사 결과 발표 -」, 국민권익위원회 보도자료, 2018. 12. 10., p.3. http://www.acrc.go.kr/acrc/file/file.do?command=downFile&encodedKey=Mzc3OTdfMQ%3D%3D. 에서 검색.

11. 대표적으로 한국사회학회. (2017. 9. 20.). '청탁금지법 1년과 한국사회: 투명성, 공정성, 신뢰성에 미친 효과' 학술대회; 서울지방변호사회·청탁금지법연구회. (2017. 9. 20.). '청탁금지법 시행 1년, 법적 과제와 주요 쟁점에 관한 심포지엄' 등을 참조.

12. 정석윤·최성진. (2017. 9. 25.). 「김영란법 전후 기업의 접대비 지출 비교: 상장 기업의 회계 자료를 중심으로」, 서강대학교 지속가능기업 윤리연구소 주최 '청탁금지법 1주년 특별 심포지엄' 발표자료에 따르면, 2015년 4분기부터 2017년 1분기까지 상장기업 777곳의 회계자료에 나온 접대비 항목을 분석한 결과 분기당 평균 접대비 지출은 청탁금지법 시행 전 2억 9,300만 원에서 시행 후 2억 7,200만 원으로 줄어든 것으로 나타났다.

13. 국민권익위원회 보도자료. (2018. 9. 21.). 「[청탁금지법 시행 2년] 국민 10명 중 8~9명 "청탁금지법, 청렴문화 확산에 긍정적 영향"」, https://www.acrc.go.kr/acrc/file/file.do?command=downFile&encoded Key=MzczOTZfMQ%3D%3D 에서 검색.

14. 한국행정연구원. (2017). 「청탁금지법 시행 1년 성과 분석 및 발전방향 모색 연구」, 88; 여기서는 조정 게임 상황에 대해 한병진. (2011). 「비교정치이론에서 조정게임의 기여와 과제」. 『국제정치연구』, 14(2), 267-284, 268.을 인용하고 있다.

15. 김영란·이범준. (2017). 『김영란법, 김영란에게 묻다』. 풀빛, 34-41.

16. 이와 같이 공무원과 일반 국민 간 인식의 격차는 공직자의 부패, 공직윤리, 신뢰 등 다양한 분야에서 나타나고 있다. 일례로 한 연구 보고에 따르면, 우리나라 공직자들의 윤리 의식이 과거보다 높아졌는지에 대한 질문에 일반인들은 38.4%만 '그렇다', '매우 그렇다' 등 긍정적으로 답변한 반면, 현직 공직자는 80.3%가 긍정적 견해를 밝혔고, '공정한 직무수행' 문항에서도 긍정적 대답은 일반 국민이 18%에 불과했지만 현직 공직자는 69.8%로 현격한 차이를 보인 것으로 나타났다(임성근. (2018). 「공직윤리 국민체감도분석 및 개선방안 연구」. 『KIPA 연구보고서』, 2018-04.). 또한 공직자들에 비하여 일반 국민들이 공무원들의 공직윤리가 약하다고 인식하고 있다고 보고한 임성근·이건. (2015). 「우리나라 공직윤리 및 공직윤리제도에 관한 공무원과 국민 인식 비교 연구」. 『한국인사행정학회보』, 14(4), 1-23.를 참조.

17. 서울대학교 행정대학원 공공성과관리연구센터. (2017). 「2016년도 공공성과 관련 중앙 및 지방공무원 인식조사 결과보고서」.

18. 한국행정연구원. (2017). 「청탁금지법 시행 1년 성과 분석 및 발전방향 모색 연구」, 70.

표 12.1: 서울대학교 행정대학원 공공성과관리연구센터. (2017). 『2016년도 공공성과 관련 중앙 및 지방공무원 인식조사 결과보고서』, p.266.

그림 12.1: 국민권익위원회. (2018. 12. 10.). 「2018년도 부패인식도 조사 종합 결과」, p.3, 7.

## 제13장

1. 이 장에서 인용한 분석 결과는 저자의 논문 「불용액의 정권 연차별 변화와 국회 예산심의의 효율성」(2019)과 "The president and asymmetric use of information"(2018)에 바탕을 둔 것임을 밝혀둔다.

2. 우영춘. (2002). 「국가예산과 경제정책이 국민경제에 미친 효과-한국국가통합예산을 중심으로」. 『한국정책학회보』, 11(1), 181-206.

3. 『한겨레』. 「신재민 전 사무관 폭로에 기재부 강하게 반발…"사실무근"」, 2018. 12. 31., http://www.hani.co.kr/arti/economy/economy_general/876418.html 에서 검색.

4. Volden, C., & Wiseman, A. E. (2007). Bargaining in legislatures over particularistic and collective goods. *American Political science review*, 101(1), 79-92; Battaglini, M., & Coate, S. (2008). A dynamic theory of public spending, taxation, and debt. *American Economic Review*, 98(1), 201-236; 박상원. (2011). 「국회 예산결정의 정치경제학적 이해: 행정부, 여당, 야당의 관계를 중심으로」. 『재정학연구』, 4(3), 37-66.

5. 『중앙일보』. 「[논설위원이 간다] 역사는 밤에 이루어진다…쪽지예산의 패밀리 비즈니스」, 2017. 12. 7., http://news.joins.com/article/22182642 에서 검색.

6. 『한겨레』. 「여전한 '쪽지예산'…무에서 유를 만드는 '실세들의 힘'」, 2017. 12. 6., http://www.hani.co.kr/arti/politics/assembly/822329.html#csidx300ca56cee352058f394e801321e23c 에서 검색.

7. 기획재정부. 「정부, 4분기 불용예산 최소화 위해 '재정집행 총력'」, 2015. 10. 20., http://mosf.go.kr/com/bbs/detailComtPolbbsView.do;jsessionid=K1PUL3ZwIUXXbxydybBRuYEe.node30?searchBbsId1=MOSFBBS_000000000039&searchNttId1=OLD_4096362&menuNo=5020200 에서 검색.

8. Buck, A. E. (1929). *Public budgeting*.

9. 심혜정. (2015). 「세수오차가 재정운용에 미치는 영향과 개선방안」. 『재정학연구』, 8(2), 1-44.

10. 정도진·김진욱·임재창·배기수. (2017). 「발생주의 국가회계 재정정보의 유용성과 활용」. 『한국조세재정연구원, 연구보고서』, 17-18.

11. 『NEWSIS』. 「작년 국방예산 이월-불용액 1조 육박…부처 중 '최악'」, 2013. 10. 7., http://www.newsis.com/view/?id=NISX20131007_0012415251 에서 검색.

12. 최광. (2009). 「헌법의 재정관련 조항의 문제점과 개정 방향」. 『재정학연구』, 2(1), 177-222.

13. 박상원. (2010). 「정치경제학 모형을 통한 예산보장의 효과 분석」. 『재정학연구』, 3(2), 29-61.

14. 『YTN』. 「중증외상센터 예산 40억 원 삭감...8.9% 감소」, 2017. 11. 25., https://www.ytn.co.kr/_ln/0101_201711250954229128 에서 검색.

15. 순세계잉여금은 세입이 세출보다 많아 (혹은 세출이 세입보다 적어) 발생한 재정의 잉여액 중 내년도로 사업이 이월된 금액을 제외한 결산상 잉여금을 의미한다.

16. 『국제뉴스』. 「울산시교육청, 학교회계 불용액 최소화 방안 시행」, 2018. 2. 8., http://www.gukjenews.com/news/articleView.html?idxno=871100 에서 검색.

17. 『경기일보』. 「하남시, 내년부터 불용액 평가제 시행, 페널티 적용」, 2018. 12. 2., http://www.kyeonggi.com/news/articleView.html?idxno=2010889 에서 검색.

18. Niskanen, J. (1971). *Bureaucracy and representative government*. Routledge; LeLoup, L. T., & Moreland, W. B. (1978). Agency strategies and executive review: The hidden politics of budgeting. *Public Administration Review*, 38(3), 232-239; 박서정·문성암. (2010). 「예산집행과정의 행태에 관한 연구」. 『한국행정논집』, 22(4), 1091-1108.

19. 권해수. (2008). 「정부의 연말 예산 집행 실태 및 개선방안 연구」. 『한국부패학회보』, 12(4).

20. 전년도에 여러 가지 이유로 집행되지 않고 올해로 넘어와 집행될 금액을 말한다.

21. Lewis, V. B. (1952). Toward a theory of budgeting. *Public Administration Review*, 12(1), 42-54.

22. Wildavsky, A. B. (1997). *The new politics of the budgetary process*. Addison Wesley Publishing Company.

23. 여기서 '점증'이란 '적은 변화'를 의미하는 것으로, 예산 결정이 지난해의 예산에서 조금씩 증가 혹은 감소하는 과정을 거쳐 결정된다는 것을 의미한다.

24. 이에 관하여는 Steiss, A. W. (1972). *Public budgeting and management*. Lexington Books; Oleszek, W. J. (2013). *Congressional procedures and the policy process*. Sage. 참조.

25. Raudla, R., & Savi, R. (2015). The use of performance information in cutback budgeting. *Public Money & Management*, 35(6), 409-416.

26. 이에 관하여는 고대원·강철준. (2004). 「미국 연방예산과정에 관한 연구」. 『한국의회발전연구회, 국회연구용역과제 보고서』; 국경복. (2005). 「성과주의 예산제도 도입에 관한 연구」. 『정보화연구(구 정보기술아키텍처연구)』, 2(1), 59-65. 참조.

27. 일반회계와 달리 특별회계와 기금은 특별세나 부담금이 그 세입으로 확보되어 있다. 예를 들어 교통시설 특별회계의 경우 교통·에너지·환경세(稅)가 법에 의해 세입으로 확보되어 있어, 교통시설 특별회계에 속하는 예산 사업의 효율성이 떨어지는 경우라 하더라도 이미 법에 의해 확보된 재원을 사용하기 위해서는 사업이 계속될 수밖에 없다.

28. 이에 관하여는 Moe, T. M., & Wilson, S. A. (1994). Presidents and the Politics of Structure. *Law and Contemporary Problems*, 57(2), 1-44; Moe, T. M., & Howell, W. G. (1999). Unilateral action and presidential power: A theory. *Presidential Studies Quarterly*, 29(4), 850-873. 참조.

29. 『조선일보』. 「일자리 안정자금 지침, 8개월간 12번 바꿨다」, http://news.chosun.com/site/data/html_dir/2018/09/17/2018091700080.html 에서 검색.

30. 김봉환·이권희. (2019). 「불용액의 정권 연차별 변화와 국회 예산심의의 효율성」. 『재정학연구』, 12(1).

31. 서울대학교 행정대학원 공공성과관리연구센터. (2017). 「2016년도 공공성과 관련 중앙 및 지방공무원 인식조사 결과보고서」.

32. Kim, B. H. (2018). The president and asymmetric use of information. *Applied Economics Letters*, 1-4.

33. 13번 문헌과 같음.

34. 30번 문헌과 같음.

35. 30번 문헌과 같음.

그림 13.2: 서울대학교 행정대학원 공공성과관리연구센터. (2017). 「2016년도 공공성과 관련 중앙 및 지방공무원 인식조사 결과보고서」, p.97.

그림 13.3: 김봉환·이권희. (2019). 「불용액의 정권 연차별 변화와 국회 예산심의의 효율성」. 『재정학연구』, 12(1).

## 제14장

1. 김순은. (2015). 「지방자치 20년의 평가」. 『입법과 정책』, 7(1), 57-82.

2. 위의 문헌.

3. 김순은. (2016).「지방분권과 중앙정부와 지방정부의 역할배분」. 김순은 외 5인 편, 『정부역할의 재정립』. 박영사.

4. 김순은. (2010).「참여정부와 이명박정부의 지방분권 비교·분석」. 한국지방정부학회 추계학술대회발표논문.

5. 3번 문헌과 같음.

6. 서울대학교 행정대학원 공공성과관리연구센터가 2017년에 전국 17개 시·도, 225개 기초자치단체의 공무원을 대상으로 실시한 자료를 활용하였다. 광역자치단체는 5급 이상에서는 6표본, 6급 이하에서는 24표본을 추출하여 총 30표본을 할당하였고, 기초자치단체는 5급 이상에서는 1표본, 6급 이하에서는 9표본을 추출하여 총 10표본을 할당하였다. 총표본 수는 광역자치단체에서 510명, 기초자치단체에서 2,250명으로, 총 2,760명을 대상으로 조사되었다. 조사는 2017년 11월 16일부터 2018년 2월 5일 사이에 이루어졌다.

그림 14.1: 서울대학교 행정대학원 공공성과관리연구센터. (2018).「2017년도 공공부문 성과에 대한 공무원 인식조사 결과보고서」, p.205.

그림 14.2: 서울대학교 행정대학원 공공성과관리연구센터. (2018).「2017년도 공공부문 성과에 대한 공무원 인식조사 결과보고서」, p.206.

그림 14.3: 서울대학교 행정대학원 공공성과관리연구센터. (2018).「2017년도 공공부문 성과에 대한 공무원 인식조사 결과보고서」, p.218.

그림 14.4: 서울대학교 행정대학원 공공성과관리연구센터. (2018).「2017년도 공공부문 성과에 대한 공무원 인식조사 결과보고서」, p.222.

그림 14.5: 서울대학교 행정대학원 공공성과관리연구센터. (2018).「2017년도 공공부문 성과에 대한 공무원 인식조사 결과보고서」, p.226.

## 제5편

1. 정용덕. (2002).『한일 국가기구 비교연구』. 대영문화사.

2. 정용덕 외. (2014).『현대 국가의 행정학』, 제2판. 법문사, pp.368-369.

3. 서재진. (2019).「자기초월과 공공성 지향의 리더 류성룡」, 송복·서재진 편, 『서애 류성룡의 리더십』. 법문사, p.94.

4. 유재동. (2019. 4. 24.). 「공무원에게 규제개혁을 맡겼을 때 생기는 일」. 『동아일보』, A34.

5. 2번의 문헌, pp.369-372.

6. 이태석. (2013). 『친구가 되어 주실래요』. 생활성서사.

7. 3번의 문헌, pp.93-94.

8. Jung, Y. (1993). The Politico-Administrative Institutions and Reunification of Korea. in Kim, K., & Jung. Y. eds., *Korean Public Administration and Policy in Transition*, Vol. 1, 357-378. KAPA & Jangwon.

9. 전상인. (2019). 「류성룡 주도 국가개혁의 역사사회학」, 송복·서재진 편, 『서애 류성룡의 리더십』, p.87. 법문사.

10. 위의 책, p.94.

11. 4번 문헌과 같음.

12. 1번의 문헌, 제3장.

13. 윤은기. (2017). 「행정문화」, 한국행정학회 편. (2017). 『한국행정학 60년, 1956~2016』, pp.153-155. 법문사.

14. 9번 문헌과 같음.

15. 한국사회과학협의회·중앙선데이 편. (2012). 『한국사회 대논쟁』, pp.292-320. 메디치.

16. Jung, Y. (2014). *The Korean State, Public Administration, and Development*. Seoul National University Press.

17. 정용덕. (2017). 「서론」, 한국행정학회 편. 『한국행정학 60년, 1956~2016』, p.1-18. 법문사.

# 찾아보기

## ㄴ



## ㄷ



## ㄹ



## ㅁ

## ㅇ

## ㅈ

## 기타

# 지은이 소개

## 박순애

서울대학교 행정대학원 교수
서울대학교 공공성과관리연구센터 소장
(전) 공공기관경영평가단장
(전) 인사혁신추진위원회 민간위원
(전) 대검찰청 보통징계위원회 위원
University of Michigan 행정학(Planning) 박사

## 고길곤

서울대학교 행정대학원 교수
서울대학교 아시아 지역정보센터 주임
서울대학교 글로벌행정학과 주임
*Asian Journal of Political Science* 편집장
공공기관경영평가 위원
University of Pittsburgh 정책학 박사

## 김봉환

서울대학교 행정대학원 교수
기획재정부 공공기관 경영평가단 경영관리계량 간사
기획재정부 국가회계제도심의위원회 민간위원
미국 American University 경영학과 조교수
농림수산부 행정사무관
미국 Washington University in St. Louis 경영학(Business Management) 박사

## 김순은

서울대학교 행정대학원 교수
대통령소속 자치분권위원회 위원장
(전) 일본 게이오대학 초빙연구교수
(전) 한국지방자치학회 회장
Kent State University 정치행정학 박사

## 김영미

상명대학교 공공인재학부 교수
(전) 상명대학교 인문사회과학대학장
(전) 교육부 LINC+사업단 전국협의회장
공공데이터전략위원회 실무위원장
한국외국어대학교 대학원 행정학 박사

## 김준기

서울대학교 행정대학원 교수
준정부기관경영평가단장
(전) 국회예산정책처장
(전) 서울대학교 행정대학원 원장
(전) 규제개혁위원회 위원
Harvard University 정책학 박사

## 박성민

성균관대학교 행정학과/국정전문대학원 교수
성균관대학교 공공인재개발연구센터 소장
국가공무원인재개발원 겸임교수
(전) University of Nevada, Las Vegas 행정대학원 조교수
University of Georgia 행정학 박사

## 박희봉

중앙대학교 공공인재학부 교수
중앙대학교 사회과학대학 학장/행정대학원장
한국공공관리학회장
(전) 한국정책과학학회장
Temple University 정치학 박사

### 은재호

한국행정연구원 선임연구위원/대외부원장
한국과학기술원(KAIST) 문술미래전략대학원 겸직교수
(전) 프랑스 파리1대학 경영대학원 방문교수
(전) 튀니지 총리실 정부혁신 자문관
(전) 국민대통합위원회 국민통합지원국장
프랑스 고등사범학교(ENS-Cachan) 정치학(정책학 전공) 박사

### 이근면

성균관대학교 특임교수
(전) 초대 인사혁신처장
(전) 삼성광통신 대표이사
(전) 청년위함 운영위원장
(전) 삼성전자 인사팀장전무

### 이근주

이화여자대학교 행정학과 교수
공직인사혁신위원회 민간위원
(전) 한국인사행정학회 회장
(전) 정부공직자윤리위원회 위원
Indiana University 행정학 박사

### 이수영

서울대학교 행정대학원 교수
서울대학교 행정대학원 국가리더십연구센터장
정부혁신추진협의회 위원
(전) 기획재정부 공공기관 경영평가위원
University of Georgia 행정학 박사

### 이창길

세종대학교 행정학과 교수
인사혁신처 자체평가위원/역량평가위원
(전) 한국조직학회 회장
(전) OECD 정부혁신아시아센터 소장
Cornell University 행정학(조직행동) 박사

### 정용덕

서울대학교 명예교수/금강대학교 석좌교수
(전) 한국행정학회 회장
(전) 한국행정연구원 원장
(전) 한국사회과학협의회 회장
University of Southern California 행정학 박사

### 홍준형

서울대학교 행정대학원 교수
서울대학교 국가전략위원회 위원장
주민등록번호변경위원회 위원장
(전) 한국학술단체총연합회 이사장
독일 Göttingen 대학교 법학 박사(Dr.iur.)

# 대한민국 공무원 그들은 누구인가

**1판 펴냄** 2019년 10월 31일
**1판 3쇄 펴냄** 2022년 9월 1일

**엮은이** 박순애
**펴낸이** 김영훈
**편집인** 전영완
**펴낸곳** 도서출판 문우사
**주소** 경기도 고양시 일산서구 킨텍스로 255, 일산디엠시티스카이뷰 오피스동 1304호
**전화** 031) 901-6542, 070) 4200-6542 **팩스** 031) 906-6542
**홈페이지** www.munu.co.kr **대표메일** moonwoosa@hanmail.net
**출판신고번호** 제396-2013-000113호

ISBN 979-11-85994-69-7 93350



**값** 22,000원